Polarsとpandasで学ぶ

データ処理アイデアレシピ 55

冨山吉孝／早川裕樹／齋藤慎一朗 ●著
Yoshitaka Tomiyama　Yuki Hayakawa　Shinichiro Saito

講談社

本書に掲載されているサンプルプログラムやスクリプト、および実行結果を記した画面イメージなどは、特定の設定に基づいた環境にて再現される一例です。本書の内容に関して適用した結果生じたこと、また、適用できなかった結果について、著者および出版社は一切の責任を負えませんので、あらかじめご了承ください。

- 本書に記載がない限り、2024 年 8 月 1 日現在の情報ですので、ご利用時には変更されている場合もあります。
- 本書に記載されている会社名、製品名、サービス名などは、一般に各社の商標または登録商標です。なお、本書では、™、®、© マークを省略しています。

まえがき

近年、通信インフラの高度化やデジタルサービスの多様化などに伴い、やりとりされるデータの規模・種類が爆発的に増大しています。また、データサイエンティストたちが分析すべきデータのサイズもますます増加しており、高速かつ効率的にデータを処理するツールや方法論は、このデータ社会を分析者として生き残っていく上で非常に重要となってきています。

pandas は長らくデータフレーム処理のデファクトスタンダードとして広く使われてきましたが、2023 年初頭ごろから **Polars** が pandas オルタナティブとして、日本のデータサイエンティストコミュニティで注目されはじめました。その大きな要因としてデータ処理の猛烈な速さ（**Blazingly fast**）が挙げられます。Polars 公式によるベンチマーク[注1] では、多くの処理において pandas に対し、10~100 倍もの高速処理が可能であると報告されています。

ただ動作が速いだけでなく、メモリ効率が非常によいことも魅力の 1 つです。バックエンドで Apache Arrow メモリモデルを採用し、Polars の操作の多くが「ゼロコピー」であるなど、メモリアロケーションをできるだけ減らす工夫がされています。また、Streaming API の機能を活用することで、コンピュータに搭載したメモリ以上のデータを扱うことさえ可能です。日々巨大なデータに向き合うデータサイエンティストにとっては、まさに救世主のようなツールでしょう。

Polars の盛り上がりはますます勢いを増しています。Polars の日本コミュニティである Polars-ja も発足し、さらには、NVIDIA を中心とした GPU データ処理プラットフォームである RAPIDS との連携も決定しました。本書を執筆した時点では、まだまだ関連書籍や Web コンテンツも少ない状態ですが、将来の ”超” データ社会を取り巻く情勢に合わせて、今後 Polars の勢力がさらに拡大していくことは間違いないでしょう。

本書『Polars と pandas で学ぶ　データ処理アイデアレシピ 55』では、具体的なデータ処理アイデアを通じてデータサイエンスの実践力を本質的に学べます。また、2024 年 7 月にリリースされた Polars version1.0.0 にも対応しており、Polars の特徴を活かしたさまざまなデータ処理アイデアを学ぶことで、皆さんのデータサイエンスのスキルが一段と向上することでしょう。

さあ、みんなで Polars を使いこなし、よりよいデータ分析を目指しましょう！

本書のコンセプト

本書では、「**この結果がほしい」を実現する**ことを最終目標においています。このコンセプトを説明するために、ある人が Polars をマスターしているとはどういう状態かを考えてみましょう。

例えば API リファレンスをすべて暗記していたり、ライブラリの実装を細かく追って内容を理解していたりする人は十分 Polars に詳しいといえそうです。しかしここでは

注1　https://pola.rs/posts/benchmarks/

- どんなデータに対しても理想とする結果に最適な記述で実装できる

という人を真の Polars マスターと呼ぶことにします。なぜなら Polars はあくまでデータ分析のツールであり、ツールを自在に使いこなせて初めて、そのツールをマスターしているといえるからです。

いざ目の前のデータを分析するというときに、読み込んだデータフレームに対して片っ端から Polars のメソッドを試すようなことはしないでしょう。あらゆる分析は「①このデータをこのような状態にしたい」というアイデアからスタートし、「②適切な方法でその結果を実現」「③結果に対して考察を行う」というサイクルで成り立っています。

例えば、ある美術館で所蔵されている絵画のデータを分析しているとします。そのデータは絵画の縦の長さと横の長さの列を持っています。ここで「①絵画の面積は重要な特徴になりえる、縦×横の計算結果を "面積" という新たな列に追加したい」というアイデアが生まれたとき、②を経ずに③の考察を行うことはできません。Polars を十分使えるユーザーは、さほど長い時間をかけずに②として

```
df = df.with_columns((pl.col("縦") * pl.col("横")).alias("面積"))
```

という実装にたどりつけるでしょう。こうしてでき上がった結果のデータフレームを眺めながら、①の仮説を検証したり、さらなるアイデアを探したりしながら、分析を進めていきます。

ここで主張したいことは①のアイデアは②で用いるツールとは独立させるべきであるということです。新しいツールを使うとき「これには○○の機能があるから積極的に使おう」となる気持ちはわかりますが、それはいったんおいておき、純粋に「データをこのような状態にできれば新しい情報が得られそうだ」というアイデアを優先しましょう。ツールはあくまでアイデアを実現するための手段であり、アイデアを制限してはなりません。

そのようにして生まれたアイデアを、それがどのような内容であっても適切に実装に落とし込み、望んだ結果を得られるようになれば、分析者としてはかなり優秀といえるでしょう。

しかし、それだけでは Polars マスターとは呼べません。もう 1 つの重要なポイントは「Polars のよさを最大限発揮できる記述ができること」です。

Polars で使用できる一部の記述には、Polars のよさである高速・省メモリといったパフォーマンスを損なうものがあります。また、Polars では他人（や未来の自分）にとって可読性が損なわれる難解な記述もできてしまいます。そのような記述を避け、爆速で明快な実装をどんなデータに対してもアウトプットできるようになれば、その人は Polars マスターと呼ぶにふさわしいといえるでしょう！

● 本書で扱う内容

本書では、なるべくデータ分析の現場で実際に生まれそうなアイデアを 55 個、レシピという形で紹介していきます。また、実装パートでは Polars, pandas それぞれを紹介します。

本書で扱わない内容

Rust についての詳細や、Rust API、バックエンドでの動作詳細などを扱いません。また、機械学習の体系的な理論を紹介していません。

対象読者

本書では、以下のような読者を想定しています。

- データサイエンスの初学者
  王道である pandas の基本的処理はもちろん、次世代デファクトスタンダードにもなりうる Polars を同時に学べます。
- pandas 経験者
  Polars, pandas の処理を比較することでスムースに Polars の記述を習得できます。

また、Python の基礎的な文法や構文を理解していることを前提としています。

本書の構成と読み方

本書の構成

本書は準備編 1~2 日と特訓編 1~8 日で構成されています

- 準備編 1 日目は、pandas の概要とデータフレームライブラリを扱うことのメリットを紹介します。
- 準備編 2 日目は、Polars の概要と Polars を使う上で重要な概念であるエクスプレッションの基本的な使い方を解説します。
- 特訓編 1 日目は、データの基本的な構造や内容を確認する方法を解説します。
- 特訓編 2 日目は、データの読み込み、書き出し、ソート、複製、作成などのデータの基本操作を解説します。
- 特訓編 3 日目は、特定の条件やルールに基づいてデータを抽出する方法を解説します。
- 特訓編 4 日目は、データに対する処理や新しい列の作成、欠損値処理など、データを加工する方法を解説します。
- 特訓編 5 日目は、データの集計処理を解説します。
- 特訓編 6 日目は、時系列データに対する操作を解説します。
- 特訓編 7 日目は、大規模データを効率的に処理するための遅延評価とクエリ最適化、Streaming API を解説します。
- 特訓編 8 日目は、データの確認から機械学習モデルの作成、評価までの流れを実践的なコードとともに解説します。

本書の読み方

① アイデア
どのような状況・考えのもと、何を実現したいかについて書かれています。

② Polars での実装例
アイデアを Polars で実現する方法が書かれています。本書では Polars のコードは青色のコードブロックで記述されています。
また、以下のコードがあらかじめ実行されている前提になります。

```
import polars as pl
```

③ pandas での実装例
アイデアを pandas で実現する方法が書かれています。本書では pandas のコードは緑色のコードブロックで記述されています。
また、以下のコードがあらかじめ実行されている前提になります。

```
import pandas as pd
```

※ Polars, pandas どちらでもないコードの紹介は紫色のコードブロックで記述されています。

④ Tips

アイデアや各実装など、レシピの本編に関連する内容について書かれています。

⑤

⑥

⑤ column

本編からは少しそれますが、きっと興味を持ってもらえる豆知識を紹介しています。

⑥ note

本編からは少しそれますが、知っておくと役に立つ知識のうち、実装に関連するものについて書かれています。

サポートサイトについて

本書で取り扱うコードはすべて、以下のリンクから Google Colaboratory の形式で実行可能です。本書におけるご意見やご質問もこのサイトからお願いいたします。

https://github.com/Johannyjm/polars-data-recipes-55

Polars-ja について

● Polars-ja とは

Polars-ja は、日本の開発者やデータ分析者が集い、Polars の活用方法を共有・学習するためのコミュニティです。2024 年 4 月にローンチされて以来、活発に活動しています。

● 活動内容

以下のような活動が行われています。

- Polars に関する一般的な質問場所の提供
- Polars をテーマとした LT 会
- Polars を使ったユースケースやコンテンツの共有
- Polars Document の日本語化

vii

● 参加したい方へ

以下の GitHub Organization から Discord サーバーへ参加可能です。

- リンク

  `https://github.com/polars-ja`

- QR コード

謝辞

本書の刊行にあたり、数多くの方にご協力いただきました。特に以下の皆さまには、本書をより良い本とするためのたくさんのアドバイスをいただきました。この場を借りて感謝申し上げます。

- 企画初期から議論に参加いただき、丁寧にレビューいただきました、青田雅輝さま、小林智史さま
- 実務利用におけるプラクティスなど、たくさんの貴重なアイデアをいただきました、岸本陽大さま
- 実践パイプラインの実装について非常に有益なコメントをいただきました、上原祐輝さま、武井柊悟さま
- 素晴らしい推薦のお言葉を寄せていただきました、小野寺和樹さま、河合俊典さま
- 本書の企画をご担当いただきました、横山真吾さま、講談社サイエンティフィク・講談社の皆さま

まことにありがとうございました。ここに挙げた皆さま以外にも、本書の出版にかかわってくださったすべての方々に感謝いたします。

目次

準備 1日目 pandasの概要　2

1.1　pandasの概要 2
1.2　データフレームの活用例 3
1.3　まとめ 8

準備 2日目 Polarsの概要　9

2.1　Polarsの概要 9
2.2　Polarsエクスプレッション 9
2.3　式（Context）の使い方 11
2.4　まとめ 17
column　メソッドチェーン 18
column　Polarsエクスプレッションによって
　　　　享受できる並列化 19

特訓 1日目 データの確認　21

Recipe 01　データの表示　22

1.1　アイデア 22
1.2　Polarsでの実装例 23
1.3　pandasでの実装例 23
1.4　Tips 23
note　データの抽出と表示 25

Recipe 02　データの列名を確認　27

2.1　アイデア 27
2.2　Polarsでの実装例 27
2.3　pandasでの実装例 28
2.4　Tips 28
column　pandasインデックスの注意点 29

Recipe 03　データの大きさの確認　31

3.1　アイデア 31
3.2　Polarsでの実装例 32
3.3　pandasでの実装例 32
note　そのほかの確認方法 32

Recipe 04　各列のデータ型を確認　34

4.1　アイデア 34
4.2　Polarsでの実装例 35
4.3　pandasでの実装例 36
column　pandasデータフレームのデータ型 37

Recipe 05　データの概要を確認　38

5.1　アイデア 38
5.2　Polarsでの実装例 39
5.3　pandasでの実装例 40
note　そのほかの確認方法 41

Recipe 06　列ごとのユニークな要素数の確認　43

6.1　アイデア 43
6.2　Polarsでの実装例 44
6.3　pandasでの実装例 45
6.4　Tips 45

Recipe 07　列ごとのユニークな要素を確認　46

7.1　アイデア 46
7.2　Polars での実装例 47
7.3　pandas での実装例 48

Recipe 08　ユニークな要素ごとに重複数のカウント　49

8.1　アイデア 49
8.2　Polars での実装例 50
8.3　pandas での実装例 51
8.4　Tips 52
note　Polars の pandas-like な記法 52

Recipe 09　特定の列に対する統計量の確認　53

9.1　アイデア 53
9.2　Polars での実装例 54
9.3　pandas での実装例 56
9.4　Tips 57
note　pandas agg の仕組み 58

特訓 2日目　データの操作　60

Recipe 10　ファイルの読み込み　60

10.1　アイデア 60
10.2　Polars での実装例 60
10.3　pandas での実装例 61
10.4　Tips 61
note　絶対パスと相対パス 63
note　分割された同フォーマットのファイルを結合して読み込む 65

Recipe 11　データフレームの特定ファイル形式への書き出し　67

11.1　アイデア 67
11.2　Polars での実装例 67
11.3　pandas での実装例 68
11.4　Tips 68
column　Polars の write_csv と pandas の to_csv でメソッド名が違うのはなぜ？ 69

Recipe 12　データフレームのソート　71

12.1　アイデア 71
12.2　Polars での実装例 72
12.3　pandas での実装例 73
12.4　Tips 74

Recipe 13　データフレームの複製　77

13.1　アイデア 77
13.2　Polars での実装例 78
13.3　pandas での実装例 79
note　オブジェクトへの参照とその複製 80

Recipe 14　データフレームの作成　83

14.1　アイデア 83
14.2　Polars での実装例 84
14.3　pandas での実装例 84
14.4　Tips 85
note　Polars と pandas の列名 87

特訓 3日目　データの抽出　89

Recipe 15　データフレームから複数列を抽出　89

15.1　アイデア 89
15.2　Polars での実装例 90
15.3　pandas での実装例 91
15.4　Tips 92
note　pandas データフレームのインデクサ 92

Recipe **16** **データフレームから特定データ型の列抽出**　　　94

16.1　アイデア 94
16.2　Polars での実装例 95
16.3　pandas での実装例 96

Recipe **17** **データフレームの特定列の除外**　　　97

17.1　アイデア 97
17.2　Polars での実装例 98
17.3　pandas での実装例 98
17.4　Tips 99
column　データリーケージ 100

Recipe **18** **データフレームの特定行の抽出**　　　102

18.1　アイデア 102
18.2　Polars での実装例 103
18.3　pandas での実装例 104
18.4　Tips 104
note　ホールド・アウト法と交差検証法 105
note　ホールド・アウト法の実装 105
note　交差検証法の実装 106
note　インデックス配列を用いた交差検証法の実装 ...107

Recipe **19** **特定条件にマッチする行の抽出**　　　108

19.1　アイデア 108
19.2　Polars での実装例 109
19.3　pandas での実装例 110
19.4　Tips 111
note　fold 列の値でフィルタリングする交差検証法
の実装 113

Recipe **20** **複数条件にマッチする行の抽出①**　　　114

20.1　アイデア 114
20.2　Polars での実装例 115
20.3　pandas での実装例 116
20.4　Tips 117

Recipe **21** **複数条件にマッチする行の抽出②**　　　118

21.1　アイデア 118
21.2　Polars での実装例 119
21.3　pandas での実装例 121
21.4　Tips 121
column　欠損値の取り扱い 122

Recipe **22** **特定列が欠損値でない行の抽出**　　　124

22.1　アイデア 124
22.2　Polars での実装例 126
22.3　pandas での実装例 127
22.4　Tips 127

Recipe **23** **欠損値を含む行の削除**　　　129

23.1　アイデア 129
23.2　Polars での実装例 131
23.3　pandas での実装例 131
23.4　Tips 131
note　すべてが欠損値の行のみ削除 131

Recipe **24** **値リストのどれかに合致する要素を持つ行の抽出**　　　133

24.1　アイデア 133
24.2　Polars での実装例 135
24.3　pandas での実装例 135

Recipe **25** **特定の文字列を含む行の抽出**　　　136

25.1　アイデア 136
25.2　Polars での実装例 137
25.3　pandas での実装例 138
note　str アクセサの提供機能 138
note　正規表現 139

xi

Recipe 26 指定された数だけランダムにデータをサンプリング　141

26.1　アイデア 141
26.2　Polars での実装例 143
26.3　pandas での実装例 143
26.4　Tips 144

note　データフレーム全体のシャッフル 144
column　なぜランダムシードによって乱数を固定できるか 145

特訓 4日目　データの加工　146

Recipe 27　既存列へのデータ処理　146

27.1　アイデア 146
27.2　Polars での実装例 148
27.3　pandas での実装例 148

Recipe 28　特定列をデータ処理し、データ型を変更　149

28.1　アイデア 149
28.2　Polars での実装例 151
28.3　pandas での実装例 151

note　round の挙動の違い（四捨五入と偶数丸め）...151
note　Decimal を利用した pandas での四捨五入 ...153

Recipe 29　既存列を用いて新規列を作成する　154

29.1　アイデア 154
29.2　Polars での実装例 155
29.3　pandas での実装例 156

note　1 つの要素を持つ新規列の追加 157
note　ランダムな要素を持つ列を追加する 159

Recipe 30　条件に応じた値の代入　160

30.1　アイデア 160
30.2　Polars での実装例 161
30.3　pandas での実装例 161
30.4　Tips 162

Recipe 31　列へのユーザー定義関数の適用　165

31.1　アイデア 165
31.2　Polars での実装例 166
31.3　pandas での実装例 168
31.4　Tips 168

Recipe 32　データフレームの列名を一括変更　173

32.1　アイデア 173
32.2　Polars での実装例 174
32.3　pandas での実装例 175
note　ハッシュテーブル 176

Recipe 33　データフレームの特定の列名を変更　178

33.1　アイデア 178
33.2　Polars での実装例 179
33.3　pandas での実装例 180

Recipe 34　欠損値の補完　182

34.1　アイデア 182
34.2　Polars での実装例 184
34.3　pandas での実装例 185
34.4　Tips 186
column　中央値 186
column　欠損値の消去、補完によるバイアスの導入 ...187

Recipe 35　NumPy 配列への変換　189

35.1　アイデア 189
35.2　Polars での実装例 190
35.3　pandas での実装例 191
35.4　Tips 191
note　pandas の values プロパティ 192

Recipe 36 データのビニング193

36.1 アイデア 193
36.2 Polars での実装例..................195
36.3 pandas での実装例..................197
note ビン幅を等しくするビニング..................197

Recipe 37 重複行の削除200

37.1 アイデア 200
37.2 Polars での実装例..................201
37.3 pandas での実装例..................202
37.4 Tips..................203

Recipe 38 データフレームの連結206

38.1 アイデア 206
38.2 Polars での実装例..................208
38.3 pandas での実装例..................209
note データフレームのリチャンク..................210

Recipe 39 データフレームの結合212

39.1 アイデア 212
39.2 Polars での実装例..................215
39.3 pandas での実装例..................216

特訓 5日目 データの集計218

Recipe 40 列の集計結果を計算218

40.1 アイデア 218
40.2 Polars での実装例..................219
40.3 pandas での実装例..................220
40.4 Tips..................221

Recipe 41 列の集計結果を新規列として追加222

41.1 アイデア 222
41.2 Polars での実装例..................223
41.3 pandas での実装例..................225
note mapping_strategy..................226

Recipe 42 累積和を計算229

42.1 アイデア 229
42.2 Polars での実装例..................231
42.3 pandas での実装例..................231
42.4 Tips..................232

Recipe 43 複数列の集計結果を計算234

43.1 アイデア 234
43.2 Polars での実装例..................235
43.3 pandas での実装例..................237
43.4 Tips..................237
note Polars の pivot は eager API でのみ利用可能...238
note pivot と同様の処理を lazy API で実装する...240

特訓 6日目 時系列データの処理241

Recipe 44 日時データから年と月を取得する241

44.1 アイデア 241
44.2 Polars での実装例..................243
44.3 pandas での実装例..................244
44.4 Tips 244
note 日付と時間のフォーマット文字列............246
note 読み込み時に日時情報を表すデータ型に変換する...247
note Python の datetime における aware と naive...249

Recipe 45 時間軸に沿って値をシフトし、過去値の列を作る251

45.1 アイデア 251
45.2 Polars での実装例..................253
45.3 pandas での実装例..................254
note データに抜けがある場合..................255

Recipe 46 行の差分を新規の列として追加する 259

46.1 アイデア............................259
46.2 Polars での実装例....................261
46.3 pandas での実装例....................262
46.4 Tips..............................262
column 時系列データの構造................265
column 定常過程.........................266

Recipe 47 時間に基づいた集約を行い、新規列を作成する 269

47.1 アイデア............................269
47.2 Polars での実装例....................271
47.3 pandas での実装例....................272
47.4 Tips..............................273

Recipe 48 特定の期間ごとのデータの集計 276

48.1 アイデア............................276
48.2 Polars での実装例....................277
48.3 pandas での実装例....................279
48.4 Tips..............................279

特訓 7日目 遅延評価 282

Recipe 49 遅延評価の基礎（Python 編） 282

49.1 遅延評価............................282
49.2 Python における遅延評価................283
note range オブジェクトとジェネレータの違い...286

Recipe 50 Polars の遅延評価機能 lazy API 288

50.1 lazy API とは........................288
50.2 lazy API の使い方....................289

Recipe 51 クエリ最適化と Streaming API 293

51.1 クエリ最適化.........................293
51.2 Streaming API.......................297

特訓 8日目 実践パイプライン 299

Recipe 52 EDA 299

52.1 Polars での実装例....................299
52.2 Tips..............................308
column 変数の種類と尺度....................309
column 相関係数の種類 310

Recipe 53 前処理と特徴量エンジニアリング 312

53.1 前処理と特徴量エンジニアリング.....312
53.2 Polars での実装例....................313
53.3 実装例の詳細解説.....................316
53.4 まとめ.............................324

Recipe 54 機械学習モデルの学習 325

54.1 LightGBM...........................325
54.2 Polars での実装例....................326
column 決定木............................334
column 勾配ブースティング決定木............335
column Categorical Feature.............336

Recipe 55 機械学習モデルの評価・推論 340

55.1 OOF の作成.........................340
55.2 OOF に対する評価....................341
55.3 特徴量重要度の計算 343
55.4 Tips..............................344

索引...345

- 準備編1日目は、pandasの概要とデータフレームライブラリを扱うことのメリットを紹介します。
- 準備編2日目は、Polarsの概要とPolarsを使う上で重要な概念であるエクスプレッションの基本的な使い方を解説します。

準備編
1日目

pandas の概要

 1.1 pandas の概要

このセクションでは、Python のデータフレームライブラリである **pandas** について説明します。pandas とは何かという概要の説明から、構造化データをデータフレームとして扱うことのメリットを簡単な実装を通して説明します。

● pandas とは

pandas は、Python のデータフレームライブラリの 1 つで、2024 年 4 月現在 GitHub のスターを 41,700 以上獲得しており高い人気を誇っています。Google Trends でも他のライブラリと比べて圧倒的な検索数であり、データフレームライブラリのデファクトスタンダードとなっています。

pandas は、データの読み込み、集計、加工、可視化などの豊富な機能を提供しており、データサイエンスや機械学習の分野で広く活用されています。また、直感的で使いやすい API を備えているため、初心者でも簡単に扱えます。

データフレームライブラリのように構造化データを扱えるライブラリは pandas 以外にもあり、それぞれに特徴があります。

- Polars: Rust 言語で実装されており、高速な処理が特徴。
- Dask: データを分割して複数のマシンで並列処理することで、大規模データを効率的に扱える。
- cuDF: GPU を利用した高速な処理が特徴。
- PySpark: インメモリ処理と分散処理により大規模データを高速に処理可能な Apache Spark を Python から扱うためのライブラリ。

● データフレームとは

データフレームとは、CSV や JSON などの構造化データを 2 次元の表形式で表現し、Python などのプログラムで使いやすくしたものです。

CSV 形式

```
Name,Age,City
Emma,32,Sydney
Frank,41,Berlin
Grace,24,Toronto
Henry,39,Madrid
```

JSON 形式

```
[{"Name":"Emma","Age":32,"City":"Sydney"},
 {"Name":"Frank","Age":41,"City":"Berlin"},
 {"Name":"Grace","Age":24,"City":"Toronto"},
 {"Name":"Henry","Age":39,"City":"Madrid"}]
```

データフレーム

Name	Age	City
Emma	32	Sydney
Frank	41	Berlin
Grace	24	Toronto
Henry	39	Madrid

● 構造化データをデータフレームとして扱うことのメリット

　データフレームを使わずにデータ処理を行う場合、例えば Python では、ファイルから読み込んだデータをパース（解析）し、リストや辞書などのデータ構造に格納し管理する必要があります。また、特定の条件での行の抽出や、データの結合をするには、ループ処理やインデックス管理を行う必要があり、コードが複雑になってしまいます。

　pandas のデータフレームが提供している機能を使うことで、これらの処理を簡潔なコードで実現でき、データ処理が効率的に行えるようになります。

1.2　データフレームの活用例

　ここではタイタニック号の乗客データの CSV ファイルを pandas データフレームを使って扱う場合どのようにデータを扱うことになるのかの例を紹介します。

● 使用するデータ

　タイタニック号の乗客データは次のような中身になっています。

```
titanic.csv

"pclass","survived","name","sex","age","sibsp","parch","ticket","fare","cabin","embarked","boat","body","home.dest"
1,1,"Allen, Miss. Elisabeth Walton","female",29,0,0,"24160",211.3375,"B5","S","2",,"St Louis, MO"
1,1,"Allison, Master. Hudson Trevor","male",0.92,1,2,"113781",151.5500,"C22 C26","S","11",,"Montreal, PQ / Chesterville, ON"
1,0,"Allison, Miss. Helen Loraine","female",2,1,2,"113781",151.5500,"C22 C26","S",,,"Montreal, PQ / Chesterville, ON"
1,0,"Allison, Mr. Hudson Joshua Creighton","male",30,1,2,"113781",151.5500,"C22
```

```
C26","S",,"135","Montreal, PQ / Chesterville, ON"
1,0,"Allison, Mrs. Hudson J C (Bessie Waldo Daniels)","female",25,1,2,"113781",151.55
00,"C22 C26","S",,,"Montreal, PQ / Chesterville, ON"
1,1,"Anderson, Mr. Harry","male",48,0,0,"19952",26.5500,"E12","S","3",,"New York, NY"
1,1,"Andrews, Miss. Kornelia Theodosia","female",63,1,0,"13502",77.9583,"D7","S","10"
,,"Hudson, NY"
1,0,"Andrews, Mr. Thomas Jr","male",39,0,0,"112050",0.0000,"A36","S",,,"Belfast, NI"
1,1,"Appleton, Mrs. Edward Dale (Charlotte Lamson)","female",53,2,0,"11769",51.4792,"
C101","S","D",,"Bayside, Queens, NY"
1,0,"Artagaveytia, Mr. Ramon","male",71,0,0,"PC 17609",49.5042,,"C",,"22","Montevideo,
Uruguay"
1,0,"Astor, Col. John Jacob","male",47,1,0,"PC 17757",227.5250,"C62
C64","C",,"124","New York, NY"
1,1,"Astor, Mrs. John Jacob (Madeleine Talmadge Force)","female",18,1,0,"PC
17757",227.5250,"C62 C64","C","4",,"New York, NY"
=== 以下略 ==
```

● データの表示

このように、CSV ファイルをそのまま開くと、その値がどの列なのかが一見わからずとても見づらいです。データフレームとして CSV ファイルを読み込むと、Jupyter Notebook の環境でスプレッドシートアプリで開いたように見やすく表示できます。

```python
# CSV ファイルをデータフレームとして読み込み
df = pd.read_csv("titanic.csv")

# データフレームの先頭 5 行を表示
df.head()
```

	pclass	survived	name	sex	age	sibsp	parch	ticket	...	home.dest
0	1	1	Allen, Miss. Elisabeth Walton	female	29.0	0	0	24160	...	St Louis, MO
1	1	1	Allison, Master. Hudson Trevor	male	0.92	1	2	113781	...	Montreal, PQ / Chesterville, ON
2	1	0	Allison, Miss. Helen Loraine	female	2.0	1	2	113781	...	Montreal, PQ / Chesterville, ON
3	1	0	Allison, Mr. Hudson Joshua Creighton	male	30.0	1	2	113781	...	Montreal, PQ / Chesterville, ON
4	1	0	Allison, Mrs. Hudson J C (Bessie Waldo Daniels)	female	25.0	1	2	113781	...	Montreal, PQ / Chesterville, ON

● 統計量の表示

以下のようなシンプルな実装で、各列のデータ件数、平均値、標準偏差、最小値、四分位数、最大値などの統計量のまとめを作成できます。

```
# 統計量を計算
df.describe()
```

▶ 出力結果

	pclass	survived	age	sibsp	parch	fare	body
count	1309.000000	1309.000000	1046.000000	1309.000000	1309.000000	1308.000000	121.000000
mean	2.294882	0.381971	29.881138	0.498854	0.385027	33.295479	160.809917
std	0.837836	0.486055	14.413493	1.041658	0.865560	51.758668	97.696922
min	1.000000	0.000000	0.170000	0.000000	0.000000	0.000000	1.000000
25%	2.000000	0.000000	21.000000	0.000000	0.000000	7.895800	72.000000
50%	3.000000	0.000000	28.000000	0.000000	0.000000	14.454200	155.000000
75%	3.000000	1.000000	39.000000	1.000000	0.000000	31.275000	256.000000
max	3.000000	1.000000	80.000000	8.000000	9.000000	512.329200	328.000000

　データフレームを使わずに CSV ファイルから直接 Python で統計量を求めようとすると、次のような処理が必要になります。

1. CSV ファイルを読み込み、各列のデータをリストなどに格納する
2. 各列のデータ件数を求める
3. 各列の合計値を求め、データ件数で割ることで平均値を求める
4. 各データと平均値の差を求め、その二乗和を計算する
5. 4. で求めた二乗和をデータ件数で割り、平方根をとることで標準偏差を求める
6. 各列のデータを並べ替え、最小値、四分位数、最大値を求める

　少し考えただけでも処理は複雑で実装は面倒くさそうなのがイメージできるのではないでしょうか。pandas を使えば CSV ファイルを読み込んだデータフレームに対して df.describe() と記述するだけでよく、非常に簡単に統計量のまとめが求められます。

● 集計

次に、性別 sex ごとの兄弟の数 sibsp の平均を pandas を使って求める例を紹介します。

```
# 性別ごとの兄弟の数の平均値を求める
df.groupby("sex")["sibsp"].mean()
```

▶ 出力結果

```
sex
female    0.652361
male      0.413998
Name: sibsp, dtype: float64
```

1.2　データフレームの活用例　　5

実装を簡単に説明すると

1. "sex" ごとに → .groupby("sex")
2. "sibsp" の → ["sibsp"]
3. 平均を求める → .mean()

と処理を記述しています。行いたい処理が直感的に，かつ簡潔に記述できることがわかるかと思います。

● 前処理系

　pandas には前処理を行うさまざまな機能が実装されており，ここでは欠損値補完を行う例を紹介します。年齢 age が欠損している箇所に age の平均年齢である 29.88 を補完する処理を行います。欠損値補完を行う前のデータでは、1305 行目のデータで age のデータがないことを表す NaN になっています。

	pclass	survived	name	sex	age	sibsp	parch	…	home.dest
0	1	1	Allen, Miss. Elisabeth Walton	female	29.0	0	0	…	St Louis, MO
1	1	1	Allison, Master. Hudson Trevor	male	0.92	1	2	…	Montreal, PQ / Chesterville, ON
2	1	0	Allison, Miss. Helen Loraine	female	2.0	1	2	…	Montreal, PQ / Chesterville, ON
3	1	0	Allison, Mr. Hudson Joshua Creighton	male	30.0	1	2	…	Montreal, PQ / Chesterville, ON
4	1	0	Allison, Mrs. Hudson J C (Bessie Waldo Daniels)	female	25.0	1	2	…	Montreal, PQ / Chesterville, ON
⋮	⋮	⋮	⋮	⋮	⋮	⋮	⋮	⋮	⋮
1304	3	0	Zabour, Miss. Hileni	female	14.5	1	0	…	NaN
1305	3	0	Zabour, Miss. Thamine	female	NaN	1	0	…	NaN
1306	3	0	Zakarian, Mr. Mapriededer	male	26.5	0	0	…	NaN
1307	3	0	Zakarian, Mr. Ortin	male	27.0	0	0	…	NaN
1308	3	0	Zimmerman, Mr. Leo	male	29.0	0	0	…	NaN
1309 rows × 14 columns									

```
# 年齢が欠損しているデータを 29.88 で補完する
df.fillna({"age": 29.88})
```

▶ 出力結果

	pclass	survived	name	sex	age	sibsp	parch	...	home.dest
0	1	1	Allen, Miss. Elisabeth Walton	female	29.0	0	0	...	St Louis, MO
1	1	1	Allison, Master. Hudson Trevor	male	0.92	1	2	...	Montreal, PQ / Chesterville, ON
2	1	0	Allison, Miss. Helen Loraine	female	2.0	1	2	...	Montreal, PQ / Chesterville, ON
3	1	0	Allison, Mr. Hudson Joshua Creighton	male	30.0	1	2	...	Montreal, PQ / Chesterville, ON
4	1	0	Allison, Mrs. Hudson J C (Bessie Waldo Daniels)	female	25.0	1	2	...	Montreal, PQ / Chesterville, ON
⋮	⋮	⋮	⋮	⋮	⋮	⋮	⋮	⋮	⋮
1304	3	0	Zabour, Miss. Hileni	female	14.5	1	0	...	NaN
1305	3	0	Zabour, Miss. Thamine	female	**29.8**	1	0	...	NaN
1306	3	0	Zakarian, Mr. Mapriededer	male	26.5	0	0	...	NaN
1307	3	0	Zakarian, Mr. Ortin	male	27.0	0	0	...	NaN
1308	3	0	Zimmerman, Mr. Leo	male	29.0	0	0	...	NaN

age の欠損していた箇所に 29.88 が入り欠損値補完ができました。ここでも fillna メソッドを使い、列名と補完したい値を指定することで直感的に操作できています。

● 可視化

次に、可視化を行う例を紹介します。年齢 age とチケットの料金 fare の散布図を描画してみましょう。

```
# 年齢とチケットの料金の散布図を描画
df.plot.scatter(x="age", y="fare")
```

▶出力イメージ

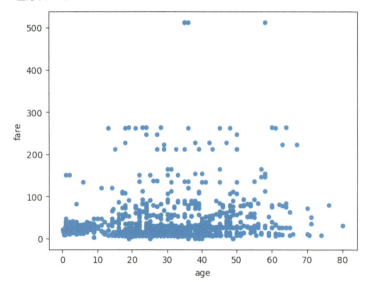

　Pythonでデータの可視化を行うときはMatplotlibやseabornといったグラフ描画用のライブラリを活用することが多いです。pandasでは内部的にMatplotlibを呼び出すためデータフレームに対して`df.plot.scatter(x="age", y="fare")`と記述するだけで散布図を描画できます。散布図のほかにもヒストグラムや折れ線グラフ、棒グラフなどさまざまなグラフを描画できます。

1.3 まとめ

　このように、pandasに代表されるデータフレームライブラリを活用することで一見複雑な処理であっても直感的に実現でき、分析の効率化が見込めます。機能を把握するまではしょっちゅうバグを生じさせてしまったり、効率的な記述ができなかったりするかもしれませんが、マスターすることでとても心強いデータ分析の味方になってくれるでしょう。

Polars の概要

2.1 Polars の概要

このセクションではデータフレームライブラリ **Polars** の基本的な使い方について説明していきます。Polars は pandas と同様の処理が行えるライブラリですが、

- バックエンドがコンパイラ言語である Rust で書かれている
- 遅延評価を提供する API と、クエリ最適化が活用できる
- マルチコアでの並列処理を可能な限り利用する

などの理由から他のデータフレームライブラリに比べて**動作が速く、メモリ効率もよい**ことが大きな特長です。そのため、分析したいデータが巨大だったり、システムのメモリや処理速度の要件が厳しかったりする場合などに特に活躍するライブラリといえます。

Polars の基本的な使い方として重要な概念に**エクスプレッション**が挙げられます。逆に、このエクスプレッションをしっかりと理解すれば Polars の大部分の機能を使えるともいえます。そこで、このセクションでは Polars エクスプレッションの概要をしっかりと理解することを目標に、説明を進めていきます。

2.2 Polars エクスプレッション

Polars エクスプレッション（`polars.Expr`）をワンセンテンスで説明すると、

データフレームを処理するために、式（Context）に渡して使う、
データシリーズの操作の流れを表現するオブジェクト

のようになります。ここで、データシリーズとはデータフレームの各列のデータのことです。

例えば、`col1` 列の値が "A" である行をフィルタリングする処理に関しては以下のようになります。

この例では pl.col("col1") == "A" がエクスプレッションであり式 filter に対し、操作の流れ（col1 が "A" である行を抽出する）を渡しているイメージです。

> Polars エクスプレッションとは
> - データフレーム（polars.DataFrame）を操作するために使う
> - 式（Context）と呼ばれるデータフレームのメソッドに引数として渡す
> - データ操作の流れを表現するオブジェクト

ここでエクスプレッションはあくまで「操作の流れ」のみを記述する点に注意しましょう。そのため、エクスプレッションが操作後のデータそのものを返すことはありません。実際にデータを処理するのは式（Context）であって、エクスプレッションは式に対してデータ操作の「実行計画書」あるいは「操作手順書」のようなものを渡しているイメージです。

また、この基本操作で式はデータフレームオブジェクト（polars.DataFrame）を返却します。インプレイスな操作（"df. メソッド" を実行することで、元の df が変更される操作）やその他のさまざまなデータ操作インターフェースが Polars には提供されていますが、本書では主にこの「式＋エクスプレッション」で表現可能な形式についてのみ取り扱います。

● 式（Context）

Polars で一般的に使う式（Context）は以下です[1]。

- シリーズの選択：df.select(…), df.with_columns(…)
- データフレームのフィルタリング：df.filter(…)
- Group by / Aggregation：df.group_by(…).agg(…)

Polars ではひとまずこれらの式の使い方がわかっていれば多くのデータ操作ができます。そのため、Polars に入門するのであればこれらの 4 つの式と「エクスプレッションがそれぞれどのように処理されるか」だけ押さえておけば十分でしょう。

また、Polars はある程度 **pandas-like な構文** をサポートしています[2]。とりあえず Polars を動かす目的であれば pandas らしさを残しながら最低限の学習で入門できるのでは、という気持ちもわかり

---

[1] https://pola-rs.github.io/polars/user-guide/concepts/contexts/
[2] 参考：import polars as pd でどこまでいけるか！：https://qiita.com/yururoi/items/4d1690bdce77dcfab33a

ますが、後述する並列化の恩恵を受けにくいとされている[注3]ため、本書では基本的に非推奨という立場です。いろいろな処理を可読性を高めて書けるというメリットもあるのでぜひ、式＋エクスプレッションを使いましょう。

2.3　式（Context）の使い方

　それでは、各式がエクスプレッションを受けとって具体的にどのような処理をするのかを見ていきましょう[注4]。
　ここからは以下のようなシンプルなデータフレームで説明します[注5]。

```python
import numpy as np
import polars as pl

df = pl.DataFrame(
    {
        "nrs": [1, 2, 3, None, 5],
        "names": ["foo", "ham", "spam", "egg", None],
        "random": np.random.rand(5),
        "groups": ["A", "A", "B", "C", "B"],
    }
)
print(df)
```

```
shape: (5, 4)
┌──────┬───────┬──────────┬────────┐
│ nrs  │ names │ random   │ groups │
│ ---  │ ---   │ ---      │ ---    │
│ i64  │ str   │ f64      │ str    │
╞══════╪═══════╪══════════╪════════╡
│ 1    │ foo   │ 0.877225 │ A      │
│ 2    │ ham   │ 0.439351 │ A      │
│ 3    │ spam  │ 0.59223  │ B      │
│ null │ egg   │ 0.795323 │ C      │
│ 5    │ null  │ 0.238454 │ B      │
└──────┴───────┴──────────┴────────┘
```

● シリーズの選択：`df.select(…)`, `df.with_columns(…)`

　この式では、データフレームの**列**に対してエクスプレッションを適用します。前述のとおり「ある列に対する一連の処理の流れ」であるエクスプレッションを受けとり、そのとおりに処理を行った結果をデータフレームとして返します。

注3　将来的にアップデートされて、「pandasっぽい書き方でも爆速！」ということがあるかもしれません。
注4　集計操作を行う Group by / Aggregation 式については、実際のデータを操作するレシピとして Recipe40 で説明します。
注5　Polars のデータフレームは print 関数でもきれいに表示（pretty-print）されます。

select 式と with_columns 式は似ていますが、その結果の返し方に違いがあります。

df.select(…)

select 式は引数として渡されたエクスプレッションに従って特定の列を処理し、その列**のみ**を返します。

列エクスプレッション col

一番シンプルな例は「特定の列を返すエクスプレッション col」です。

```
# names 列を抽出
df_names = df.select(pl.col("names"))
print(df_names)
```

```
shape: (5, 1)
┌───────┐
│ names │
│ ---   │
│ str   │
╞═══════╡
│ foo   │
│ ham   │
│ spam  │
│ egg   │
│ null  │
└───────┘
```

col は指定列そのものを返すエクスプレッションのため、あまりデータを操作している感じはしませんが、多くの操作において起点となる重要なエクスプレッションです。

また、結果が 1 列しかありませんが、shape が (5, 1) となっており返り値がデータフレームである点に注意してください[注6]。

エクスプレッションのインターフェースはかなり抽象化されており、リテラルや別のエクスプレッションなどとの演算評価を多くカバーしています。

ブロードキャスト

ブロードキャストとは、異なる形状のデータ同士を計算するときに、一方のデータを自動的に拡張して形状をそろえてくれる機能です。以下は、nrs 列に random 列の平均値と 10 を足す実装例です。

```
# nrs 列に random 列の平均値と 10 を足す
df_result = df.select(pl.col("nrs") + pl.col("random").mean() + 10)
print(df_result)
```

注6　データシリーズへの変換が必要な場合はデータフレームの to_series メソッドを用います。単純にシリーズを取得するのみであればデータフレームの get_column メソッドも存在しますが、このメソッドには現バージョンでエクスプレッションが渡せず、最適化の恩恵が受けられない可能性があります。

```
shape: (5, 1)
┌───────────┐
│ nrs       │
│ ---       │
│ f64       │
╞═══════════╡
│ 11.588517 │
│ 12.588517 │
│ 13.588517 │
│ null      │
│ 15.588517 │
└───────────┘
```

ここで、pl.col("nrs") が nrs 列全体を返すので長さ 5 のシリーズであるのに対し、pl.col("random").mean() や整数リテラル 10 はスカラー値です。これらのスカラー値はブロードキャストされ、すべてが同じ値である長さ 5 のシリーズとして計算されます。

複数のエクスプレッションを式に渡す

select 式にはカンマ "," 区切りで複数のエクスプレッションを渡せます。一連のエクスプレッションごとに列が計算され、渡したエクスプレッションの数だけ結果の列が増えていきます。

```
df_result = df.select(
    pl.col("names"),
    pl.col("nrs") * 2,
    pl.col("groups")
)
print(df_result)
```

```
shape: (5, 3)
┌───────┬─────┬────────┐
│ names │ nrs │ groups │
│ ---   │ --- │ ---    │
│ str   │ i64 │ str    │
╞═══════╪═════╪════════╡
│ foo   │ 2   │ A      │
│ ham   │ 4   │ A      │
```

```
| spam  | 6    | B |
| egg   | null | C |
| null  | 10   | B |
```

df.with_columns(…)

一方で with_columns 式は、引数として渡されたエクスプレッションに従って特定の列を処理し、**データフレームすべて**を返します。先ほどの実装を、select から with_columns に変更してみましょう。

```python
# nrs 列を元の値に random 列の平均値と 10 を足した値に更新
df_result = df.with_columns(pl.col("nrs") + pl.col("random").mean() + 10)
print(df_result)
```

```
shape: (5, 4)

| nrs       | names | random   | groups |
| ---       | ---   | ---      | ---    |
| f64       | str   | f64      | str    |
|===========================================|
| 11.588517 | foo   | 0.877225 | A      |
| 12.588517 | ham   | 0.439351 | A      |
| 13.588517 | spam  | 0.59223  | B      |
| null      | egg   | 0.795323 | C      |
| 15.588517 | null  | 0.238454 | B      |
```

nrs 列が select の結果と同じ値に更新された状態でデータフレーム全体が返されたことがわかります。このように with_columns 式では、デフォルトで「指定した列（今回は nrs 列）を更新する」という動作になります。

> **新規列の追加**

特徴量エンジニアリングなどの文脈で、新しい列を追加する場合にはエクスプレッションの alias を用いて nrs と異なる列名をアサインします。

```python
# nrs 列に random 列の平均値と 10 を足した値を feature 列として追加
df_result = df.with_columns(
    (pl.col("nrs") + pl.col("random").mean() + 10).alias("feature")
)
print(df_result)
```

```
shape: (5, 5)

| nrs   | names | random | groups | feature |
| ---   | ---   | ---    | ---    | ---     |
```

14 準備編 2 日目 Polars の概要

```
| i64   | str   | f64      | str   | f64       |
|=======|=======|==========|=======|===========|
| 1     | foo   | 0.877225 | A     | 11.588517 |
| 2     | ham   | 0.439351 | A     | 12.588517 |
| 3     | spam  | 0.59223  | B     | 13.588517 |
| null  | egg   | 0.795323 | C     | null      |
| 5     | null  | 0.238454 | B     | 15.588517 |
```

alias の返却値もエクスプレッションのため、例えば以下のように書いても結果は一緒です。

```python
# nrs 列に random 列の平均値と 10 を足した値を feature 列として追加
df_result = df.with_columns(
    pl.col("nrs").alias("feature") + pl.col("random").mean() + 10
)
print(df_result)
```

```
shape: (5, 5)

| nrs   | names | random   | groups | feature   |
| ---   | ---   | ---      | ---    | ---       |
| i64   | str   | f64      | str    | f64       |
|=======|=======|==========|========|===========|
| 1     | foo   | 0.877225 | A      | 11.588517 |
| 2     | ham   | 0.439351 | A      | 12.588517 |
| 3     | spam  | 0.59223  | B      | 13.588517 |
| null  | egg   | 0.795323 | C      | null      |
| 5     | null  | 0.238454 | B      | 15.588517 |
```

また、select 式と同様に、複数のエクスプレッションを渡すことで、同時に複数の列を更新したり、新しい列として追加したりできます。

● データフレームのフィルタリング：df.filter(…)

この式では、データフレーム全体に対してエクスプレッションとして渡された条件に合致する**行のフィルタリング**を行います。すなわち、この式に渡すエクスプレッションは「何行目のデータを抽出するか」が表現されるべきであり、Boolean 型（True/False や 1/0 といった二値の型）のシリーズを返す形式である必要があります。その点で、エクスプレッションの書き方が select や with_columns とは異なることに注意してください。

ブールシリーズを返すエクスプレッション

Boolean 型のシリーズを返すエクスプレッションを理解するために、冒頭に登場した実装 df.filter(pl.col("col1") == "A") で filter を select としてみましょう（col1 でなく groups 列を指定します）。

2.3 式 (Context) の使い方 | 15

```
# groups 列が "A" かどうかの評価結果を計算
df_result = df.select(pl.col("groups") == "A")
print(df_result)
```

```
shape: (5, 1)
┌────────┐
│ groups │
│ ---    │
│ bool   │
╞════════╡
│ true   │
│ true   │
│ false  │
│ false  │
│ false  │
└────────┘
```

select 式の節で「エクスプレッションは多くの演算評価をカバーしている」と説明しましたが、比較演算子（この場合は ==）の評価結果は上の結果のように Boolean 型になります。単純に「groups 列の値が "A" と等しいなら true そうでないなら false」という評価が行われると考えて問題ありません。

つまり pl.col("groups") == "A" というエクスプレッションは元のデータフレームの同じ長さを持つブールシリーズを返すエクスプレッションであり、filter 式に渡せる形式になっているのです。

```
# groups が "A" の行をデータフレームから抽出
df_filtered = df.filter(pl.col("groups") == "A")
print(df_filtered)
```

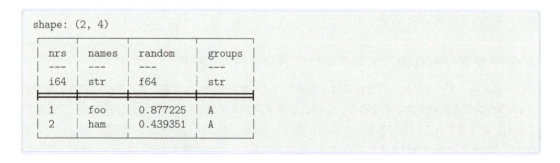

filter への複数条件の指定

複数条件を指定したい場合は AND/OR の条件をビット演算子 & や | で指定します。

```
# nrs が 1 より大きく groups が "A" であるレコードをデータフレームから抽出
df_filtered = df.filter((pl.col("nrs") > 1) & (pl.col("groups") == "A"))
print(df_filtered)
```

```
shape: (1, 4)
┌─────┬───────┬──────────┬────────┐
│ nrs │ names │ random   │ groups │
│ --- │ ---   │ ---      │ ---    │
│ i64 │ str   │ f64      │ str    │
╞═════╪═══════╪══════════╪════════╡
│ 2   │ ham   │ 0.439351 │ A      │
└─────┴───────┴──────────┴────────┘
```

このとき、& や | の優先度が他の比較演算子より高いため、各条件をカッコ（）で囲む必要がある点に注意してください。

なお、filter 式に複数のエクスプレッションを渡した場合はそれぞれの条件の AND をとったものと等しくなります（上の実装と結果は同じになります）。

```python
# 複数のエクスプレッションを filter に渡す
df_filtered = df.filter(pl.col("nrs") > 1, pl.col("groups") == "A")
print(df_filtered)
```

```
shape: (1, 4)
┌─────┬───────┬──────────┬────────┐
│ nrs │ names │ random   │ groups │
│ --- │ ---   │ ---      │ ---    │
│ i64 │ str   │ f64      │ str    │
╞═════╪═══════╪══════════╪════════╡
│ 2   │ ham   │ 0.439351 │ A      │
└─────┴───────┴──────────┴────────┘
```

2.4 まとめ

以上、基本的な Polars の使い方としてのエクスプレッション入門でした。もっとエクスプレッションについて詳しく調べたい方は以下を参照してください。

- Polars User guide(Context)[7]：式（Context）についてのコンセプト
- Polars User guide(Expressions)[8]：エクスプレッションについてのコンセプト
- Polars API reference[9]：API リファレンス

注 7　https://pola-rs.github.io/polars/user-guide/concepts/contexts/
注 8　https://pola-rs.github.io/polars/user-guide/concepts/expressions/
注 9　https://pola-rs.github.io/polars/py-polars/html/reference/index.html

メソッドチェーン

　エクスプレッションの重要な性質として「エクスプレッションはエクスプレッションのメソッドであり、エクスプレッションを返す」が挙げられます。この性質により、ある処理のエクスプレッション expr1 の後に expr2, expr3 … と処理を複数つなげたいときには、

```
df.select(expr1.expr2.expr3...)
```

のように記述できます。つまり、expr1 の返却値が polars.Expr オブジェクトでありメソッドとして expr2 を持つため expr1.expr2 のように直接 expr2 を呼び出せるというわけです。expr1.expr2 の返却値ももちろん polars.Expr オブジェクトですから、さらに expr3 を直接呼び出しています。このように一連の処理をドット "." などでつなげて記述する方法は**メソッドチェーン**と呼ばれます。

　Polars ではメソッドチェーンを**改行して表記する方法**がよく見られます。Python の記述ルールではカッコ (){}[] 内であれば自由に改行できるため[注10]、見やすい形にコードを整形できます。

```
# カッコ内で改行した例
df_selected = df.select(
    expr1
    .expr2
    .expr3
)
```

　また、式（select, with_columns, filter, group_by(...).agg）も同様に「データフレームのメソッドでありデータフレーム」を返すので、やりたい処理のすべてを式を組み合わせることで 1 つのメソッドチェーンで書けたりもします。

```
# 複数の操作をワンライナーで実現する例
df_result = df.with_columns(pl.col("feature1").add(pl.col("feature2")).alias("f1_plus_f2")).filter(pl.col("f1_plus_f2") > 5).head(5)
```

とても横長な記述となってしまいました。
　このようなケースでも改行を使うことで可読性の向上が見込めます。

注10　文字列を横切る改行はできません。

18　準備編 2 日目　Polars の概要

```python
df_result = (
    df
    .with_columns(
        pl.col("feature1")
        .add(pl.col("feature2"))
        .alias("f1_plus_f2")
    )
    .filter(
        pl.col("f1_plus_f2") > 5
    )
    .head(5)
)
```

単純な可読性だけでなく、処理ごとにコメントを追加したり、一部を変更したりする試行錯誤が行いやすいのでおすすめします。

```python
df_result = (
    df
    .with_columns(                          # 1 行ごとにコメントが入れられる
        # feature1 と feature2 を足して特徴量を作る
        pl.col("feature1")
        .add(pl.col("feature2"))
        .alias("f1_plus_f2")
    )
    .filter(
        pl.col("f1_plus_f2") > 5
        # pl.col("f1_plus_f2") > 10           少しの変更が行いやすい
    )
    .head(5)
)
```

Polars エクスプレッションによって享受できる並列化

冒頭で紹介したとおり、Polars はめちゃくちゃ速い（Blazingly Fast な）データフレームライブラリとして知られています。

- バックエンドがコンパイラ言語である Rust で書かれている
- 遅延評価を提供する API と、クエリ最適化が活用できる
- マルチコアでの並列処理を可能な限り利用する

その 3 つの理由（再掲）のうち、式とエクスプレッションを用いた記述は特に **3 つ目の並列処理と密接に**かかわっています。

例えば各式の紹介で「複数のエクスプレッションを渡したときの挙動」を取り上げましたが、それら複数の一連のエクスプレッションはすべて並列に処理されます[注11]。少々学習コストを支払ってでも Polars の式＋エクスプレッションの表記に慣れておくメリットがここにあります。もちろん特に工夫をしなくても十分高速化が見込めるライブラリではありますが、処理が長く、複雑になるほど並列化の恩恵が大きくなり、処理時間の短縮が見込めます。

```
df_result = (
    df
    .select(                              Expr1
        pl.col("foo").sort().head(2),
        pl.col("bar").filter(             Expr1 と Expr2 は
            pl.col("foo") == 1            並列に処理される
        ).sum()
    )                                     Expr2
)
```

　Polars の生みの親 Ritchie Vink 氏はこの並列化を「**Embarrassingly parallel（恥ずかしいほどの並列化）**」と評しています。彼のブログ（Polars オフィシャルサイトに転載）I wrote one of the fastest DataFrame libraries[注12] には Polars に実装されている並列化処理のコンセプトやハードウェアレベルでの高速化へのこだわりを読みとることができるのでぜひ読んでみてください。

注11　どの程度並列化されるかは使用するシステムに依存します。また、1 つ目のエクスプレッションで作られた列を 2 つ目のエクスプレッションで使用する場合などは並列化されません。
注12　https://pola.rs/posts/i-wrote-one-of-the-fastest-dataframe-libraries/

- 特訓編1日目は、データの基本的な構造や内容を確認する方法を解説します。
- 特訓編2日目は、データの読み込み、書き出し、ソート、複製、作成などのデータの基本操作を解説します。
- 特訓編3日目は、特定の条件やルールに基づいてデータを抽出する方法を解説します。
- 特訓編4日目は、データに対する処理や新しい列の作成、欠損値処理など、データを加工する方法を解説します。
- 特訓編5日目は、データの集計処理を解説します。
- 特訓編6日目は、時系列データに対する操作を解説します。
- 特訓編7日目は、大規模データを効率的に処理するための遅延評価とクエリ最適化、Streaming APIを解説します。
- 特訓編8日目は、データの確認から機械学習モデルの作成、評価までの流れを実践的なコードとともに解説します。

Recipe 01 データの表示

 ## 1.1 アイデア

読み込んだデータセットが 1309 行あり、一度に表示すると画面がいっぱいになってしまうかもしれない。具体的なデータがいくつか確認できたらよいので「先頭から 3 行だけ」データを表示したい。

● 使用するデータ

タイタニック号の乗客データ　ファイル名：titanic.csv[注1]

before

先頭から 3 行だけデータを表示したい

pclass	survived	…	boat	body	home.dest
1	1	…	"2"	null	"St Louis, MO"
1	1	…	"11"	null	"Montreal, PQ /…
1	0	…	null	null	"Montreal, PQ /…
1	0	…	null	135	"Montreal, PQ /…
1	0	…	null	null	"Montreal, PQ /…
1	1	…	"3"	null	"New York, NY"
1	1	…	"10"	null	"Hudson, NY"
1	0	…	null	null	"Belfast, NI"
1	1	…	"D"	null	"Bayside, Queen…
1	0	…	null	22	"Montevideo, Ur…
1	0	…	null	124	"New York, NY"
⋮	⋮	⋮	⋮	⋮	⋮

注1　本書のレシピでは基本的に、扱いたい CSV ファイルはデータフレームとしてすでに読み込まれているという前提で進めていきます。CSV ファイルは read_csv などの関数で読み込めます。read_csv やその他のファイルの読み込みについては後のレシピで詳しく説明します。

after　必要な分だけデータを表示

pclass	survived	…	boat	body	home.dest
1	1	…	"2"	null	"St Louis, MO"
1	1	…	"11"	null	"Montreal, PQ /…
1	0	…	null	null	"Montreal, PQ /…

　Notebook 環境で、読み込んだデータフレームの内容を確認したい場合、データフレームが代入された変数を単純に Notebook のセル末尾に記述して実行するだけで、多数の行や列が省略され（画面を埋め尽くすことなく）きれいにデータが出力されます。

　もっとコンパクトに、必要な行数だけデータを表示するにはどうすればよいでしょうか。

1.2　Polars での実装例

```
# 先頭から 3 件だけデータを表示
df.head(3)
```

　Polars データフレームの head メソッドを使うことで、データフレームの先頭から 3 件のデータを表示できます。引数の値を変更することで表示する行数を変更できます。このコードは実行したいセルの末尾に記述する必要がある点に注意してください。

　なお、df.head() のように引数を指定せずに実行するとデフォルト値である 5 件が出力されます。

1.3　pandas での実装例

```
# 先頭から 3 件だけデータを表示
df.head(3)
```

　pandas データフレームでも Polars と同様に head メソッドで先頭 3 件のデータを表示できます。デフォルト値も 5 で同じです。

1.4　Tips

　逆にたくさんの行を一度に表示させたいときはどうすればよいでしょうか。実装例の引数に大きな値を渡してみます。

```
# 先頭から 100 件のデータを表示したい
df.head(100)
```

pclass	survived	name	sex	age	sibsp	parch	...	home.dest
i64	i64	str	str	f64	i64	i64	...	str
1	1	"Allen, Miss. Elisabeth Walton"	"female"	29.0	0	0	...	"St Louis, MO"
1	1	"Allison, Master. Hudson Trevor"	"male"	0.92	1	2	...	"Montreal, PQ / Chesterville, O…"
1	0	"Allison, Miss. Helen Loraine"	"female"	2.0	1	2	...	"Montreal, PQ / Chesterville, O…"
1	0	"Allison, Mr. Hudson Joshua Cre…"	"male"	30.0	1	2	...	"Montreal, PQ / Chesterville, O…"
1	0	"Allison, Mrs. Hudson J C (Bess…"	"female"	25.0	1	2	...	"Montreal, PQ / Chesterville, O…"
⋮	⋮	⋮	⋮	⋮	⋮	⋮	⋮	⋮
1	1	"Dodge, Mrs. Washington (Ruth V…"	"female"	54.0	1	1	...	"San Francisco, CA"
1	0	"Douglas, Mr. Walter Donald"	"male"	50.0	1	0	...	"Deephaven, MN / Cedar Rapids, …"
1	1	"Douglas, Mrs. Frederick Charle…"	"female"	27.0	1	1	...	"Montreal, PQ"
1	1	"Douglas, Mrs. Walter Donald (M…"	"female"	48.0	1	0	...	"Deephaven, MN / Cedar Rapids, …"
1	1	"Duff Gordon, Lady. (Lucille Ch…"	"female"	48.0	1	0	...	"London / Paris"

　試してみると、データの下部に "100 rows × 14 columns" と表示されていることから 100 件のデータは抽出されていそうですが、表示は途中で省略されてしまっています。

　これはライブラリの設定に「データフレームを最大何行・何列まで表示するか」があり、その行数（または列数）を超えてしまっていることが考えられます。以下の設定を行い、表示制限を変更することでたくさんの行が表示できます。

　ただし、膨大なデータを一度に表示させるとマシンに大きな負荷がかかるため、上限数はほどほどにしておきましょう。

● Polars

```
pl.Config.set_tbl_rows(100)
```

　引数に渡した上限数まで表示する行数を制限できます。上限をなくし、すべての行を表示したい場合は -1 などの負の値を渡します。なお、この設定はデータフレームだけでなく Polars シリーズ（データフレームを構成する 1 次元の列データ）の表示も対象になります。

　列数の制限を変更する場合は polars.Config.set_tbl_cols(上限数) で設定します。

● pandas

```
pd.set_option("display.max_rows", 100)
```

pandas の場合、pandas.set_option("display.max_rows", 上限数)で表示行数の上限を設定できます。上限をなくしたい場合は None を設定します。

また、列数の制限を変更する場合は pandas.set_option("display.max_columns", 上限数)で設定します。

📝note データの抽出と表示

このレシピではデータの表示について取り扱いましたが、厳密には一連の処理は「データの抽出」と「データの表示」に分かれており、head(N) は「データフレームの先頭 N 行を抽出する処理」といえます。セル内で抽出処理されたデータフレームが Notebook の機能によって表示されたのです。

ただ、データサイエンスの現場においては Notebook を使ったデータの操作において抽出後のデータをそのまま出力し内容を確認するケースは存外多く「データの表示を扱うレシピ」として紹介しました。

データを表示する方法はほかにもいくつかあります。

末尾から指定行数分データを表示させたい

Polars, pandas どちらも以下のように実装できます。

```
# 末尾から 3 件だけデータを表示
df.tail(3)
```

引数などの仕様も head と同じです。

データフレームの内容をざっと確認したい

Polars のデータフレームのみの機能です。

```
print(df.glimpse())
```

▶ **出力イメージ**

```
Rows: 1309
Columns: 14
$ pclass    <i64> 1, 1, 1, 1, 1, 1, 1, 1, 1, 1
$ survived  <i64> 1, 1, 0, 0, 0, 1, 1, 0, 1, 0
$ name      <str> Allen, Miss. Elisabeth Walton, Allison, Master. Hudson Trevor,
Allison, Miss. Helen Loraine, Allison, Mr. Hudson Joshua Creighton, Allison, Mrs.
Hudson J C (Bessie Waldo Daniels), Anderson, Mr. Harry, Andrews, Miss. Kornelia
Theodosia, Andrews, Mr. Thomas Jr, Appleton, Mrs. Edward Dale (Charlotte Lamson),
```

Recipe 01　データの表示 | 25

```
Artagaveytia, Mr. Ramon
$ sex        <str> female, male, female, male, female, male, female, male, female,
male
$ age        <f64> 29.0, 0.92, 2.0, 30.0, 25.0, 48.0, 63.0, 39.0, 53.0, 71.0
$ sibsp      <i64> 0, 1, 1, 1, 1, 0, 1, 0, 2, 0
$ parch      <i64> 0, 2, 2, 2, 2, 0, 0, 0, 0, 0
$ ticket     <str> 24160, 113781, 113781, 113781, 113781, 19952, 13502, 112050,
11769, PC 17609
$ fare       <f64> 211.3375, 151.55, 151.55, 151.55, 151.55, 26.55, 77.9583, 0.0,
51.4792, 49.5042
$ cabin      <str> B5, C22 C26, C22 C26, C22 C26, C22 C26, E12, D7, A36, C101,
None
$ embarked   <str> S, S, S, S, S, S, S, S, S, C
$ boat       <str> 2, 11, None, None, None, 3, 10, None, D, None
$ body       <i64> None, None, None, 135, None, None, None, None, None, 22
$ home.dest <str> St Louis, MO, Montreal, PQ / Chesterville, ON, Montreal, PQ /
Chesterville, ON, Montreal, PQ / Chesterville, ON, Montreal, PQ / Chesterville,
ON, New York, NY, Hudson, NY, Belfast, NI, Bayside, Queens, NY, Montevideo,
Uruguay
```

　各列について「列名・データ型・最初の 10 件」を表示します。列ごとに 1 行ずつ結果が表示されるためたくさんの列を持つワイドなデータであってもきれいに表示することが可能です。

　head や tail と異なり返り値が文字列型であり、print 関数に渡すことで適切に表示される仕様になっています。逆にそのまま Notebook のセルの末尾に記述して実行してもきれいに表示されません。

　余談ですが Polars のデータフレームは直接 print(df) のように print 関数に渡してもきれいに表示(pretty-print)されるため、コマンドライン上での簡単なチェックをしたいときなどにも有効です。

抽出処理としての head

　逆に抽出のみを行うための「データフレームの先頭 50 行を別の変数 df_head50 に代入する」という処理は

```
# 先頭から 50 件のデータを抽出
df_head50 = df.head(50)
```

のように記述できます。この場合は代入を行って処理が終了するため(代入の処理に Python では返り値がないため)、Notebook のアウトプットには何も出力されません。

　正しく 50 件が抽出されたかを確かめたければセルの末尾に変数を記述しましょう。

```
# 先頭から 50 件のデータを抽出して表示
df_head50 = df.head(50)
df_head50
```

　ここで紹介した抽出処理は head を用いたシンプルなものでしたが、もう少し複雑な抽出処理についても後のレシピで紹介します。

Recipe 02 データの列名を確認

2.1 アイデア

　読み込んだデータを表示すると、列名が途中で省略されてしまった。そこで、データの列名を取得して内容を確認したい。

● 使用するデータ

タイタニック号の乗客データ　ファイル名：titanic.csv

この部分を確認したい

pclass	survived	...	boat	body	home.dest
1	1	...	"2"	null	"St Louis, MO"
1	1	...	"11"	null	"Montreal, PQ /...
1	0	...	null	null	"Montreal, PQ /...

　扱いたいデータによっては膨大な列を持つ「横長な」ケースもあります。そのようなデータの列名のみを確認したいときにわざわざデータを表示するのは面倒です。
　データフレームの列名のみを簡単に確認するにはどうすればよいでしょうか。

2.2 Polars での実装例

```
# データフレームの列名を表示
df.columns
```

　Polars データフレームの columns でデータフレームの列名を Python のリストの形で取得できます。columns の後ろに () がないことに注意してください。これは columns がデータフレームのメソッドではなく**プロパティ**であることを表しています。
　プロパティとは、データフレームなどのオブジェクトの性質を表す「情報」であり、上記のような

記述で値を参照できます。オブジェクトに対する「処理」を行うメソッドとは異なりプロパティの参照によってオブジェクトの状態が変更されることは基本的にありません。

▶出力イメージ

```
['pclass',
 'survived',
 'name',
 'sex',
 'age',
 'sibsp',
 'parch',
 'ticket',
 'fare',
 'cabin',
 'embarked',
 'boat',
 'body',
 'home.dest']
```

2.3　pandas での実装例

```
# データフレームの列名を表示（列につけたインデックスを表示）
df.columns
```

pandas データフレームも Polars と同名の `columns` プロパティを持ちますが、こちらは pandas の `Index` オブジェクトとして取得されます。

▶出力イメージ

```
Index(['pclass', 'survived', 'name', 'sex', 'age', 'sibsp', 'parch', 'ticket',
       'fare', 'cabin', 'embarked', 'boat', 'body', 'home.dest'],
      dtype='object')
```

`Index` オブジェクトは、pandas データフレームやシリーズの行または列につけられるラベルのようなオブジェクトです。pandas はこの `Index` オブジェクトを用いてデータの参照を行えることに特徴があるといえます。

2.4　Tips

特に指定せずにデータを読み込んだ場合、pandas データフレームにはデフォルトで `RangeIndex` 形式のラベルがつきます。pandas データフレームの一番左の列は実は `Index` オブジェクトのラベルだったのです。

これが Index

	pclass	survived	name	sex	age	sibsp	parch	...	home.dest
0	1	1	Allen, Miss. Elisabeth Walton	female	29.0	0	0	...	St Louis, MO
1	1	1	Allison, Master. Hudson Trevor	male	0.92	1	2	...	Montreal, PQ / Chesterville, ON
2	1	0	Allison, Miss. Helen Loraine	female	2.0	1	2	...	Montreal, PQ / Chesterville, ON
3	1	0	Allison, Mr. Hudson Joshua Creighton	male	30.0	1	2	...	Montreal, PQ / Chesterville, ON
4	1	0	Allison, Mrs. Hudson J C (Bessie Waldo Daniels)	female	25.0	1	2	...	Montreal, PQ / Chesterville, ON
⋮	⋮	⋮	⋮	⋮	⋮	⋮	⋮	⋮	⋮
1304	3	0	Zabour, Miss. Hileni	female	14.5	1	0	...	NaN
1305	3	0	Zabour, Miss. Thamine	female	NaN	1	0	...	NaN
1306	3	0	Zakarian, Mr. Mapriededer	male	26.5	0	0	...	NaN
1307	3	0	Zakarian, Mr. Ortin	male	27.0	0	0	...	NaN
1308	3	0	Zimmerman, Mr. Leo	male	29.0	0	0	...	NaN

列につけられた Index を取得できる columns プロパティに対して、**行**につけられた Index は pandas データフレーム（もしくはシリーズ）の index プロパティから取得できます。

```
# pandas データフレームの行につけられたインデックスを表示
df.index
```

▶ 出力イメージ

```
RangeIndex(start=0, stop=1309, step=1)
```

デフォルトでは 0 からの通し番号が RangeIndex で振られますが、明示的に行に Index を振ることもできます。これは列で考えれば「列名を変更する処理」そのものであり、Recipe 33 で紹介します。

Column

pandas インデックスの注意点

pandas インデックスは直感的なデータ参照や、結合といったデータ操作を行える非常に便利な処理体系ですが、一方で以下のような仕様に関してはバグの温床にもなりうるため注意が必要です。

1. インデックスの重複

pandas のインデックスには重複した値を持たせられるため、インデックスが重複しているデー

Recipe 02　データの列名を確認　29

タフレームやシリーズに対して `loc` で要素を参照しようとすると、複数の要素が返されることになります。

2. インデックスのデータ型の不一致

pandas のインデックスは、異なるデータ型の要素を持てるため、例えば、数値型と文字列型のインデックスを混在させることも可能です。100 という数値型の**列名**を持つデータフレームに対して `df[100]` は列 100 を参照する処理ですが、行への参照と混同する可能性があり、可読性の観点で避けたほうがよいでしょう。

3. データ変更後にインデックスが振りなおされない

pandas のデフォルトで振られる `RangeIndex` は常に N 番目のデータを示すラベルであることを保証しません。例えば pandas データフレームに対する `concat, merge, dropna` のようなインデックスの振り方が（想定するものと）変わってしまう操作を行う場合は、操作の後に明示的に `reset_index` を行ってインデックスの振りなおしをするなどの対応を行う必要があります。

Polars ではインデックスでのデータ参照を廃止し、基本的には式とエクスプレッションを用いる形でデータ参照を行います [1] 。

注 1　Polars ではインデックスを用いたデータ参照のような pandas-like な記述も可能ですが、最適化の恩恵を受けられない実装になっているケースが多く、特に大規模なデータを扱うときには本書では非推奨とさせていただきます。

Recipe 03 データの大きさの確認

 ## 3.1 アイデア

読み込んだデータの大きさを知るため行数、列数を確認したい。

● 使用するデータ

タイタニック号の乗客データ　ファイル名：titanic.csv

列数（カラム数）：データの特徴の数　　　行数と列数を確認したい

pclass	survived	name	sex	age	sibsp	parch	ticket	…	home.dest
i64	i64	str	str	f64	i64	i64	str	…	str
1	1	"Allen, Miss. E…	"female"	29.0	0	0	"24160"	…	"St Louis, MO"
1	1	"Allison, Maste…	"male"	0.92	1	2	"113781"	…	"Montreal, PQ /…
1	0	"Allison, Miss.…	"female"	2.0	1	2	"113781"	…	"Montreal, PQ /…
1	0	"Allison, Mr. H…	"male"	30.0	1	2	"113781"	…	"Montreal, PQ /…
1	0	"Allison, Mrs.…	"female"	25.0	1	2	"113781"	…	"Montreal, PQ /…
⋮	⋮	⋮	⋮	⋮	⋮	⋮	⋮	⋮	⋮
3	0	"Zabour, Miss.…	"female"	14.5	1	0	"2665"	…	null
3	0	"Zabour, Miss.…	"female"	null	1	0	"2665"	…	null
3	0	"Zakarian, Mr.…	"male"	26.5	0	0	"2656"	…	null
3	0	"Zakarian, Mr.…	"male"	27.0	0	0	"2670"	…	null
3	0	"Zimmerman, Mr.…	"male"	29.0	0	0	"315082"	…	null

行数：データの件数

　データフレームの大きさを確認することで扱いたいデータフレームの概要の把握や、デバッグに活用できます。

　データフレームの大きさには列数と行数があります。列数はデータの特徴の数を表し、各データに対していくつの変数（あるデータを説明する情報）があるかを示しています。また、行数はデータの

件数を表し、データがどれだけあるかを表します。

また、データの概要を知るためだけでなく、デバッグの一貫として「特定処理への入力や出力が、想定の形になっているか」の確認にも活用する場面が多いです。

どうすればデータフレームの大きさを取得できるでしょうか。

3.2 Polars での実装例

```
# データフレームの大きさを表示
df.shape
```

▶ 出力イメージ

```
(1309, 14)
```

Polars データフレームの大きさは shape プロパティを参照することで (行の大きさ , 列の大きさ) のタプルの形で取得できます。

また Polars では、データフレームを Notebook や print で表示したときにも出力の 1 行目に shape の情報が表示されるようになっています。

3.3 pandas での実装例

```
# データフレームの大きさを表示
df.shape
```

pandas でも Polars と同名のプロパティ shape を参照することでタプル (行の大きさ , 列の大きさ) を取得できます。

また、pandas データフレームを Notebook や print で表示すると出力の末尾に、行の大きさ rows × 列の大きさ columns のように大きさが表示されます。

> **note そのほかの確認方法**
>
> shape のほかにもデータフレームの大きさを取得する方法がいくつかあります。
>
> **Polars, pandas 共通**
>
> ```
> # データフレームの行数を表示
> len(df)
> ```
>
> Python の組み込み関数 len を使うことでデータフレームの**行数**が取得できます。

```
# データフレームの列数を表示
len(df.columns)
```

データフレームの列名を取得するプロパティ columns によって得られた結果の長さを len で取得することでデータフレームの**列数**が取得できます。

Polars のみ

行数

```
# データフレームの行数を表示
df.height
```

Polars のデータフレームには列数、行数を独立に取得できるプロパティが提供されています。height ではデータフレームの**行数**が取得できます。

列数

```
# データフレームの列数を表示
df.width
```

width ではデータフレームの**列数**が取得できます。データフレームの縦の長さが height で行数を表し、横の長さが width で列数を表すのは直感的ではないでしょうか。

pandas のみ

```
# データフレームの総要素数を表示
df.size
```

目的がやや異なりますが pandas データフレームの size プロパティではデータフレームの欠損値を含めた総要素数、すなわち 列数 × 行数 の値が取得できます。

Recipe 04 各列のデータ型を確認

4.1 アイデア

　読み込んだデータは、どうやら整数型、浮動小数点数型、文字列型といった複数の種類の値を持つようだ。そこで、列ごとにデータ型を確認したい。

● 使用するデータ

タイタニック号の乗客データ　ファイル名：`titanic.csv`

「整数型っぽい」（pclass列）　「このへんは文字列型」（name, sex列）　「これは浮動小数点数型っぽい」（age列）

	pclass	survived	name	sex	age	sibsp	parch	...	home.dest
0	1	1	Allen, Miss. Elisabeth Walton	female	29.0	0	0	...	St Louis, MO
1	1	1	Allison, Master. Hudson Trevor	male	0.92	1	2	...	Montreal, PQ / Chesterville, ON
2	1	0	Allison, Miss. Helen Loraine	female	2.0	1	2	...	Montreal, PQ / Chesterville, ON
3	1	0	Allison, Mr. Hudson Joshua Creighton	male	30.0	1	2	...	Montreal, PQ / Chesterville, ON
4	1	0	Allison, Mrs. Hudson J C (Bessie Waldo Daniels)	female	25.0	1	2	...	Montreal, PQ / Chesterville, ON
:	:	:	:	:	:	:	:	:	:
1304	3	0	Zabour, Miss. Hileni	female	14.5	1	0	...	NaN
1305	3	0	Zabour, Miss. Thamine	female	NaN	1	0	...	NaN
1306	3	0	Zakarian, Mr. Mapriededer	male	26.5	0	0	...	NaN
1307	3	0	Zakarian, Mr. Ortin	male	27.0	0	0	...	NaN
1308	3	0	Zimmerman, Mr. Leo	male	29.0	0	0	...	NaN

分析したいデータの種類が列ごとにすべて同じであるとは限らず、一般に列ごとに（特徴ごとに）値の種類、つまりデータ型は異なります。

あるデータ型に対して行えた処理が別のデータ型に対しては行えず、エラーになってしまうというバグは頻出ですから、「この列のデータ型は〇〇」「この列のデータ型は△△」……といった対応関係の情報がほしいところです。

どうすればデータフレームから「列名とデータ型の対応関係」が取得できるでしょうか。

4.2　Polars での実装例

```
# 列名とデータ型の対応関係を表示
df.schema
```

Polars データフレームの `schema` プロパティによって列名とデータ型の対応関係が `OrderedDict` オブジェクトで取得できます。

▶ 出力イメージ

```
OrderedDict([('pclass', Int64),
             ('survived', Int64),
             ('name', String),
             ('sex', String),
             ('age', Float64),
             ('sibsp', Int64),
             ('parch', Int64),
             ('ticket', String),
             ('fare', Float64),
             ('cabin', String),
             ('embarked', String),
             ('boat', String),
             ('body', Int64),
             ('home.dest', String)])
```

`OrderedDict` の各要素が列名と、それに対応するデータ型を表しています。

また、Polars ではデータフレームを表示したときに列名の下に標準でデータ型が表示されます。

pclass	survived	name	sex	age	sibsp	parch	ticket	...	home.dest
i64	i64	str	str	f64	i64	i64	str	...	str
1	1	"Allen, Miss. E…"	"female"	29.0	0	0	"24160"	...	"St Louis, MO"
1	1	"Allison, Maste…"	"male"	0.92	1	2	"113781"	...	"Montreal, PQ /…"
1	0	"Allison, Miss.…"	"female"	2.0	1	2	"113781"	...	"Montreal, PQ /…"
1	0	"Allison, Mr. H…"	"male"	30.0	1	2	"113781"	...	"Montreal, PQ /…"
1	0	"Allison, Mrs.…"	"female"	25.0	1	2	"113781"	...	"Montreal, PQ /…"
⋮	⋮	⋮	⋮	⋮	⋮	⋮	⋮	⋮	⋮
3	0	"Zabour, Miss.…"	"female"	14.5	1	0	"2665"	...	null
3	0	"Zabour, Miss.…"	"female"	null	1	0	"2665"	...	null
3	0	"Zakarian, Mr.…"	"male"	26.5	0	0	"2656"	...	null
3	0	"Zakarian, Mr.…"	"male"	27.0	0	0	"2670"	...	null
3	0	"Zimmerman, Mr.…"	"male"	29.0	0	0	"315082"	...	null

（これがデータ型）

 ## 4.3 pandas での実装例

```
# 列名とデータ型の対応関係を表示
df.dtypes
```

　pandas データフレームでは dtypes プロパティによって列名とデータ型の対応関係が取得できますが、Polars と異なり pandas シリーズオブジェクトで取得されます。

▶ 出力イメージ

```
pclass         int64
survived       int64
name          object
sex           object
age          float64
sibsp          int64
parch          int64
ticket        object
fare         float64
cabin         object
embarked      object
boat          object
body         float64
home.dest     object
dtype: object
```

　Polars にも同名のプロパティ dtypes が存在しますが、こちらは [Int64, Int64, String, …] のようにデータ型のみがリストで取得されます。「列名とデータ型の対応関係が知りたい」という目的で

あれば、Polars では、schema、pandas では dtypes という使い方がおすすめです。

pandas データフレームのデータ型

　pandas のデータフレームは NumPy の numpy.ndarray をベースに実装されています[注1]。そのため、pandas の基本的なデータ型は NumPy のデータ型の仕組みをそのまま拡張したものになっています。

　pandas のデータフレームで、文字列はデフォルトでオブジェクト型（numpy.dtype[object_] 型）に割り当てられます。オブジェクト型は最も汎用性の高いデータ型で、基本的にどんなデータであっても格納が可能です。

　また、pandas では 1 つの列に複数のデータ型が存在することを禁止していません。このような場合でもデータフレームに対する dtypes の結果の該当列はオブジェクト型になります。禁止はされていませんがバグの温床になるので注意しましょう。

　一方 Polars では「1 つの列には 1 つのデータ型」というルールが決まっています。また、文字列に対して専用のデータ型 String が用意されています。

注1　pandas のバージョン 2.0.0 以降ではファイルを読み込むときに engine="pyarrow" を指定することでバックエンドに PyArrow を指定できます。

Recipe 05 データの概要を確認

 ## 5.1 アイデア

詳細にデータを分析する前に、「どんな値が入っているか」や「最大値や最小値などの統計量」といった簡単なデータの概要を知りたい。

● 使用するデータ

タイタニック号の乗客データ　ファイル名：titanic.csv

> 例えば、age は年齢。一番年上、一番年下は何歳？　平均年齢は？

pclass	survived	name	sex	age	sibsp	parch	ticket	...	home.dest
i64	i64	str	str	f64	i64	i64	str	...	str
1	1	"Allen, Miss. E…"	"female"	29.0	0	0	"24160"	...	"St Louis, MO"
1	1	"Allison, Maste…"	"male"	0.92	1	2	"113781"	...	"Montreal, PQ /…"
1	0	"Allison, Miss.…"	"female"	2.0	1	2	"113781"	...	"Montreal, PQ /…"
1	0	"Allison, Mr. H…"	"male"	30.0	1	2	"113781"	...	"Montreal, PQ /…"
1	0	"Allison, Mrs.…"	"female"	25.0	1	2	"113781"	...	"Montreal, PQ /…"
1	0	"Anderson, Mr.…"	"male"	48.0	0	0	"19952"	...	"New York, NY"
1	1	"Andrews, Miss.…"	"female"	63.0	1	0	"13502"	...	"Hudson, NY"
1	0	"Andrews, Mr. T…"	"male"	39.0	0	0	"112050"	...	"Belfast, NI"
1	1	"Appleton, Mrs.…"	"female"	53.0	2	0	"11769"	...	"Bayside, Queen…"
1	0	"Artagaveytia,…"	"male"	71.0	0	0	"PC 17609"	...	"Montevideo, Ur…"
1	0	"Astor, Col. Jo…"	"male"	47.0	1	0	"PC 17757"	...	"New York, NY"
1	1	"Astor, Mrs. Jo…"	"female"	18.0	1	0	"PC 17757"	...	"New York, NY"
⋮	⋮	⋮	⋮	⋮	⋮	⋮	⋮	⋮	⋮
3	0	"Wiseman, Mr. P…"	"male"	null	0	0	"A/4. 34244"	...	null
3	0	"Wittevrongel,…"	"male"	36.0	0	0	"345771"	...	null

3	0	"Yasbeck, Mr. A…"	"male"	27.0	1	0	"2659"	…	null
3	1	"Yasbeck, Mrs. …"	"female"	15.0	1	0	"2659"	…	null
3	0	"Youseff, Mr. G…"	"male"	45.5	0	0	"2628"	…	null
3	0	"Yousif, Mr. Wa…"	"male"	null	0	0	"2647"	…	null
3	0	"Youssef, Mr. …"	"male"	null	0	0	"2627"	…	null
3	0	"Zabour, Miss. …"	"female"	14.5	1	0	"2665"	…	null
3	0	"Zabour, Miss. …"	"female"	null	1	0	"2665"	…	null
3	0	"Zakarian, Mr. …"	"male"	26.5	0	0	"2656"	…	null
3	0	"Zakarian, Mr. …"	"male"	27.0	0	0	"2670"	…	null
3	0	"Zimmerman, Mr.…"	"male"	29.0	0	0	"315082"	…	null

　詳細な分析をする前にデータの概要をクイックに把握できると、のちの分析方針や、使用するモデルの戦略を決めるのに役立つことがあります。例えば「年齢」の列からは「最高年齢」や「最低年齢」「平均年齢」などを計算することで、新たな情報が得られます。

　しかし、各列に最大、最小、平均といった処理を1つずつ行うのは面倒です。要約統計量などデータの概要を簡単に取得するにはどうすればよいでしょうか。

 ## 5.2　Polars での実装例

```
# データフレームの概要を表示
df.describe()
```

　Polars データフレームの describe メソッドを使うことで各列の要約統計量（平均値、標準偏差、最小値、最大値、中央値、パーセンタイル値（25%, 75%））に加えて null を含むデータの総数および null の個数を一覧にして取得できます。

　なお、表示するパーセンタイル値は引数 percentiles で df.describe(percentiles=(0.3, 0.6, 0.8)) のように四分位数以外も指定できます。

▪ 出力イメージ

shape: (9, 15)

describe	pclass	survived	name	sex	age	sibsp	parch	…	home.dest
str	f64	f64	str	str	f64	f64	f64	…	str
"count"	1309.0	1309.0	"1309"	"1309"	1046.0	1309.0	1309.0	…	"745"
"null_count"	0.0	0.0	"0"	"0"	263.0	0.0	0.0	…	"564"
"mean"	2.294882	0.381971	null	null	29.881138	0.498854	0.385027	…	null
"std"	0.837836	0.486055	null	null	14.413493	1.041658	0.86556	…	null
"min"	1.0	0.0	"Abbing, Mr. An…"	"female"	0.17	0.0	0.0	…	"?Havana, Cuba"

"25%"	2.0	0.0	null	null	21.0	0.0	0.0	…	null
"50%"	3.0	0.0	null	null	28.0	0.0	0.0	…	null
"75%"	3.0	1.0	null	null	39.0	1.0	0.0	…	null
"max"	3.0	1.0	"van Melkebeke,…"	"male"	80.0	8.0	9.0	…	"Zurich, Switze…"

5.3　pandas での実装例

```
# データフレームの概要を表示
df.describe()
```

　pandas データフレームにも Polars と同名の describe メソッドが存在しますが、デフォルトでは数値データ型のみに絞る形で要約統計量が取得されます。
　こちらの count は欠損値（NaN）でない値の個数であることに注意してください。

▶ 出力イメージ

	pclass	survived	age	sibsp	parch	fare	body
count	1309.000000	1309.000000	1046.000000	1309.000000	1309.000000	1308.000000	121.000000
mean	2.294882	0.381971	29.881138	0.498854	0.385027	33.295479	160.809917
std	0.837836	0.486055	14.413493	1.041658	0.865560	51.758668	97.696922
min	1.000000	0.000000	0.170000	0.000000	0.000000	0.000000	1.000000
25%	2.000000	0.000000	21.000000	0.000000	0.000000	7.895800	72.000000
50%	3.000000	0.000000	28.000000	0.000000	0.000000	14.454200	155.000000
75%	3.000000	1.000000	39.000000	1.000000	0.000000	31.275000	256.000000
max	3.000000	1.000000	80.000000	8.000000	9.000000	512.329200	328.000000

　また、引数に include="all" を加えることで、数値型以外の列も含む形で結果を取得できます。

```
# データフレームの数値型以外の列の概要も併せて表示
df.describe(include="all")
```

▶ 出力イメージ

	pclass	survived	name	sex	age	sibsp	parch	…	home.dest
count	1309.000000	1309.000000	1309	1309	1046.000000	1309.000000	1309.000000	…	745
unique	NaN	NaN	1307	2	NaN	NaN	NaN	…	369
top	NaN	NaN	Connolly, Miss. Kate	male	NaN	NaN	NaN	…	New York, NY
freq	NaN	NaN	2	843	NaN	NaN	NaN	…	64
mean	2.294882	0.381971	NaN	NaN	29.881138	0.498854	0.385027	…	NaN
std	0.837836	0.486055	NaN	NaN	14.413493	1.041658	0.865560	…	NaN

min	1.000000	0.000000	NaN	NaN	0.170000	0.000000	0.000000	…	NaN
25%	2.000000	0.000000	NaN	NaN	21.000000	0.000000	0.000000	…	NaN
50%	3.000000	0.000000	NaN	NaN	28.000000	0.000000	0.000000	…	NaN
75%	3.000000	1.000000	NaN	NaN	39.000000	1.000000	0.000000	…	NaN
max	3.000000	1.000000	NaN	NaN	80.000000	8.000000	9.000000	…	NaN

📝note　そのほかの確認方法

pandas データフレームのメソッドでデータの概要を取得できるものがほかにもあります。

```
# pandas データフレームの情報を表示
df.info()
```

▶ 出力イメージ

```
<class 'pandas.core.frame.DataFrame'>
RangeIndex: 1309 entries, 0 to 1308
Data columns (total 14 columns):
 #   Column     Non-Null Count  Dtype
---  ------     --------------  -----
 0   pclass     1309 non-null   int64
 1   survived   1309 non-null   int64
 2   name       1309 non-null   object
 3   sex        1309 non-null   object
 4   age        1046 non-null   float64
 5   sibsp      1309 non-null   int64
 6   parch      1309 non-null   int64
 7   ticket     1309 non-null   object
 8   fare       1308 non-null   float64
 9   cabin      295 non-null    object
 10  embarked   1307 non-null   object
 11  boat       486 non-null    object
 12  body       121 non-null    float64
 13  home.dest  745 non-null    object
dtypes: float64(3), int64(4), object(7)
memory usage: 143.3+ KB
```

pandas データフレームの info メソッドを用いると「欠損値でないデータの個数」「データ型」を列ごとに取得できます。加えて「各データ型がいくつずつあるか」や「このデータフレームの総メモリ使用量」がデフォルトで付加されます。

欠損値のカウント

describe メソッドを使うことで、Polars は欠損値である null の個数が、pandas では欠損値でない値、すなわち NaN 以外の値の個数を調べることができましたが、シンプルに「欠損値の個数を列ごとに調べる方法」を紹介します。

▸ Polars

```
# 列ごとに欠損値数を調べる
df.null_count()
```

Polars データフレームの `null_count` メソッドを使うことで、列ごとの欠損値 `null` の個数を確認できます。

▸ 出力イメージ

shape: (1, 14)

pclass	survived	name	sex	age	sibsp	parch	ticket	…	home.dest
u32	u32	u32	u32	u32	u32	u32	u32	…	u32
0	0	0	0	263	0	0	0	…	564

▸ pandas

```
# 列ごとに欠損値数を調べる
df.isna().sum()
```

pandas データフレームの `isna` メソッドによって「その値が欠損値であれば True そうでなければ False に置き換わったデータフレーム」が返却され、`sum` メソッドで True の個数を足し合わせることで列ごとの欠損値数を計算できます。ここで、`sum` の引数に何も指定しないとき、列方向の足し合わせになることに注意してください。`sum` メソッドの返り値は Series オブジェクトとなります。

なお、`isna` メソッドとまったく同じ使い方ができるメソッドとして `isnull` も存在します。`isna` メソッドに対する `isnull` のように、同じ機能を持った代替名を**エイリアス**と呼びます。

▸ 出力イメージ

```
pclass          0
survived        0
name            0
sex             0
age           263
sibsp           0
parch           0
ticket          0
fare            1
cabin        1014
embarked        2
boat          823
body         1188
home.dest     564
dtype: int64
```

Polars の null（および NaN）と pandas の NaN の仕様を押さえるのも重要です。こちらは後のレシピ Recipe 21 で取り扱います。

1日目 データの確認

Recipe 06 列ごとのユニークな要素数の確認

 ## 6.1 アイデア

データをざっと眺めてみると重複が多い列とそうでない列があるようだ。そこで、各列にユニークな要素がそれぞれいくつあるのかを確認したい。

● 使用するデータ

タイタニック号の乗客データ　ファイル名：titanic.csv

	pclass	survived	name	sex	age	...	fare	cabin	embarked	boat	...
0	1	1	Allen, Miss. Elisabeth Walton	female	29.0	...	211.3375	B5	S	2	...
1	1	1	Allison, Master. Hudson Trevor	male	0.92	...	151.5500	C22 C26	S	11	...
2	1	0	Allison, Miss. Helen Loraine	female	2.0	...	151.5500	C22 C26	S	NaN	...
3	1	0	Allison, Mr. Hudson Joshua Creighton	male	30.0	...	151.5500	C22 C26	S	NaN	...
4	1	0	Allison, Mrs. Hudson J C (Bessie Waldo Daniels)	female	25.0	...	151.5500	C22 C26	S	NaN	...
⋮	⋮	⋮	⋮	⋮	⋮	⋮	⋮	⋮	⋮	⋮	⋮
1304	3	0	Zabour, Miss. Hileni	female	14.5	...	14.4542	NaN	C	NaN	...
1305	3	0	Zabour, Miss. Thamine	female	NaN	...	14.4542	NaN	C	NaN	...
1306	3	0	Zakarian, Mr. Mapriededer	male	26.5	...	7.2250	NaN	C	NaN	...
1307	3	0	Zakarian, Mr. Ortin	male	27.0	...	7.2250	NaN	C	NaN	...
1308	3	0	Zimmerman, Mr. Leo	male	29.0	...	7.8750	NaN	S	NaN	...

フラグだから0か1？

性別だからfemaleかmale？それ以外もある？

重複ありそう　何種類？　どんな値？

Recipe 06　列ごとのユニークな要素数の確認　43

ある列に着目したとき、その列に格納されているデータの種類がどのくらいあるかを**カーディナリティ**といいます。顧客 ID など重複のないように設定されたデータや、名前など重複の少ないデータはカーディナリティが高く、性別やあらかじめ決められたクラス分けに基づくデータ（カテゴリ変数）など重複の多いデータではカーディナリティが低くなります[注1]。

これを活用して最初に「列ごとの重複具合（カーディナリティ）」を調べることができればその特徴が数値や ID なのか、カテゴリとして扱うべきかといった分析ができます。

どうすればデータフレームから「列ごとのユニークな要素数」を取得できるでしょうか。

6.2 Polars での実装例

```
# 列ごとのユニークな要素数を表示
df.select(pl.all().n_unique())
```

Polars エクスプレッションの n_unique を使うことで特定の列に対するユニークな要素数を得られます。all は列すべてを意味するエクスプレッションであり[注2]、この記述によってすべての列に対してユニークな要素数の一覧を取得できます。

▶ 出力イメージ

pclass	survived	name	sex	age	sibsp	parch	ticket	...	home.dest
u32	u32	u32	u32	u32	u32	u32	u32	...	u32
3	2	1307	2	99	7	8	929	...	370

ある列に着目する場合は Polars の col エクスプレッションを使って以下のように記述できます。

```
# sex 列のユニークな要素数を表示
df.select(pl.col("sex").n_unique())
```

▶ 出力イメージ

```
shape: (1, 1)
sex
u32
2
```

なお Polars データフレームにも n_unique メソッドは存在しますが、これは「ユニークな**レコード数**」を返すため注意が必要です。ユニークなレコード数とは、データを重複なしで数えた行数のことです。

```
# 重複していないユニークなレコード数を表示
df.n_unique()
```

注1　カーディナリティの高低は、カテゴリ数の絶対数を基準とする場合と、データセットの量に対する比率を基準とする場合があります。
注2　all の引数に何も渡さない場合の動作です。列名を渡すと別の動作になります。

▶ 出力イメージ

```
1309
```

1309 はレコード数と等しい数であるため、重複のあるレコード、つまり**すべての列の値が一致するレコードは存在しない**ことがわかります。

6.3　pandas での実装例

```
# 列ごとのユニークな要素数を表示
df.nunique()
```

pandas データフレームの nunique メソッドを使えばすべての列に対するユニークな要素数を取得できます。Polars とは異なり Series オブジェクトでの返却となります。

▶ 出力イメージ

```
pclass          3
survived        2
name         1307
sex             2
age            98
sibsp           7
parch           8
ticket        929
fare          281
cabin         186
embarked        3
boat           27
body          121
home.dest     369
dtype:int64
```

各列ごとのユニークな要素数は df.nunique()["sex"] のように取得できます。

6.4　Tips

今回取得した列ごとのユニークな要素数の出力結果を見てみると pclass, survived, sex などは値のバリエーションが少なく重複が多いため、**カーディナリティが低いデータである**ことがわかります。一方 name, ticket などはユニークな値が多く重複が少ないため**カーディナリティが高いデータである**といえます。また、name が 1307 種類で、行数である 1309 よりも小さいことから同姓同名が存在することが示唆されます。この事実から、行を一意に特定できる単一の列がこのデータに存在しないこともわかります。

Recipe 07 列ごとのユニークな要素を確認

 7.1 アイデア

embarked 列は 3 種類しか値がないようだ。データフレームを表示すると「C」と「S」は確認できるが後 1 つはどんな値なのかを調べたい。

● 使用するデータ

タイタニック号の乗客データ　ファイル名：titanic.csv

3 種類しかないみたいだけど、S、C、もう 1 つは？

	pclass	survived	name	sex	age	...	fare	cabin	embarked	boat	...
0	1	1	Allen, Miss. Elisabeth Walton	female	29.0	...	211.3375	B5	S	2	...
1	1	1	Allison, Master. Hudson Trevor	male	0.92	...	151.5500	C22 C26	S	11	...
2	1	0	Allison, Miss. Helen Loraine	female	2.0	...	151.5500	C22 C26	S	NaN	...
3	1	0	Allison, Mr. Hudson Joshua Creighton	male	30.0	...	151.5500	C22 C26	S	NaN	...
4	1	0	Allison, Mrs. Hudson J C (Bessie Waldo Daniels)	female	25.0	...	151.5500	C22 C26	S	NaN	...
...	...	...	...	...	...	...	...	...	...	...	...
1304	3	0	Zabour, Miss. Hileni	female	14.5	...	14.4542	NaN	C	NaN	...
1305	3	0	Zabour, Miss. Thamine	female	NaN	...	14.4542	NaN	C	NaN	...
1306	3	0	Zakarian, Mr. Mapriededer	male	26.5	...	7.2250	NaN	C	NaN	...
1307	3	0	Zakarian, Mr. Ortin	male	27.0	...	7.2250	NaN	C	NaN	...
1308	3	0	Zimmerman, Mr. Leo	male	29.0	...	7.8750	NaN	S	NaN	...

カーディナリティの低いデータに対し、具体的にどんな要素がユニークに存在するかがわかると、のちの分析で役に立つ可能性があります。

　例えば sex 列は要素に female と male の 2 種類しかないことがわかると「男性と女性で生存率に違いはあるか」や「男性と女性で平均年齢やクラスの偏りがあるか」といった分析ができます。

　性別のような理解しやすいカテゴリ変数だけでなく、一見理解しにくいカテゴリ変数でも、カテゴリごとの違いを分析することで新たな情報を発見できる場合があります。

　一方、カーディナリティの高いデータに関しては、カテゴリとして扱うこと自体が難しいため、同様の分析には向いていないといえます。

　データフレームの、特定の列に対して「具体的にどんな要素がユニークに存在するか」を確認するにはどうすればよいでしょうか。

7.2　Polars での実装例

```
# embarked 列に具体的にどんな要素が含まれているかを表示
df.select(pl.col("embarked").unique())
```

　Polars エクスプレッションの unique メソッドを使うことで対象の列に対するユニークな要素を得られます。**要素数**を取得する n_unique メソッドとの違いに注意してください。Polars データフレームの select 式を使用しているため、返却されるデータは Series オブジェクトではなく DataFrame オブジェクトとなります。

　列によってユニークな要素数は基本的に異なるため、そのようなケースでは列全体を示す Polars エクスプレッション all での指定はできません[1]。

　また、データ内に欠損値 null が含まれる場合は null が要素として表示されます。

▶ 出力イメージ

```
embarked
str
"Q"
"C"
"S"
null
```

---

[1] 列ごとのユニークな要素数がすべて等しい場合は all を指定することで列全体のユニークな要素をデータフレームで取得できます。

7.3 pandas での実装例

```
# embarked 列に具体的にどんな要素が含まれているかを表示
df["embarked"].unique()
```

　pandas シリーズの unique メソッドを使うことでそのシリーズに対するユニークな要素を得られます。n_unique メソッドと異なり pandas シリーズへのメソッドとして提供されており、pandas データフレームには使用できません。実装例では角カッコ [] によってデータフレーム全体から embarked の列だけを pandas シリーズとして取得し、そのシリーズに対して unique メソッドを呼び出しています。

　したがって df.unique()["embarked"] という記述は使えず、エラーになります。

　また、値は Polars と異なりデータフレームではなく NumPy 配列で返却されます。

▶ 出力イメージ

```
array(['S', 'C', nan, 'Q'], dtype=object)
```

Recipe 08 ユニークな要素ごとに重複数のカウント

 ## 8.1 アイデア

embarked 列には「C」「Q」「S」の 3 種類しか値がないようだ。それぞれ何件ずつデータがあるかを確認したい。

● 使用するデータ

タイタニック号の乗客データ　ファイル名：titanic.csv

pclass	survived	name	sex	age	…	cabin	embarked	boat	body	home.dest
i64	i64	str	str	f64	…	str	str	str	i64	str
3	0	"Kallio, Mr. Ni…	"male"	17.0	…	null	"S"	null	null	null
3	0	"Kalvik, Mr. Jo…	"male"	21.0	…	null	"S"	null	null	null
3	0	"Karaic, Mr. Mi…	"male"	30.0	…	null	"S"	null	null	null
3	1	"Karlsson, Mr. …	"male"	21.0	…	null	"S"	"13"	null	null
3	0	"Karlsson, Mr. …	"male"	33.0	…	null	"S"	null	null	null
3	0	"Karlsson, Mr. …	"male"	22.0	…	null	"S"	null	null	null
3	1	"Karun, Miss M…	"female"	…	…	…	"Q"	"15"	null	null
3	1	"Karun, Mr. Fra…	"male"	39.0	…	null	"Q"	"15"	null	null
3	0	"Kassem, Mr. Fa…	"male"	null	…	null	"Q"	null	null	null
3	0	"Katavelas, Mr.…	"male"	18.5	…	null	"Q"	null	58	null
⋮	⋮	⋮	⋮	⋮	⋮	⋮	⋮	⋮	⋮	⋮
3	0	"Yasbeck, Mr. A…	"male"	27.0	…	null	"C"	"C"	null	null
3	1	"Yasbeck, Mrs. …	"female"	15.0	…	null	"C"	null	null	null
3	0	"Youseff, Mr. G…	"male"	45.5	…	null	"C"	null	312	null
3	0	"Yousif, Mr. Wa…	"male"	null	…	null	"C"	null	null	null
3	0	"Yousseff, Mr. …	"male"	null	…	null	"C"	null	null	null

それぞれいくつある？

3	0	"Zabour, Miss.…	"female"	14.5	…	null	"C"	null	328	null
3	0	"Zabour, Miss.…	"female"	null	…	null	"C"	null	null	null
3	0	"Zakarian, Mr.…	"male"	26.5	…	null	"C"	null	304	null
3	0	"Zakarian, Mr.…	"male"	27.0	…	null	"C"	null	null	null
3	0	"Zimmerman, Mr.…	"male"	29.0	…	null	"C"	null	null	null

カテゴリ変数に対して出現頻度、つまり「どのカテゴリがどれだけあるのか」を確認することはデータの「分布」を理解する上で非常に重要です。

カテゴリそれぞれのデータ数が大きく異なるデータは「不均衡データ」と呼ばれます。それぞれのカテゴリの出現頻度を調べることによって、カテゴリ間でどれだけ偏りがあるかというデータの分布を把握できます。

ここで得られたデータの分布に着目して、のちの分析プロセスにおいて、データが正しくサンプリングされているか、予測結果の分布がおかしくないか、といった検証に用いることも可能です。

特定の列にユニークな要素がそれぞれいくつずつ含まれているかを確認するにはどうすればよいでしょうか。

8.2 Polars での実装例

```python
# embarked列にユニークな要素がそれぞれいくつずつ含まれるかを表示
df.select(pl.col("embarked")).to_series().value_counts()
```

Polars シリーズの `value_counts` メソッドを使うことでユニークな各要素がいくつずつ含まれているかを取得できます。`select` の返却値が `DataFrame` オブジェクトのため、`to_series` を使って `Series` オブジェクトへ変更しています。

結果は Polars データフレーム形式で、要素ごとの個数が `counts` 列に格納されます。また、欠損値は `null` としてカウントされます。

▶ 出力イメージ

```
embarked        counts
str             u32
"C"             270
null            2
"S"             914
"Q"             123
```

Polars データフレームの `get_column` メソッドを使うことで、よりシンプルに記述することもできます。ただし、`get_column` はエクスプレッションを用いることができず、最適化の恩恵が受けられない可能性があります。

```
# embarked 列にユニークな要素がそれぞれいくつずつ含まれるかを表示
df.get_column("embarked").value_counts()
```

なお、デフォルトでは出力結果の順番は特に決められていませんが、引数に sort=True を渡すことで「counts 列の降順（多い順)」で出力が得られます。

```
# embarked 列にユニークな要素がそれぞれいくつずつ含まれるかを「多い順に」表示
df.get_column("embarked").value_counts(sort=True)
```

▶ 出力イメージ

```
embarked       counts
str            u32
"S"            914
"C"            270
"Q"            123
null           2
```

8.3　pandas での実装例

```
# embarked 列にユニークな要素がそれぞれいくつずつ含まれるかを「多い順に」表示
df["embarked"].value_counts()
```

pandas も同様に pandas シリーズの value_counts メソッドを使うことで各ユニークな要素がシリーズにいくつずつ含まれているかを取得できますが、デフォルトでは以下の点で Polars と異なります。

- 返却値が Series オブジェクトであること
- デフォルトでカウント数の降順にソート済みであること
- 欠損値がカウントされないこと

▶ 出力イメージ

```
embarked
S     914
C     270
Q     123
Name: count, dtype: int64
```

8.4 Tips

pandas データフレームの `value_counts` メソッドについて、欠損値は引数に `dropna=False` を渡すことで出力に加わります。

```python
# 欠損値も含める
df["embarked"].value_counts(dropna=False)
```

▶ 出力イメージ

```
embarked
S      914
C      270
Q      123
NaN      2
Name: count, dtype: int64
```

便利機能として引数 `normalize=True` を渡すことで「その要素が占める割合」として出力されます。

```python
# ユニークな要素をその要素が占める割合とともに表示
df["embarked"].value_counts(normalize=True, dropna=False)
```

▶ 出力イメージ

```
embarked
S      0.698243
C      0.206264
Q      0.093965
NaN    0.001528
Name: proportion, dtype: float64
```

`normalize=True` のオプションは Polars でも version1.0.0 から使えるようになりました。

📖note Polars のpandas-like な記法

実は Polars でも

```python
# embarked 列にユニークな要素がそれぞれいくつずつ含まれるかを表示
df["embarked"].value_counts()
```

のように pandas と同じ `[]` を使った記述ができます。

しかし、最適化の恩恵を受けるために、本書においては `[]` や、`get_column` を使った列選択ではなく、式やエクスプレッションを推奨する方針とさせていただきます。

---

52 | 特訓 1 日目 データの確認

1日目
データの確認

Recipe 09 特定の列に対する統計量の確認

 ## 9.1 アイデア

fare 列には運賃の値が入っているようだ。運賃の最大値、最小値、平均などを確認したい。

● 使用するデータ

タイタニック号の乗客データ　ファイル名：titanic.csv

> fare は運賃。最大値、最小値、平均値は？

pclass	survived	name	sex	age	sibsp	parch	…	fare	…	home.dest
i64	i64	str	str	f64	i64	i64	…	f64	…	str
1	1	"Allen, Miss. E…	"female"	29.0	0	0	…	211.3375	…	"St Louis, MO"
1	1	"Allison, Maste…	"male"	0.92	1	2	…	151.55	…	"Montreal, PQ /…
1	0	"Allison, Miss.…	"female"	2.0	1	2	…	151.55	…	"Montreal, PQ /…
1	0	"Allison, Mr. H…	"male"	30.0	1	2	…	151.55	…	"Montreal, PQ /…
1	0	"Allison, Mrs.…	"female"	25.0	1	2	…	151.55	…	"Montreal, PQ /…
1	1	"Anderson, Mr.…	"male"	48.0	0	0	…	26.55	…	"New York, NY"
1	1	"Andrews, Miss.…	"female"	63.0	1	0	…	77.9583	…	"Hudson, NY"
1	0	"Andrews, Mr T…	"male"	39.0	0	0	…	0.0	…	"Belfast, NI"
1	1	"Appleton, Mrs.…	"female"	53.0	2	0	…	51.4792	…	"Bayside, Queen…
1	0	"Artagaveytia,…	"male"	71.0	0	0	…	49.5042	…	"Montevideo, Ur…
1	0	"Astor, Col. Jo…	"male"	47.0	1	0	…	227.525	…	"New York, NY"
1	1	"Astor, Mrs. Jo…	"female"	18.0	1	0	…	227.525	…	"New York, NY"
⋮	⋮	⋮	⋮	⋮	⋮	⋮	…	⋮	…	⋮
3	0	"Wiseman, Mr. P…	"male"	null	0	0	…	7.25	…	null
3	0	"Wittevrongel,…	"male"	36.0	0	0	…	9.5	…	null
3	0	"Yasbeck, Mr. A…	"male"	27.0	1	0	…	14.4542	…	null
3	1	"Yasbeck, Mrs.…	"female"	15.0	1	0	…	14.4542	…	null

3	0	"Youseff, Mr. G…	"male"	45.5	0	0	…	7.225	…	null
3	0	"Yousif, Mr. Wa…	"male"	null	0	0	…	7.225	…	null
3	0	"Yousseff, Mr. …	"male"	null	0	0	…	14.4583	…	null
3	0	"Zabour, Miss. …	"female"	14.5	1	0	…	14.4542	…	null
3	0	"Zabour, Miss. …	"female"	null	1	0	…	14.4542	…	null
3	0	"Zakarian, Mr. …	"male"	26.5	0	0	…	7.225	…	null
3	0	"Zakarian, Mr. …	"male"	27.0	0	0	…	7.225	…	null
3	0	"Zimmerman, Mr.…	"male"	29.0	0	0	…	7.875	…	null

　describe メソッドを使うことで、データ全体の要約統計量の取得が可能なことを以前のレシピ Recipe 05 で扱いました。

　しかし、describe メソッドでは常にデータ全体に対する統計量が取得され、全体の概要を知る上では便利な一方で、特定の列の統計量を計算したい状況も考えられます。例えば、計算した統計量を特徴量として新たに追加する操作は、group_by 式とともに使われることが多く、後のレシピ Recipe 40 で紹介します。

　また、describe ではカバーされない統計量[注1]を確認したい場合は、明示的にその統計量の計算を記述する必要があります。

　特定の列に対する統計量のみを知るにはどうすればよいでしょうか。

9.2 Polars での実装例

```
# fare の最大値を表示
df.select(
    pl.col("fare").max().alias("fare_max")
)
```

　Polars エクスプレッションの max を使うことで、指定した列について、データフレーム内に含まれる最大値を取得できます。また、Polars エクスプレッションの alias は列名を変更します。alias を使わないと、元の列名がそのまま新しい列名として利用されます（ここでは fare になります）。

　また、下記のような書き方もできます。pl.max(列名) は pl.col(列名).max() のエイリアスです。

```
# fare の最大値を表示
df.select(
    pl.max("fare").alias("fare_max")
)
```

注1　歪度 skew や尖度 kurtosis といった分布に関する統計量など。

▶ 出力イメージ

```
fare_max
f64
512.3292
```

　さらに、複数の Polars エクスプレッションを 1 つの select 式に渡すことで、平均値、標準偏差、最小値、最大値、中央値、パーセンタイル値（25%, 75%）、分散を同時に計算可能です。この書き方は、それぞれのエクスプレッションが同時に実行されることで、並列処理による高速化の恩恵を享受できます。

```python
# fare の平均値、標準偏差、最小値、最大値、中央値、パーセンタイル値（25%, 75%）、分散を表示
df.select(
    pl.mean("fare").alias("fare_mean"),
    pl.std("fare").alias("fare_std"),
    pl.min("fare").alias("fare_min"),
    pl.max("fare").alias("fare_max"),
    pl.median("fare").alias("fare_median"),
    pl.quantile("fare", 0.25).alias("fare_quantile_25"),
    pl.quantile("fare", 0.75).alias("fare_quantile_75"),
    pl.var("fare").alias("fare_var")
)
```

▶ 出力イメージ

fare_mean	fare_std	fare_min	fare_max	fare_median	fare_quantile_25	fare_quantile_75	fare_var
f64	f64	f64	f64	f64	f64	f64	f64
33.295479	51.758668	0.0	512.3292	14.4542	7.8958	31.275	2678.959738

　また、describe メソッドを fare 列の Polars シリーズに対して適用すると、describe メソッドの結果を fare 列に限定して取得できます。

```python
# fare の統計量を表示
df.get_column("fare").describe()
```

▶ 出力イメージ

```
statistic      value
str            f64
"count"        1309.0
"null_count"   1.0
"mean"         33.295479
"std"          51.758668
"min"          0.0
"25%"          7.8958
"50%"          14.4542
"75%"          31.275
"max"          512.3292
```

Recipe 09　特定の列に対する統計量の確認　55

9.3 pandas での実装例

```
# fare の最大値を表示
df["fare"].max()
```

pandas シリーズの max メソッドを用いることで、fare 列の最大値を取得できます。

▶ 出力イメージ

```
512.3292
```

同様に、平均値、標準偏差、最小値、最大値、中央値、パーセンタイル値（25%, 75%）、分散はそれぞれ下記のようなメソッドで計算できます。

統計量	メソッド
平均値	df["fare"].mean()
標準偏差	df["fare"].std()
最小値	df["fare"].min()
最大値	df["fare"].max()
中央値	df["fare"].median()
パーセンタイル値（25%）	df["fare"].quantile(0.25)
パーセンタイル値（75%）	df["fare"].quantile(0.75)
分散	df["fare"].var()

また、agg メソッドを使うことで、平均値、標準偏差、最小値、最大値、中央値、分散を同時に計算できます。

```
# fare の平均値、標準偏差、最小値、最大値、中央値、分散を表示
df.agg(
    {
        "fare": ["mean", "std", "min", "max", "median", "var"],
    }
)
```

▶ 出力イメージ

```
          fare
mean      33.295479
std       51.758668
min       0.000000
max       512.329200
median    14.454200
var       2678.959738
```

56 | 特訓 1 日目　データの確認

aggメソッドでパーセンタイル値（25%, 75%）を求める場合には、独自に関数を作る必要があります。詳細はTipsにて説明します。

また、Polarsと同様に、describeメソッドをfare列のpandasシリーズに対して適用すると、describeメソッドの結果をfare列に限定して取得できます。

```
# fare の統計量を表示
df["fare"].describe()
```

▶出力イメージ

```
count    1308.000000
mean       33.295479
std        51.758668
min         0.000000
25%         7.895800
50%        14.454200
75%        31.275000
max       512.329200
Name: fare, dtype: float64
```

 9.4 **Tips**

● agg メソッドを用いたパーセンタイル値の計算

pandasにおいて、独自に関数を作ることで、aggメソッドでパーセンタイル値（25%, 75%）を求める実装例は下記のようになります。

```python
# fare のパーセンタイル値（25%, 75%）を表示
def percentile_25(x):
    return x.quantile(q=0.25)

def percentile_75(x):
    return x.quantile(q=0.75)

df.agg(
    {
        "fare": [percentile_25, percentile_75],
    }
)
```

ここで、独自に作った関数を**ユーザー定義関数**（user defined function, **UDF**）と呼びます。関数は通常percentile_25()のように()をつけて呼び出しますが、ここではpercentile_25と、関数を()をつけない**関数オブジェクト**（function object）の形でaggの引数に渡しています。

▶ 出力イメージ

```
                fare
percentile_25   7.8958
percentile_75   31.2750
```

pandas シリーズの quantile メソッドは、0 以上 1 以下で指定したパーセンタイル値を計算可能です。行のインデックスは自分で作成した関数名となります。

---

note　**pandas agg の仕組み**

pandas の agg メソッドでは、文字列として quantile を指定してパーセンタイル値（25%, 75%）を計算できません。例えば、下記のコードを実行すると AttributeError: 'quantile(q=0.25)' is not a valid function for 'Series' object というエラーが出力されます。

```
# エラーが出力される例
df.agg(
    {
        "fare": ["quantile(q=0.25)"],
    }
)
```

なぜエラーが出力されるのでしょうか。答えは、pandas シリーズまたは NumPy 配列の、変数（インスタンス変数やクラス変数）もしくはメソッドとして、quantile(q=0.25) が存在しないためです。

上記のコードにおいて agg メソッドが内部的にどのような処理を行っているかを下記に記載します。本処理は Python のビルトイン関数 getattr を用いて実現されています[注2]。

1. 引数として指定された文字列 quantile(q=0.25) が pandas シリーズ型の変数もしくはメソッドとして存在するか判定し、存在したらマッチした変数もしくはメソッドの実行結果を返します。
2. 1 に該当しない場合は、引数として指定された文字列 quantile(q=0.25) が NumPy の変数もしくはメソッドとして存在するか判定し、存在したらマッチした変数もしくはメソッドの実行結果を返します。
3. 1, 2 のどちらにも該当しない場合は、AttributeError: 'quantile(q=0.25)' is not a valid function for 'Series' object とエラー出力されます。

つまり、文字列 quantile(q=0.25) は、pandas シリーズまたは NumPy 配列の、変数もしく

注2　詳細は **pandas** 2.0.0 における pandas/core/apply.py の _try_aggregate_string_function 関数を参照。
https://github.com/pandas-dev/pandas/blob/v2.0.0/pandas/core/apply.py#L553

はメソッドのいずれにも該当しなかったため、AttributeError: 'quantile(q=0.25)' is not a valid function for 'Series' object というエラーを返されたことがわかります。

　また上記の仕組みを考えると、pandas シリーズ型には存在せず NumPy にのみ存在するメソッドは文字列の指定で呼び出すことが可能です。例えば、NaN を無視して平均を計算する NumPy の nanmean 関数は、下記のように文字列から呼び出せます。

```python
# fare の NaN を無視した平均を計算
df.agg(
    {
        "fare": ["nanmean"],
    }
)
```

　これらは pandas 2.0.0 における挙動であり、バージョンアップに伴い別の挙動になる可能性があります。あまり使うことはないですが、知っておくとちょっと面白い知識として紹介させていただきました。

Recipe 09　特定の列に対する統計量の確認 | 59

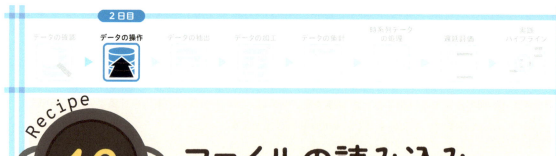

ファイルの読み込み

10.1 アイデア

`input` ディレクトリに格納してあるファイル `titanic.csv` をデータフレームとして読み込みたい。

● 使用するデータ

タイタニック号の乗客データ　ファイル名：`titanic.csv`

データを Python を用いて処理するためには、処理したいデータを読み込む必要があります。データのファイル形式は、CSV, Excel, JSON, Parquet[注1] など多岐にわたり、その中でも **CSV**（Comma Separated Values）はデータ分析において扱う頻度が高いファイル形式です。

`input` ディレクトリに格納してある CSV ファイルである `titanic.csv` をデータフレームとして読み込むにはどうすればよいでしょうか。

 10.2 Polars での実装例

```
# input ディレクトリの titanic.csv を読み込む
df = pl.read_csv("../input/titanic.csv")
```

Polars の `read_csv` 関数では、引数に処理したい CSV ファイルのパスを指定することで、CSV ファイルをデータフレームとして読み込めます。ここでは `input` ディレクトリに格納されている `titanic.csv` ファイルを指定しています。パスの記載方法については note を参照してください。

また、`read_csv` 関数は引数を指定することで、さまざまな機能を利用可能です。引数の一例を以下に示します。

注1　大量のデータを効率的に扱うためのオープンソースの列指向ストレージフォーマット。

▶ `read_csv` の引数の一例

引数	概要	デフォルト値
`has_header`	CSVファイルの最初の行がヘッダーかどうかを示します。ヘッダーが存在しないデータを読み込むときには、`has_header=False` を指定します。	`True`
`encoding`	CSVファイルの文字エンコード[注2]の方法を指定します。デフォルト値の `"utf8"` のほかに、`"shift_jis"`, `"cp932"` などが指定できます。	`"utf8"`
`n_rows`	指定した行数まで読み込みます。ファイルサイズの大きいデータを読み込むときに、先頭だけを読み込んでデータ内容を確認したい場合などに利用します。デフォルト値の `None` だと全データを読み込みます。	`None`

10.3 pandas での実装例

```
# input ディレクトリの titanic.csv を読み込む
df = pd.read_csv("../input/titanic.csv")
```

pandas の `read_csv` 関数を使うことで CSV ファイルを読み込むことができます。

Polars と同様、pandas の `read_csv` 関数も引数を指定することで、さまざまな機能を利用可能です。引数の一例を以下に示します。

▶ `read_csv` の引数の一例

引数	概要	デフォルト値
`header`	CSVファイルの最初の行がヘッダーかどうかを示します。ヘッダーが存在しないデータを読み込むときには、`header=None` を指定します。 デフォルト値の `"infer"` は、引数 `names` が指定されていない場合は1行目を header として読み込み、引数 `names` が指定されている場合は `header=None` と同じ挙動になります。	`"infer"`
`names`	使用する列名のリストを指定します。`names` に何も指定しないと、引数 `header` によって列名が決まります。	なし[注3]
`encoding`	CSVファイルのエンコードの方法を指定します。デフォルト値の `"utf8"` のほかに、`"shift_jis"`, `"cp932"` などが指定できます。	`None`
`nrows`	指定した行数まで読み込みます。ファイルサイズの大きいデータを読み込むときに、先頭だけを読み込んでデータ内容を確認したい場合などに利用します。	`None`

10.4 Tips

● CSV 以外のファイル形式を読み込む方法

Polars, pandas には CSV ファイル以外のファイル形式を読み込むための関数も用意されています。以下にその一部を紹介します。

注2　文字を、コンピュータ上で扱うためのコードに変換する方法。
注3　`NoDefault` という名前の `Enum` 列挙型クラスが定義されており、そのクラス変数 `no_default` がデフォルト値として割り当てられています。

▶ ファイル入力メソッド一例

Polars	pandas	概要
read_excel	read_excel	Excel ファイルの読み込み
read_json	read_json	JSON ファイルの読み込み
read_parquet	read_parquet	Parquet ファイルの読み込み
pandas のみ	read_pickle	Pickle[注4] ファイルの読み込み

ほかにも多くのファイル形式をサポートしています。詳しくは API reference を参照してください。

- Polars (https://docs.pola.rs/py-polars/html/reference/io.html)
- pandas (https://pandas.pydata.org/docs/reference/io.html)

● 文字エンコードの種類

Polars, pandas で用いられる代表的な文字エンコードの種類についてまとめます。

名前	特徴
UTF-8	世界中のほとんどの言語、特殊文字をカバーしています。ASCII（文字コードの標準規格）文字を 1 バイトで表現し、それ以外の文字は 2 バイト以上で表現します。日本語はほとんどを 3 バイトで表現します。
Shift_JIS	主に日本で使われる文字コードの 1 つで、ASCII の英数字やいくつかの特殊文字に加えて、ほぼすべての日本語文字（漢字、ひらがな、カタカナなど）をカバーしています。しかし、その他の多くの言語や特殊な文字はカバーしていません。英数字は 1 バイト、日本語は主に 2 バイトで表現されます。
CP932	Microsoft が Windows で使用するために開発した、日本語用の文字コードで、Shift_JIS の拡張版です。Shift_JIS では表現できない一部の文字や記号を含んでいます。また、一部の文字や記号が Shift_JIS とは異なるコードで表現されているため、完全に Shift_JIS と互換性があるわけではありません。

　上記の違いから、例えば Windows で作られた日本語特殊文字を含む CSV ファイルを、文字エンコード UTF-8 で読み込もうとすると、エラーが発生します。そのような場合には、下記のように encoding の引数を "cp932" に指定することで正常に読み込めます。

▶ Polars

```
# 文字エンコードに CP932 を指定して Polars で読み込む
df = pl.read_csv("../input/titanic.csv", encoding="cp932")
```

▶ pandas

```
# 文字エンコードに CP932 を指定して pandas で読み込む
df = pd.read_csv("../input/titanic.csv", encoding="cp932")
```

　上記の例では、CSV ファイルの文字エンコードが CP932 の場合を紹介しました。CSV ファイルの

注4　Python オブジェクトをファイルに保存したり、ファイルから読み込んだりするためのプロトコルおよびライブラリ。

文字エンコードが Shift_JIS の場合は、引数 encoding に "shift_jis" を指定します。

📔note 絶対パスと相対パス

　ファイル読み込み時のパスの書き方には、絶対パスと相対パスの 2 種類が存在します。その違いを示すために、まずディレクトリ構造についての説明を行います。

```
/
└── Users
    └── saito
        └── polars_pandas_book
            ├── notebook.ipynb
            └── data.csv
```

　ディレクトリ構造は上のように樹形図の形をしています。最上位のディレクトリを**ルートディレクトリ**といい、図でいうと "/" が該当します。絶対パスはルートディレクトリから目的のファイルの場所への経路を表します。例えば、data.csv の絶対パスは、"/Users/saito/polars_pandas_book/data.csv" となります。

　一方、いまユーザーが polars_pandas_book の位置にいるとします。位置にいるとはその場所で作業をしているということで（例えば Polars のプログラムがその場所にある）、**カレントワーキングディレクトリ**といいます。相対パスはカレントワーキングディレクトリから目的のファイルへの経路を表します。ユーザーのいる位置によって経路は相対的に変化するため、相対パスと呼ばれます。例えば、notebook.ipynb から data.csv を読み込みたい場合、notebook.ipynb から見て data.csv は同じ位置にあるため、相対パスは "data.csv" のみで表現されます。

　まとめると、下記のようになります。

- 絶対パス：ディレクトリ構造のルートディレクトリから見た場合のパス
- 相対パス：カレントワーキングディレクトリを基準にした場合のパス

　それぞれのメリット、デメリットは以下のとおりになります。

名前	メリット	デメリット
絶対パス	・読み込むファイルの場所を一意に指定できる	・ディレクトリの格納場所が変わった場合、パスの変更が必要になる ・パスの記述が長くなりがち
相対パス	・ディレクトリの格納場所が変わっても、ファイル間の位置関係が不変なら、パスの変更は必要ない ・パスを短く、簡潔に記述できる	・カレントワーキングディレクトリが予想と違う場所にあると、意図しないファイルにアクセスしてしまう可能性がある

　具体的なケースで、絶対パスと相対パスの違いを見てみましょう。

Recipe 10　ファイルの読み込み　63

ケース 1：ipynb ファイルと CSV ファイルが同一階層にある場合

下記のように、ipynb ファイルと CSV ファイルが同一階層にある場合を想定します。

```
/
└── Users
    └── saito
        └── polars_pandas_book
            ├── recipe_10.ipynb
            └── titanic.csv
```

▶ **パス記述例**

```python
# 絶対パス
df = pl.read_csv("/Users/saito/polars_pandas_book/titanic.csv")

# 相対パス
df = pl.read_csv("titanic.csv")

# 以下のように記述することも可能
df = pl.read_csv("./titanic.csv")
```

recipe_10.ipynb で実行することを想定したパスを記載しました。

絶対パスは、ファイルをディレクトリの頂点から見たパスを記載します。相対パスは、読み込みたい CSV ファイル名をそのまま記載します。もしくは、現在の階層を明示的に示す "." をつけた記載もできます。

ケース 2：ipynb ファイルと CSV ファイルが異なる階層にある場合

下記のように、ipynb ファイルと CSV ファイルが異なるディレクトリにある場合を想定します。

```
/
└── Users
    └── saito
        └── polars_pandas_book
            ├── input
            │   └── titanic.csv
            └── notebook
                └── recipe_10.ipynb
```

▶ **パス記述例**

```python
# 絶対パス
df = pl.read_csv("/Users/saito/polars_pandas_book/input/titanic.csv")

# 相対パス
df = pl.read_csv("../input/titanic.csv")
```

絶対パスはケース 1 と同様、ディレクトリの頂点からのパスを記載します。

相対パスには、../input/titanic.csv と記述します。".." は、recipe_10.ipynb ファイルが位置する階層の 1 つ上の階層を示し、今回のケースでは polars_pandas_book ディレクトリが該当します。このことを踏まえ、相対パスが意味していることを 1 つずつ確認すると、下記のようになります。

- ../：1 つ上の階層 (polars_pandas_book)
- ../input：1 つ上の階層 (polars_pandas_book) の input ディレクトリ
- ../input/titanic.csv：1 つ上の階層 (polars_pandas_book) の input ディレクトリの中の titanic.csv

---

note 分割された同フォーマットのファイルを結合して読み込む

ログやセンサーデータなどのように、大量のレコードを持っていたり自動で取得され続けたりするデータを、Polars や pandas で読み込みたいとします。それらのデータを保持するデータベースなどからファイルに書き出す場面では、大きな 1 つのファイルではなくたくさんのサブファイルに分割されるケースが多いです[注5]。

これらのサブファイルのパスをそれぞれ指定することでも正しく読み込めますが、大量にファイルが存在するときは面倒ですし、ファイルがアップデートされるたびにプログラムを変更する必要があります。そこで、これらのサブファイルが決まったフォーマットを持つことに着目し、読み込んだ各サブファイルを結合して 1 つの大きなデータフレームとする操作を考えます。

▶ Polars

```
import polars as pl
import glob

# glob により input ディレクトリに格納しているすべての CSV ファイルのパスを取得
all_path = glob.glob("../input/*.csv")

# リスト内包表記を使用して、各 CSV ファイルを読み込んだ DataFrame のリストを作成
all_dataframe_list = [pl.read_csv(path) for path in all_path]

# すべての DataFrame を結合
df = pl.concat(all_dataframe_list)
```

注5　データベースを用いず、直接ストレージに CSV 形式で分割・保存するケースもあります。

Recipe 10　ファイルの読み込み | 65

▸ pandas

```python
import pandas as pd
import glob

# glob により input ディレクトリに格納しているすべての CSV ファイルのパスを取得
all_csv_path = glob.glob("../input/*.csv")

# リスト内包表記を使用して、各 CSV ファイルを読み込んだ DataFrame のリストを作成
all_dataframe_list = [pd.read_csv(path) for path in all_csv_path]

# pd.concat() を使用して、一度にすべての DataFrame を結合し、インデックスをリセット
df = pd.concat(all_dataframe_list).reset_index(drop=True)
```

　Polars, pandas ともに concat メソッドによってデータフレーム同士を結合しています。結合の操作は Recipe 38 でも詳しく取り扱います。pandas では reset_index を忘れずに行いましょう。

Recipe 11 データフレームの特定ファイル形式への書き出し

11.1 アイデア

タイタニック号の乗客データに対しての前処理がひととおり終わったので、データをストレージに保存することにした。前処理済みデータフレームを「titanic_preprocessed.csv」というファイル名でCSVファイルとして書き出したい。

● 使用するデータ

タイタニック号の乗客データ　ファイル名：`titanic.csv`

前処理を行ったデータフレームを別のプログラムで読み込んだり、ストレージに保存したりするためには基本的にいったんファイルとして出力する必要があります。そのため、ファイル出力はデータ分析をする中で頻繁に発生する操作です。

データフレームをCSVファイルとして書き出すにはどうすればよいでしょうか。

11.2 Polars での実装例

```
# データフレームを "titanic_preprocessed.csv" というファイル名で書き出し
df.write_csv("titanic_preprocessed.csv")
```

Polars データフレームの `write_csv` メソッドを使うことで CSV ファイルを書き出すことができます。なお、書き出し時の文字エンコードを指定することはできず、UTF-8 が適用されます。

11.3 pandas での実装例

```
# データフレームを "titanic_preprocessed.csv" というファイル名で書き出し
df.to_csv("titanic_preprocessed.csv")
```

pandas データフレームでは `to_csv` メソッドを使うことで CSV ファイルを書き出せます。pandas でもデフォルトの文字エンコードは UTF-8 が適用されますが、pandas では引数 `encoding` に文字エンコードを指定することで書き出し時の文字エンコードを指定できます。

```
# データフレームを 文字エンコード Shift-JIS で書き出し
df.to_csv("titanic_preprocessed.csv", encoding="shift_jis")

# データフレームを 文字エンコード CP932 で書き出し
df.to_csv("titanic_preprocessed.csv", encoding="cp932")
```

pandas データフレームではデフォルトでインデックス名もファイルに出力されますが、引数 `index=False` を指定することでインデックス名を出力しないようにできます。

```
# インデックス名を含まない CSV ファイルの書き出し
df.to_csv("titanic_preprocessed.csv", index=False)
```

11.4 Tips

● 区切り文字の指定

CSV ファイル以外の形式でもファイルに書き出せます。区切り文字をタブに変更することで TSV ファイル[注1]として書き出せます。区切り文字の変更は Polars, pandas それぞれ引数で指定できます。

▶ Polars の場合

```
# 区切り文字をタブで書き出し
df.write_csv("titanic_preprocessed.tsv", separator="\t")
```

Polars では区切り文字を引数 `separator` に指定することで、任意の区切り文字を使ったファイルを書き出せます。`separator` に指定した `\t` はタブを意味するもので、エスケープシーケンスと呼ばれる特殊文字の 1 つです。`\t` を指定することで区切り文字にタブを指定する意味になります。

注1 自然言語処理で扱うデータでは CSV 形式のほかに TSV 形式がよく用いられます。これは、カンマ "," が自然言語の中に頻繁に登場するためです。

▶ pandas の場合

```
# 区切り文字をタブで書き出し
df.to_csv("titanic_preprocessed.tsv", sep="\t")
```

pandas では区切り文字を引数 sep に指定することで、任意の区切り文字を使ったファイルを書き出せます。

● CSV 以外のファイル形式で書き出す方法

CSV のような区切り文字を使ったフォーマット以外のファイルも出力できます。以下にその一部を紹介します。

▶ ファイル出力メソッド一例

Polars	pandas	説明
write_excel	to_excel	Excel ファイル出力
write_json	to_json	JSON ファイル出力
write_parquet	to_parquet	Parquet ファイル出力

ファイル入力（ Recipe 10 ）と同様、ファイル出力も、多くのファイル形式をサポートしています。詳しくは API reference を参照してください。

Polars の write_csv と pandas の to_csv でメソッド名が違うのはなぜ？

　ファイル書き出しのメソッド名が Polars と pandas で違うのはなぜでしょうか。X の公式アカウントの見解によると、pandas の CSV ファイルの読み込みで使う read_csv メソッドは **read** と動詞になっているのに対し、ファイル書き出しは to_csv と動詞になっておらず正しい反対語の関係になっていないという考えから、Polars のメソッドでは CSV ファイルの書き出しメソッドは write_csv と命名したとのことです[注2]。

　Polars で命名規則に一貫性のない to_csv ではなく write_csv を採用したように、Python にも設計哲学があります。Python には this という標準ライブラリが組み込まれており、this を import すると、次のような出力がされます。

```
import this
```

注 2　https://x.com/datapolars/status/1627957870334451713?s=46&t=XysrDrTArT1XiPU95kfsvg

```
The Zen of Python, by Tim Peters

Beautiful is better than ugly.
Explicit is better than implicit.
Simple is better than complex.
Complex is better than complicated.
Flat is better than nested.
Sparse is better than dense.
Readability counts.
Special cases aren't special enough to break the rules.
Although practicality beats purity.
Errors should never pass silently.
Unless explicitly silenced.
In the face of ambiguity, refuse the temptation to guess.
There should be one-- and preferably only one --obvious way to do it.
Although that way may not be obvious at first unless you're Dutch.
Now is better than never.
Although never is often better than *right* now.
If the implementation is hard to explain, it's a bad idea.
If the implementation is easy to explain, it may be a good idea.
Namespaces are one honking great idea -- let's do more of those!
```

これは「The Zen of Python」と名前のつけられた 19 の詩で、日本語では「Python の禅」と訳される Python の設計哲学を集めた詩集です。Python の開発プロセスに関連する新しい機能、API、設計哲学、プロセスについての提案書や情報ドキュメント群である PEP（Python Enhancement Proposal）内の PEP20 にもまとめられています。いくつか抜粋して紹介します。

Sparse is better than dense.

これは日本語に訳すと「密よりも疎がよい」で、コードが密集していると、読むのが難しくなります。適切なスペースやインデントを使って、コードを読みやすくするべきであることを述べています。

Readability counts.

これは日本語に訳すと「読みやすさは重要である」で、コードは読む人のために書かれるべきで、後で自分や他の開発者がコードを見返したときに、すぐに理解できることが重要であることを述べています。

これらの設計哲学は、Python 以外のプログラミング言語にも通じるものであり、よいコードを書く上で重要なものばかりですので、一度目を通してみるとよいでしょう。

Recipe 12 データフレームのソート

12.1 アイデア

タイタニック号の乗客データを乗客の年齢の若い順に並べ替えてデータの中身を確認したい。

● 使用するデータ

タイタニック号の乗客データ　ファイル名：titanic.csv

before

shape: (1_309, 14)　　　　　　　　　　　　　　年齢の若い順にソートしたい

pclass	survived	name	sex	age	sibsp	parch	ticket	…	home.dest
i64	i64	str	str	f64	i64	i64	str	…	str
1	1	"Allen, Miss. E…	"female"	29.0	0	0	"24160"	…	"St Louis, MO"
1	1	"Allison, Maste…	"male"	0.92	1	2	"113781"	…	"Montreal, PQ /…
1	0	"Allison, Miss…	"female"	2.0	1	2	"113781"	…	"Montreal, PQ /…
1	0	"Allison, Mr. H…	"male"	30.0	1	2	"113781"	…	"Montreal, PQ /…
1	0	"Allison, Mrs. …	"female"	25.0	1	2	"113781"	…	"Montreal, PQ /…
1	1	"Anderson, Mr. …	"male"	48.0	0	0	"19952"	…	"New York, NY"
1	1	"Andrews, Miss.…	"female"	63.0	1	0	"13502"	…	"Hudson, NY"
1	0	"Andrews, Mr. T…	"male"	39.0	0	0	"112050"	…	"Belfast, NI"
1	1	"Appleton, Mrs.…	"female"	53.0	2	0	"11769"	…	"Bayside, Queen…
1	0	"Artagaveytia, …	"male"	71.0	0	0	"PC 17609"	…	"Montevideo, Ur…
1	0	"Astor, Col. Jo…	"male"	47.0	1	0	"PC 17757"	…	"New York, NY"
1	1	"Astor, Mrs. Jo…	"female"	18.0	1	0	"PC 17757"	…	"New York, NY"
⋮	⋮	⋮	⋮	⋮	⋮	⋮	⋮	⋮	⋮

Recipe 12　データフレームのソート　| 71

after

shape: (1_309, 14)

pclass	survived	name	sex	age	sibsp	parch	ticket	...	home.dest
i64	i64	str	str	f64	i64	i64	str	...	str
3	1	"Dean, Miss. El…"	"female"	0.17	1	2	"C.A. 2315"	...	"Devon, England…"
3	0	"Danbom, Master…"	"male"	0.33	0	2	"347080"	...	"Stanton, IA"
3	1	"Thomas, Master…"	"male"	0.42	0	1	"2625"	...	null
2	1	"Hamalainen, Ma…"	"male"	0.67	1	1	"250649"	...	"Detroit, MI"
3	1	"Baclini, Miss.…"	"female"	0.75	2	1	"2666"	...	"Syria New York…"
3	1	"Baclini, Miss.…"	"female"	0.75	2	1	"2666"	...	"Syria New York…"
3	0	"Peacock, Maste…"	"male"	0.75	1	1	"SOTON/ O.Q. 310…"	...	null
2	1	"Caldwell, Mast…"	"male"	0.83	0	2	"248738"	...	"Bangkok, Thail…"
2	1	"Richards, Mast…"	"male"	0.83	1	1	"29106"	...	"Cornwall / Akr…"
3	1	"Aks, Master. P…"	"male"	0.83	0	1	"392091"	...	"London, Englan…"
1	1	"Allison, Maste…"	"male"	0.92	1	2	"113781"	...	"Montreal, PQ /…"
2	1	"West, Miss. Ba…"	"female"	0.92	1	2	"C.A. 34651"	...	"Bournmouth, En…"
⋮	⋮	⋮	⋮	⋮	⋮	⋮	⋮	⋮	⋮

データを昇順や降順に並べ替え（ソート）する操作は、データの概要の把握から前処理、特徴量エンジニアリングなど多岐にわたるタスクで利用されます。

データの把握においては、特定の変数によってデータを昇順または降順にソートすることで、その変数の最大値・最小値付近の値や、外れ値などの統計的特性を把握できます。例えば今回のデータで年齢の列に対してソートを行えば、「極端に年をとった人のデータ」や「生まれたばかりの赤ちゃん」のデータはすぐに見つかるでしょう。

また、データがソートされていることを前提とした特徴量エンジニアリングの手法も存在します。例えば、移動平均やラグ特徴量などを計算するときには、データが時系列順にソートされていることが前提になっています[注1]。

タイタニック号の乗客データをソートし、乗客の年齢が若い順に表示するにはどうすればよいでしょうか。

12.2 Polars での実装例

```python
# age 列をキーにデータを昇順ソート
df_sorted = df.sort("age")
df_sorted.head()
```

注1　時系列データの処理については後のレシピ（Recipe45）でより詳しく取り扱います。

▶出力イメージ

pclass	survived	name	sex	age	…
i64	i64	str	str	f64	…
1	0	"Baumann, Mr. J…	"male"	null	…
1	1	"Bradley, Mr. G…	"male"	null	…
1	0	"Brewe, Dr. Art…	"male"	null	…
1	0	"Cairns, Mr. Al…	"male"	null	…
1	1	"Cassebeer, Mrs…	"female"	null	…

　Polars データフレームの sort メソッドを使うことで特定列をキーとしてデータを昇順にソートできます。しかし、出力イメージのとおり null が先頭に来てしまいました。今回は age 列を若い順に並べ替えてデータの中身を確認したいので null が末尾に表示されるようにしたいです。このような場合は引数 nulls_last に True を指定します。

```
# age 列をキーに、null が末尾に表示されるようにデータを昇順ソート
df_sorted = df.sort("age", nulls_last=True)
df_sorted.head()
```

また、データを降順にソートするときには、引数 descending に True を指定します。

```
# age 列をキーにデータを降順ソート
df_sorted = df.sort("age", descending=True)
df_sorted.head()
```

デフォルトの動作として null は対象列のすべての値より小さい値のように振る舞い、降順ソート時には末尾に並べ替えられます。そのため nulls_last への True の指定は必要ありません。

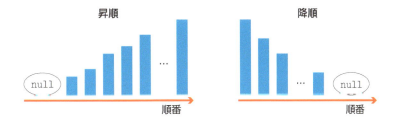

 12.3　pandas での実装例

```
# age 列をキーにデータを昇順ソート
df_sorted = df.sort_values("age")
df_sorted.head()
```

pandas データフレームの sort_values メソッドを使うことで特定列をキーとしてデータを昇順に

ソートできます。pandas のソートでは昇順、降順にかかわらずデフォルトで NaN が末尾に表示されますが、引数 `na_position` に `"first"` を指定することで NaN 値を先頭に表示させることもできます。

降順にデータをソートするときには引数 `ascending` に `False` を指定します。Polars と指定の方法が異なるので注意してください。

	昇順	降順
Polars の sort に指定する引数	descending=False（デフォルト）	descending=True
pandas の sort_values に指定する引数	ascending=True（デフォルト）	ascending=False

例えば、age 列で降順にソートし、かつ NaN を先頭に表示したい場合は以下のように記述します。

```
# age 列をキーに、NaN が先頭に表示されるようにデータを降順ソート
df_sorted = df.sort_values("age", ascending=False, na_position="first")
```

12.4 Tips

複数列でソートを行いたいケースがあります。例えば以下のようなデータを考えます。

id	score
1003	70
1002	70
1004	80
1001	80
1005	75

このデータについて次の条件でデータをソートするにはどうすればよいでしょうか。

- テストの得点 score が高い順にデータをソートしたい
- 同じ得点の場合は学籍番号 id が小さい順にしたい

▶ 処理後イメージ

id	score
1001	80
1004	80
1005	75
1002	70
1003	70

● Polars

```
# score の降順、id の昇順にデータをソート
df_sorted = df.sort(["score", "id"], descending=[True, False])
df_sorted.head()
```

sort メソッドとその引数 descending にはそれぞれリスト（やタプルなど）で複数の値を渡せます。このとき、メソッドに渡す列名のうち、**先頭の列から順番にソート処理がされる**ため、渡す列名の順番が結果に影響することに注意してください。例えば、以下のように ["id", "score"] の順で引数を指定した場合を考えてみましょう。

```
# id の昇順、score の降順にデータをソート
df_sorted = df.sort(["id", "score"], descending=[False, True])
df_sorted.head()
```

▶ 出力イメージ

id	score
1001	80
1002	70
1003	70
1004	80
1005	75

この記述によって行われた処理は以下です。

- まず学籍番号 id を昇順にソート
- id が同じものがあればテストの得点 score の降順にソート

id に重複がないため単に id の昇順ソートの結果となってしまいました。もともと行いたかった操作とはまったく異なる操作のため、複数列についてソートを行うときには十分気をつけましょう。

Recipe 12　データフレームのソート | 75

● pandas

```
# score の降順、id の昇順にデータをソート
df_sorted = df.sort_values(["score", "id"], ascending=[False, True])
df_sorted.head()
```

pandas も Polars と同様 sort_values と引数 ascending に複数の値を指定できます。Polars と昇順・降順の指定方法が異なることと、メソッドに渡す列名の順番には改めて注意しましょう。

Recipe 13 データフレームの複製

13.1 アイデア

データフレーム df について、思いついたアイデアを試すため df_temporary = df のように新しいデータフレーム df_temporary を作成し操作を行ったところ、元の df の値自体が変わってしまった。df_temporary への操作によって元の df の値が変わらないようにしたい。

● 使用するデータ

本レシピでは以下のようなシンプルなデータフレームを使用します。

shape: (3, 3)

a	b	c
i64	i64	i64
1	4	6
2	5	7
3	5	7

　データ分析のプロセスにおいて、思いついたアイデアを気軽に試したい場面や、ツールの挙動確認を行いたい場面はよくあります。そのとき元のデータを直接操作してしまうと、意図しない結果でデータが壊れ、元のデータを読み込みなおす羽目になりがちです。そうならないためには元のデータを直接操作するのではなく、元のデータ（やその一部）を複製したり、元のデータと仕様が同じデータを生成したりして、テスト用のデータを作成することが望ましいです。

　代入演算子 "=" を用いると、一見変数の複製が行えそうに見えます。例えば以下のように新しい変数 df_temporary にデータフレーム df を代入すると、df_temporary を表示した結果は df のものと同じ内容になります。

```
df_temporary = df  # 新しい変数 df_temporary に df を代入

display(df)
display(df_temporary)  # df と同じ内容が表示される [注1]
```

ところが、`df_temporary` に操作を行うと、元の `df` の値も変わってしまいます。

```
df_temporary[0, "a"] = 10  # df_temporary の a 列 0 行目の値を 10 に変更（Polars）

display(df_temporary)
display(df)
```

`df_temporary = df` の操作はデータそのものを複製しているわけではなく、実際には「データ（オブジェクト）への参照」を複製しています。そのため、`df_temporary` を編集することは「df_temporary が参照するデータ」を編集することになり、同じデータを参照している `df` も連動して値が変化してしまいます。

参照の複製でなく、参照先を含めたデータそのものを複製するにはどうすればよいでしょうか。

13.2 Polars での実装例

```
# データそのものを複製
df_temporary = df.clone()

display(df_temporary)
display(df)
```

注1　`display` は IPython 環境（Jupyter Notebook や Colaboratory など）で主に用いる関数です。`print` と同様オブジェクトの内容を表示するために使われますが、指定されたオブジェクトの型に応じて表示を最適化します。例えば Polars や pandas のデータフレームを渡すと、整形された表が表示されます。これはデータフレームの代入された変数を Notebook のセルの末尾に記述し、実行したときの表示と同様です。

Polars データフレームの clone メソッドを使うことでデータそのものを複製できます。
冒頭で行った操作と同じ操作を試してみましょう。

```
df_temporary = df.clone() # df を df_temporary に複製

df_temporary[0, "a"] = 10 # df_temporary の a 列 0 行目の値を 10 に変更

display(df_temporary)
display(df)
```

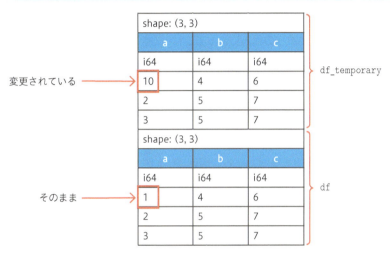

今回はデータそのものを複製しているので、df_temporary に処理を行っても df の値は変わっていないことがわかります。

13.3 pandas での実装例

```
# データそのものを複製
df = df.copy()

display(df_temporary)
display(df)
```

pandas データフレームの copy メソッドを使うことで pandas でも同様にデータそのものを複製できます。copy というメソッド名はその他の多くのオブジェクト[注2]で採用されており、Polars や pandas のデータフレームと同様に、データそのものの複製を行えます。

注2　Python 標準のデータ型だと list, dict, set など、外部ライブラリでは numpy.ndarray などのオブジェクトは copy メソッドによってデータそのものを複製できます。逆にいえば必要な場面で copy を行わないと別の処理で元のデータが変更されてしまう可能性があります。

note オブジェクトへの参照とその複製

　本レシピで扱った**データそのものの複製**とは「参照するオブジェクトごと複製する」という意味で紹介しました。それでは、そもそもオブジェクトの参照とは何でしょうか。

　Python では、すべての変数はオブジェクトへの参照を持っています。例えば num = 10 のように変数 num を定義すると、10 という値を持つ整数オブジェクトが作成され、num はそのオブジェクトへの参照を持つことになります。同様に list1 = [1, 2, 3] とすると変数 list1 はリストオブジェクト [1, 2, 3] への参照を持ちます。

　また、list2 = list1 のように新しい変数への代入によってこれらの参照自体は新しい変数に複製されますが、参照するオブジェクトの種類によって値変更時の挙動が異なります。

オブジェクトのミュータブルとイミュータブル

　Python のオブジェクトには値を変更できるミュータブルなオブジェクトと、変更できないイミュータブルなオブジェクトの 2 種類が存在します。例えば list, dict, set などはミュータブルで、tuple, str, int などはイミュータブルなオブジェクトです。つまり、list は一度定義してから要素を変更・追加・削除できるのに対し、tuple ではそのような操作は行えず、エラーになります。

　Python のオブジェクトには固有の ID が割り当てられており、id 関数を使うことでその ID を調べられます。ミュータブル・イミュータブルなオブジェクトそれぞれで変数代入・変更時の挙動を確認してみます。

```python
# ミュータブルなオブジェクトの挙動を確認する
list1 = [1, 2, 3]
list2 = list1 # 新しい変数 list2 に list1 を代入する

print(list1) # [1, 2, 3]
print(list2) # [1, 2, 3]

print(id(list1)) # 138774523494848
print(id(list2)) # 138774523494848 ※ list1 と同じ ID

list2 += [4, 5] # list2 を変更 (4, 5 の要素を追加)

print(list1) # [1, 2, 3, 4, 5] ※ list1 も変更される！
print(list2) # [1, 2, 3, 4, 5]

print(id(list1)) # 138774523494848
print(id(list2)) # 138774523494848 ※要素が変わっても ID は変わらない
```

　list2 += [4, 5] の操作でオブジェクト ID は変更されていません。これは、リストオブジェクトがミュータブルであるため、リストの内容を変更する操作が可能なためです。変更されるのは内容であり、オブジェクトそのものではありませんから、ID は元のままです。また、変数 list1 とlist2 でオブジェクト ID が同じなのは、list2 = list1 の代入によって参照が複製されたためで

80 ｜ 特訓 2 日目　データの操作

す。どちらの変数を操作しても変更されるオブジェクトは同じですから、片方の変数を操作し値を変更することで、参照先のオブジェクトが変更され、それを参照するもう片方の変数の値も変更される（ように見える）というのが今回のカラクリです。

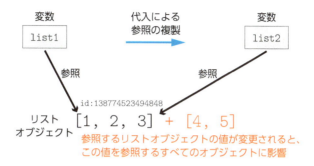

次にイミュータブルなオブジェクトである tuple の挙動を確認しましょう。

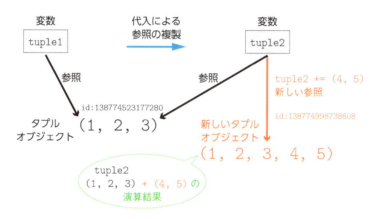

```
# イミュータブルなオブジェクトの挙動を確認する
tuple1 = (1, 2, 3)
tuple2 = tuple1 # 新しい変数 tuple2 に tuple1 を代入する

print(tuple1) # (1, 2, 3)
print(tuple2) # (1, 2, 3)

print(id(tuple1)) # 138774523177280
print(id(tuple2)) # 138774523177280 ※ tuple1 と同じ ID

tuple2 += (4, 5) # tuple2 に (1, 2, 3) + (4, 5) を代入

print(tuple1) # (1, 2, 3) ※ tuple1 は元のまま
print(tuple2) # (1, 2, 3, 4, 5) ※ tuple2 は変更されている

print(id(tuple1)) # 138774523177280
print(id(tuple2)) # 138774998738608 ※新しいオブジェクトとして ID が割り当てられる
```

tuple2 = tuple1 によって参照が複製され、オブジェクト ID が共通となる点は list と同じです。tuple2 += (4, 5) という操作について、tuple はイミュータブルなオブジェクトのため、元の値を変更することはできません。そのためこの操作は tuple2 = tuple2 + (4, 5) と解釈され、(1, 2, 3) + (4, 5) の演算結果である (1, 2, 3, 4, 5) という新たなタプルオブジェクトが作成され、tuple2 はそのオブジェクトを新たに参照することになります。そのため、id(tuple2) の値は元の値から変化します。

copy モジュール

今回登場したいくつかのミュータブルなオブジェクトは基本的に clone や copy といったメソッドを持っていますが、copy モジュールの copy 関数を使うことでもデータそのものの複製を行えます。

```
# copy モジュールを用いた複製
import copy

list1 = [1, 2, 3]
list2 = list1 # 参照のみ複製
list3 = list1.copy() # 参照先のオブジェクトも複製
list4 = copy.copy(list1) # 参照先のオブジェクトも複製
```

オブジェクトの copy メソッドや copy モジュールの copy 関数によって「変数の参照先ごと複製」ができますし、それをこのレシピでは「データそのものの複製」と表現しましたが、厳密には正しく複製がされないケースがあります。それは多次元リストのような「参照先のオブジェクトがさらに参照先のオブジェクトを持つ」ケースです。

list オブジェクトの copy メソッドや、copy モジュールの copy 関数を list オブジェクトに使ったときに複製するのは 1 ステップ先の参照までであるため、それより先までを再帰的に複製するには copy モジュールの deepcopy 関数を使います。前者と後者の複製を特に「浅いコピー」「深いコピー」と呼ぶことがあります。

```
# deepcopy 関数を用いた「深いコピー」
import copy

list1 = [1, [2, [3, [4, 5]]]] # 多次元リストを定義
list2 = list1.copy() # 浅いコピー、リスト内のリストオブジェクトが共有される
list3 = copy.deepcopy(list1) # 深いコピー、リスト内のすべてのオブジェクトが複製される
```

なお、pandas データフレームの copy メソッドはデフォルトで深いコピーを提供します。一方、Polars データフレームの clone メソッドは新しいデータフレームのオブジェクトを作成しますが、これは元のデータとメモリを共有しています。そのため浅いコピーのような動作をしますが、Polars のデータはイミュータブルであるため、元のデータに影響を与えることはありません。

Recipe 14 データフレームの作成

14.1 アイデア

データフレームの挙動を確認するために、適当なデータフレームを作成して結果を表示したい。

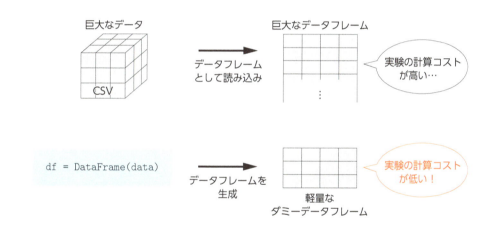

ダミーデータフレームを作成して実験的にデータ前処理を行ったり、NumPy 配列、辞書型、リスト型などのデータをデータフレームに変換することで、データフレームの機能を使った前処理や、簡単なファイル書き出しが行えるなど、外部データをデータフレームとして読み込む以外にもデータフレームを作成するシーンはよくあります。

挙動確認のための適当なデータフレームを作成するにはどうすればよいでしょうか。

14.2 Polars での実装例

```
# 辞書型データからのデータフレーム作成
df = pl.DataFrame(
    {
        "a": [1, 2, 3],
        "b": [4, 5, 5],
        "c": [6, 7, 7],
    }
)

df.head()
```

▶ 出力イメージ

a	b	c
i64	i64	i64
1	4	6
2	5	7
3	5	7

　Polars の DataFrame クラスを使うことでデータフレームを作成できます。DataFrame 内に辞書型などでデータを指定することでデータフレームを構成する値を指定できます。

14.3 pandas での実装例

```
# 辞書型データからのデータフレーム作成
df = pd.DataFrame(
    {
        "a": [1, 2, 3],
        "b": [4, 5, 5],
        "c": [6, 7, 7],
    }
)

df.head()
```

▶ 出力イメージ

	a	b	c
0	1	4	6
1	2	5	7
2	3	5	7

　Polars と同様、pandas でも DataFrame クラスを使うことでデータフレームを作成できます。

84 　特訓 2 日目　データの操作

DataFrame 内に辞書型などでデータを指定することでデータフレームを構成する値を指定できます。

14.4 Tips

● 配列からのデータフレーム作成

NumPy 配列やリスト型で保持しているデータをデータフレームに変換することもできます。以下では Polars の DataFrame を用いて NumPy 配列をデータフレームに変換している例を示しています。pl.DataFrame() を pd.DataFrame() に置き換えれば pandas でも同様に動作します。

```python
import numpy as np

# 作成したいデータフレーム形状を持つ NumPy 配列の作成
data = np.array([1, 2, 3])

pl.DataFrame(data)
```

▶ 出力イメージ

column_0
i64
1
2
3

● 配列からのデータフレーム作成における列名の指定

上記では列名を指定していないため、列名には column_0 のようなダミーの値が自動で入りますが、列名を指定することもできます。

▶ Polars の場合

```python
# NumPy 配列からのデータフレーム作成
import numpy as np

# 作成したいデータフレーム形状を持つ NumPy 配列の作成
data = np.array([(1, 2), (3, 4)])

pl.DataFrame(data, schema=["number1", "number2"], orient="row")
```

▶ 出力イメージ

number1	number2
i64	i64
1	2

3	4

　Polars の場合は引数 schema に列名を指定します。引数 orient は、2 次元配列で与えられたデータの各要素を、変換後のデータフレームの 1 つの行として解釈するか、列として解釈するかを指定します。上記の例では "row" を指定し行方向で解釈するようにしています。列方向で解釈する場合には、"col" を指定します。

▶ pandas の場合

```python
# NumPy 配列からのデータフレーム作成
import numpy as np

data = np.array([(1, 2), (3, 4)]) # NumPy 配列の作成

pd.DataFrame(data, columns=["number1", "number2"])
```

▶ 出力イメージ

	number1	number2
0	1	2
1	3	4

　pandas の場合は引数 columns で列名をリストの形で指定します。

● シリーズの作成

　Series を使うことでシリーズを作成することも可能です。以下は、Polars でシリーズを作成する例になります。

```python
# NumPy 配列からのシリーズ作成
import numpy as np

data = np.array([1, 2, 3]) # NumPy 配列の作成

pl.Series(data) # pandas の場合は pd.Series(data)
```

▶ 出力イメージ

```
shape: (3,)
i64
1
2
3
```

86 ｜ 特訓 2 日目　データの操作

● 異なるデータ型が混在する場合

Polars の version1.0.0 以降では、「整数と浮動小数点数」や「整数と文字列」のように異なるデータ型が混在する形でデータフレーム（やシリーズ）を作成しようとすると TypeError が発生するようになりました。このエラーを抑制するには DataFrame の引数 strict に False を渡します。このとき、データ型の混在する列のデータ型は「整数と浮動小数点数なら浮動小数点数」、「整数と文字列なら文字列」のように統一されます。意図しない型変換が行われる可能性もあるため、注意しましょう。

```
pl.DataFrame(
    {
        "col": [1, 2.0, "3"]
    },
    strict=False
)
```

▸ 出力イメージ

col
str
1
2.0
3

📖note **Polars とpandas の列名**

Polars と pandas ではデータフレームの列名の命名ルールに違いがあります。Polars ではデータフレーム内での同一列名の使用は認められていません。それに対して pandas は同一列名を使用できます。しかしバグの原因にもなるため、基本的にはユニークな列名を命名するようにしましょう。なお、df.columns にリストを渡すことによる列名の一括変更は Recipe 32 で詳しく紹介します。

▸ Polars での例

```
df = pl.DataFrame(
    {
        "a": [1, 2, 3],
        "b": [4, 5, 5],
        "c": [6, 7, 7],
    }
)

# 列名の変更
df.columns = ["a", "b", "b"] # ここで DuplicateError
df
```

Recipe 14　データフレームの作成 | **87**

▶ 出力イメージ

```
DuplicateError: duplicate column names found
```

列名の変更で「b」という列名を 2 つ指定したためエラーが出ました。

▶ pandas での例

```python
df = pd.DataFrame(
    {
        "a": [1, 2, 3],
        "b": [4, 5, 5],
        "c": [6, 7, 7],
    }
)

# 列名の変更
df.columns = ["a", "b", "b"] # Error は発生しない
df
```

▶ 出力イメージ

	a	b	b
0	1	4	6
1	2	5	7
2	3	5	7

pandas では列名変更で「b」という列名を 2 つ指定してもエラーは出ません。

なお、ここで b 列を抽出しようとすると b 列が 2 列表示されます。

```python
# b 列の表示
df["b"]
```

▶ 出力イメージ

	b	b
0	4	6
1	5	7
2	5	7

Recipe 15 データフレームから複数列を抽出

 15.1 アイデア

データフレームのうち pclass, sibsp, parch, fare, body の 5 列を使った簡単なデータセットを作りたい。元のデータフレームからこの 5 列を抽出し、別のデータフレームとして新しい変数に代入したい。

● **使用するデータ**

タイタニック号の乗客データ　ファイル名：titanic.csv

before

shape: (1_309, 14)

これらの列だけを抽出してデータセットを作りたい

pclass	survived	...	sibsp	parch	ticket	fare	cabin	...	body	home.dest
i64	i64	...	i64	i64	str	f64	str	...	i64	str
1	1	...	0	0	"24160"	211.3375	"B5"	...	null	"St Louis, MO"
1	1	...	1	2	"113781"	151.55	"C22 C26"	...	null	"Montreal, PQ /..."
1	0	...	1	2	"113781"	151.55	"C22 C26"	...	null	"Montreal, PQ /..."
1	0	...	1	2	"113781"	151.55	"C22 C26"	...	135	"Montreal, PQ /..."
1	0	...	1	2	"113781"	151.55	"C22 C26"	...	null	"Montreal, PQ /..."
1	1	...	0	0	"19952"	26.55	"E12"	...	null	"New York, NY"
1	1	...	1	0	"13502"	77.9583	"D7"	...	null	"Hudson, NY"
1	0	...	0	0	"112050"	0.0	"A36"	...	null	"Belfast, NI"
1	1	...	2	0	"11769"	51.4792	"C101"	...	null	"Bayside, Queen..."
1	0	...	0	0	"PC 17609"	49.5042	null	...	22	"Montevideo, Ur..."
1	0	...	0	1	"PC 17757"	227.525	"C62 C64"	...	124	"New York, NY"
1	1	...	0	1	"PC 17757"	227.525	"C62 C64"	...	null	"New York, NY"
⋮	⋮	⋮	⋮	⋮	⋮	⋮	⋮	⋮	⋮	⋮

after

shape: (1_309, 5)

pclass	sibsp	parch	fare	body
i64	i64	i64	f64	i64
1	0	0	211.3375	null
1	1	2	151.55	null
1	1	2	151.55	null
1	1	2	151.55	135
1	1	2	151.55	null
1	0	0	26.55	null
1	1	0	77.9583	null
1	0	0	0.0	null
1	2	0	51.4792	null
1	0	0	49.5042	22
1	1	0	227.525	124
1	1	0	227.525	null
⋮	⋮	⋮	⋮	⋮

> 指定した列のみを抽出

　列の抽出は使う特徴量を選択する場面でよく使われる操作です。例えば今回のケースでは、「前処理を 1 つもやりたくない面倒くさがり屋が、とりあえずそのまま使えそうな数値型のデータだけ取り出して機械学習モデル[注1] を作ろうとしている」というストーリーです。あなたが面倒くさがり屋でなくても、最終的に機械学習モデルに入力したい特徴量が決まれば、それを抽出するための処理は当然必要になります。

　今回は列の数全体に対して抽出したい列の数が少ないため「データフレーム全体から必要な列を抽出する」操作をしますが、使わない列数のほうが少ない場合は「データフレーム全体から使わない列を消す」ほうがよい場合もあります。使わない列を消す方法については Recipe 17 で紹介します。

　データフレームの特定列を抽出するにはどうすればよいでしょうか。

15.2 Polars での実装例

```python
# データフレームから pclass, sibsp, parch, fare, body 列を抽出
df_train = df.select(
    pl.col(["pclass", "sibsp", "parch", "fare", "body"])
)
df_train.head()
```

注1　データから学習をし、新しいデータに対する予測や分類などのタスクを実行するための数学的なアルゴリズムのことで、主に教師あり学習、教師なし学習、強化学習の 3 つの学習方法があります。教師あり学習の場合、目的変数は予測や分析の目的となる変数のことを指し、タイタニック号の乗客の生存状況を予測する場合、survived 列が目的変数になります。説明変数は、目的変数を説明・予測するために使用される変数のことです。教師あり学習を行うときには目的変数と説明変数を分割した状態で学習メソッドに渡します。

Polars データフレームの select 式に「抽出したい列名のリスト」を渡すことで使いたい列のみのデータフレームを抽出できます。実装例では select に pl.col(["pclass", "sibsp", "parch", "fare", "body"]) のように Polars エクスプレッションを使い 5 つの列を渡しています。これにより pclass, sibsp, parch, fare, body の 5 つの列のみを持つ Polars データフレームが取得できます。また、実装例では抽出したい列名のリストを渡していますが pl.col("pclass", "sibsp", "parch", "fare", "body") のように抽出したい列名を引数として渡すことでも、指定した列名のデータフレームが取得できます。

Polars エクスプレッションを使って以下のようにも記述できます。記述量は上記と比べて増えてしまいますが、列ごとに別の操作をしたり、後続の操作につなげたりしたいときなどに、可読性の面で有利になる場面も多いため、覚えておきましょう。

```python
# データフレームから pclass, sibsp, parch, fare, body 列を抽出
df_train = (
    df
    .select(
        pl.col("pclass"),
        pl.col("sibsp"),
        pl.col("parch"),
        pl.col("fare"),
        pl.col("body"),
    )
)
df_train.head()
```

15.3 pandas での実装例

```python
# データフレームから pclass, sibsp, parch, fare, body 列を抽出
df_train = df[["pclass", "sibsp", "parch", "fare", "body"]]
df_train.head()
```

pandas データフレームでは角カッコ [] に直接「抽出したい列名のリスト」を渡すことができます。二重カッコを一重にするとエラーとなることに注意してください。

また、loc インデクサを用いても同じ操作が可能です。第一引数の行指定は必須ですので、すべての行を取得する場合は ":" を指定します。インデクサについては note で説明をします。

```python
df_train = df.loc[:, ["pclass", "sibsp", "parch", "fare", "body"]]
df_train.head()
```

iloc インデクサを用いる場合は「左から何番目の列か」の情報を渡す必要があるため、特に列指定の操作として嬉しい場面は多くないかもしれません。

```
df_train = df.iloc[:, [0, 5, 6, 8, 12]]
df_train.head()
```

iloc は、後のレシピ（Recipe 18）で紹介する、location based な行指定でよく活用されます。

15.4 Tips

● Polars での角カッコ参照

実は Polars データフレームでも角カッコ [] で pandas と同じように列の抽出が可能です。ただし、前述のとおり最適化の恩恵が受けられない可能性があるため、特に大規模なデータを扱うときにこの記述を使うのは本書では非推奨とさせていただきます。

```
# データフレームから pclass, sibsp, parch, fare, body 列を抽出
df_train = df[["pclass", "sibsp", "parch", "fare", "body"]]  # Polars データフレーム
df_train.head()
```

> **note pandas データフレームのインデクサ**
>
> pandas のデータフレームのインデクサは、データを選択、またはフィルタリングするために使用される特別なプロパティです。本レシピで紹介した loc は、各行、各列の Index に対して「〜行目から〜行目の〜列目から〜列目」を抽出するインデクサです。例えば「name 列から parch 列までを抽出」したければ以下のように記述できます。
>
> ```
> # データフレームの name 列から parch 列までを抽出
> df_selected = df.loc[:, "name": "parch"]
> df_selected.head()
> ```
>
> 連続した列を抽出したい
>
> | pclass | survived | name | sex | age | sibsp | parch | ... | home.dest |
> |---|---|---|---|---|---|---|---|---|
> | i64 | i64 | str | str | f64 | i64 | i64 | ... | str |
> | 1 | 1 | "Allen, Miss. E…" | "female" | 29.0 | 0 | 0 | ... | "St Louis, MO" |
> | 1 | 1 | "Allison, Maste…" | "male" | 0.92 | 1 | 2 | ... | "Montreal, PQ /…" |
> | 1 | 0 | "Allison, Miss.…" | "female" | 2.0 | 1 | 2 | ... | "Montreal, PQ /…" |
> | 1 | 0 | "Allison, Mr. H…" | "male" | 30.0 | 1 | 2 | ... | "Montreal, PQ /…" |
> | 1 | 0 | "Allison, Mrs.…" | "female" | 25.0 | 1 | 2 | ... | "Montreal, PQ /…" |
> | 1 | 1 | "Anderson, Mr.…" | "male" | 48.0 | 0 | 0 | ... | "New York, NY" |
> | 1 | 1 | "Andrews, Miss.…" | "female" | 63.0 | 1 | 0 | ... | "Hudson, NY" |
> | ⋮ | ⋮ | ⋮ | ⋮ | ⋮ | ⋮ | ⋮ | ⋮ | ⋮ |
> | 3 | 0 | "Yousif, Mr. Wa…" | "male" | null | 0 | 0 | ... | null |

3	0	"Yousseff, Mr. …	"male"	null	0	0	…	null
3	0	"Zabour, Miss. …	"female"	14.5	1	0	…	null
3	0	"Zabour, Miss. …	"female"	null	1	0	…	null
3	0	"Zakarian, Mr. …	"male"	26.5	0	0	…	null
3	0	"Zakarian, Mr. …	"male"	27.0	0	0	…	null
3	0	"Zimmerman, Mr.…	"male"	29.0	0	0	…	null

　列の並びに意味がない場合は使う機会が少ないかもしれませんが、例えば列が 1000 以上存在するワイドなデータで、列の途中に sensor1, sensor2, sensor3, …, sensor500 が整列している場合は

```
# データフレームのセンサーデータの列のみを抽出
df_sensors = df.loc[:, "sensor1": "sensor500"]
df_sensors.head()
```

のように、可読性を高める記述ができる場面も存在します。

Recipe 15　データフレームから複数列を抽出 | 93

Recipe 16 データフレームから特定データ型の列抽出

 16.1 アイデア

データフレームのうち数値型の列のみを特徴量に使って簡単なデータセットを作りたい。元のデータフレームからそのような列を抽出し、別のデータフレームとして新しい変数に代入したい。

● 使用するデータ

タイタニック号の乗客データ　ファイル名：`titanic.csv`

before

shape: (1_309, 14) ／ 数値型（i64、f64）の列のみを抽出したい

pclass	survived	…	sex	age	sibsp	parch	ticket	fare	…	body	home.dest
i64	i64	…	str	f64	i64	i64	str	f64	…	i64	str
1	1	…	"female"	29.0	0	0	"24160"	211.3375	…	null	"St Louis, MO"
1	1	…	"male"	0.92	1	2	"113781"	151.55	…	null	"Montreal, PQ /…"
1	0	…	"female"	2.0	1	2	"113781"	151.55	…	null	"Montreal, PQ /…"
1	0	…	"male"	30.0	1	2	"113781"	151.55	…	135	"Montreal, PQ /…"
1	0	…	"female"	25.0	1	2	"113781"	151.55	…	null	"Montreal, PQ /…"
1	1	…	"male"	48.0	0	0	"19952"	26.55	…	null	"New York, NY"
1	1	…	"female"	63.0	1	0	"13502"	77.9583	…	null	"Hudson, NY"
1	0	…	"male"	39.0	0	0	"112050"	0.0	…	null	"Belfast, NI"
1	1	…	"female"	53.0	2	0	"11769"	51.4792	…	null	"Bayside, Queen…"
1	0	…	"male"	71.0	0	0	"PC 17609"	49.5042	…	22	"Montevideo, Ur…"
1	0	…	"male"	47.0	1	0	"PC 17757"	227.525	…	124	"New York, NY"
1	1	…	"female"	18.0	1	0	"PC 17757"	227.525	…	null	"New York, NY"
︙	︙	︙	︙	︙	︙	︙	︙	︙	︙	︙	︙

after

shape: (1_309, 7)						
pclass	survived	age	sibsp	parch	fare	body
i64	i64	f64	i64	i64	f64	i64
1	1	29.0	0	0	211.3375	null
1	1	0.92	1	2	151.55	null
1	0	2.0	1	2	151.55	null
1	0	30.0	1	2	151.55	135
1	0	25.0	1	2	151.55	null
1	1	48.0	0	0	26.55	null
1	1	63.0	1	0	77.9583	null
1	0	39.0	0	0	0.0	null
1	1	53.0	2	0	51.4792	null
1	0	71.0	0	0	49.5042	22
1	0	47.0	1	0	227.525	124
1	1	18.0	1	0	227.525	null
⋮	⋮	⋮	⋮	⋮	⋮	⋮

数値型のみを抽出

1つ前のレシピで面倒くさがり屋が登場しましたが、今回はさらに面倒くさがり屋で「数値型の列の特定」すら億劫なようです。とはいえ、タイタニック号の乗客データのような扱いやすいケースと異なり、列が何百、何千もあるデータセットもありますから、特定のデータ型の列のみを抽出する方法も知っておいたほうがよいでしょう。

特定データ型の列のみを抽出するにはどうすればよいでしょうか。

 16.2 Polarsでの実装例

```
# 数値型の列のみを抽出
df_numeric = df.select(
    pl.col(pl.Int64),
    pl.col(pl.Float64),
)

df_numeric.head()
```

Polarsエクスプレッションの col はカラム名以外にも pl.col(データ型) のようにデータ型を引数として渡せます。今回のデータにおいて数値型は Int64, Float64 なので、これらを指定することで特定のデータ型の列のみを抽出できます。

```
# 数値型の列のみを抽出
df_numeric = df.select(
```

```
        pl.col([pl.Int64, pl.Float64])
)

df_numeric.head()
```

また、複数のデータ型を指定するときにリスト（やタプルや NumPy 配列など）の形で指定することもできます。

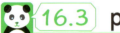
16.3　pandas での実装例

```
# 数値型の列のみを抽出
df_numeric = df.select_dtypes(include=[int, float])

df_numeric.head()
```

pandas データフレームの select_dtypes メソッドを使うことで指定したデータ型の列のみを抽出できます。複数のデータ型を指定する場合は、引数 include にリスト（やタプルや NumPy 配列）の形でデータ型を指定します。実装例のように int, float のような組み込みデータ型を指定してもよいですし、"int", "float" のように文字列として指定してもかまいません。また、引数 include に "number" を指定することで数値型の列を一括で抽出することもできます。

Recipe 17 データフレームの特定列の除外

17.1 アイデア

タイタニック号の乗客の生存確率を予測する機械学習モデルを作りたい。生存に影響を与える可能性のある乗客の属性から、どのような属性を持つ乗客が生存確率が高かったのかを予測したい。しかし、データには遺体識別番号を表す body 列が含まれており、これは死亡後に振られる番号であるため、説明変数として使用するのは不適切である。そのため body 列をデータフレーム全体から除外したい。

● 使用するデータ

タイタニック号の乗客データ　ファイル名：titanic.csv

before

この列を除外したい

pclass	survived	name	sex	age	sibsp	parch	…	boat	body	home.dest
i64	i64	str	str	f64	i64	i64	…	str	i64	str
1	1	Allen, Miss. E…	female	29.0	0	0	…	2	null	St Louis, MO
1	1	Allison, Maste…	male	0.92	1	2	…	11	null	Montreal, PQ /…
1	0	Allison, Miss.…	female	2.0	1	2	…	null	null	Montreal, PQ /…
1	0	Allison, Mr. H…	male	30.0	1	2	…	null	135	Montreal, PQ /…
1	0	Allison, Mrs. …	female	25.0	1	2	…	null	null	Montreal, PQ /…
1	1	Anderson, Mr. …	male	48.0	0	0	…	3	null	New York, NY
1	1	Andrews, Miss.…	female	63.0	1	0	…	10	null	Hudson, NY
1	0	Andrews, Mr. T…	male	39.0	0	0	…	null	null	Belfast, NI
1	1	Appleton, Mrs.…	female	53.0	2	0	…	D	null	Bayside, Queen…
1	0	Artagaveytia, …	male	71.0	0	0	…	null	22	Montevideo, Ur…

after

> body 列が除外された

pclass	survived	name	sex	age	sibsp	parch	⋯	boat	home.dest
i64	i64	str	str	f64	i64	i64	⋯	str	str
1	1	Allen, Miss. E⋯	female	29.0	0	0	⋯	2	St Louis, MO
1	1	Allison, Maste⋯	male	0.92	1	2	⋯	11	Montreal, PQ /⋯
1	0	Allison, Miss.⋯	female	2.0	1	2	⋯	null	Montreal, PQ /⋯
1	0	Allison, Mr. H⋯	male	30.0	1	2	⋯	null	Montreal, PQ /⋯
1	0	Allison, Mrs. ⋯	female	25.0	1	2	⋯	null	Montreal, PQ /⋯
1	1	Anderson, Mr. ⋯	male	48.0	0	0	⋯	3	New York, NY
1	1	Andrews, Miss.⋯	female	63.0	1	0	⋯	10	Hudson, NY
1	0	Andrews, Mr. T⋯	male	39.0	0	0	⋯	null	Belfast, NI
1	1	Appleton, Mrs.⋯	female	53.0	2	0	⋯	D	Bayside, Queen⋯
1	0	Artagaveytia, ⋯	male	71.0	0	0	⋯	null	Montevideo, Ur⋯

　Recipe（15）では特定の列を抽出する方法を学びました。今回も body 列以外すべての列名を指定することで、目的のデータフレームを得られます。しかし、すべての列名を指定するのは面倒です。除外する 1 列のみを指定できれば、より簡潔に記述できます。

　除外列を指定することで、除外列以外を抽出したデータフレームを作成するにはどうすればよいでしょうか。

17.2　Polars での実装例

```
# select 式で body 列以外を抽出し df_train に代入
df_train = df.select(
    pl.all().exclude("body") # body 列を除外
)
df_train.head()
```

　列全体を表すエクスプレッション all と、除外列を指定するエクスプレッション exclude を組み合わせることで、引数に指定した列をデータフレーム全体から除外してデータを抽出できます。

17.3　pandas での実装例

```
# drop メソッドで全列のうち body 列のみを削除し df_train に代入
df_train = df.drop(["body"], axis=1) # body 列をドロップ
df_train.head()
```

　pandas データフレームの drop メソッドを使うことで、データフレーム全体から特定列を除外して

データを抽出できます。なお、引数の axis は 0 のときに除外したい行インデックスを、1 のときに除外したい列名を指定できます。

17.4 Tips

Polars エクスプレッションの exclude では単純な列の除外以外にも、特定のデータ型を含む列や特定の文字列を含む列の除外もできます。

● 特定データ型の列の除外

```
# Int64 および Float64 型の列を除外
df.select(pl.all().exclude([pl.Int64, pl.Float64]))
```

▶ 出力イメージ

shape: (1_309, 7)						
name	sex	ticket	cabin	embarked	boat	home.dest
str	str	str	str	str	str	str
Allen, Miss. E…	female	24160	B5	S	2	St Louis, MO
Allison, Maste…	male	113781	C22 C26	S	11	Montreal, PQ /…
Allison, Miss.…	female	113781	C22 C26	S	null	Montreal, PQ /…
Allison, Mr. H…	male	113781	C22 C26	S	null	Montreal, PQ /…
Allison, Mrs. …	female	113781	C22 C26	S	null	Montreal, PQ /…
Anderson, Mr. …	male	19952	E12	S	3	New York, NY
Andrews, Miss.…	female	13502	D7	S	10	Hudson, NY
Andrews, Mr. T…	male	112050	A36	S	null	Belfast, NI
Appleton, Mrs.…	female	11769	C101	S	D	Bayside, Queen…
Artagaveytia, …	male	PC 17609	null	C	null	Montevideo, Ur…
Astor, Col. Jo…	male	PC 17757	C62 C64	C	null	New York, NY
Astor, Mrs. Jo…	female	PC 17757	C62 C64	C	4	New York, NY
⋮	⋮	⋮	⋮	⋮	⋮	⋮

タイタニックデータセットは数値型の Int64, Float64 と文字列型の String の列から構成されているため、数値型が除外され文字列型だけが存在するデータフレームが作成されています。

● 列名に特定文字列を含む列の除外

正規表現を用いることで列名に含まれる特定文字列を含む列を除外することができます。正規表現とは、指定条件に一致する複数の文字列を1つのパターンで表現する方法です。「.」は任意の1文字、「*」は直前の文字が 0 回以上繰り返されることを表します。

また、Polars では正規表現で列の指定をする場合、「^」と「$」で括らないといけないというルールがあり、「^」は文字列の先頭、「$」は文字列の末尾を表します。以下の「"^.*e$"」という正規表現では、例えば「e」や「○○ e」、「○○○○○ e」などの形に合致する文字列を表現しています。

正規表現を使うことで、例えば名前，年齢，属性1，属性2，属性3という列を持つデータから属性1〜属性3を除外したい場合「^属性.*$」と指定でき、すべての列名を列挙する必要がないため簡潔に記述できます。

正規表現の詳細は Recipe 25 の note にて解説しているため、そちらもご参照ください。

```
# 列名の末尾が文字列「e」で終わる列を除外
df.select(pl.all().exclude("^.*e$"))
```

▶ 出力イメージ

pclass	survived	sex	sibsp	parch	ticket	cabin	embarked	boat	body	home.dest
i64	i64	str	i64	i64	str	str	str	str	i64	str
1	1	female	0	0	24160	B5	S	2	null	St Louis, MO
1	1	male	1	2	113781	C22 C26	S	11	null	Montreal, PQ /…
1	0	female	1	2	113781	C22 C26	S	null	null	Montreal, PQ /…
1	0	male	1	2	113781	C22 C26	S	null	135	Montreal, PQ /…
1	0	female	1	2	113781	C22 C26	S	null	null	Montreal, PQ /…
1	1	male	0	0	19952	E12	S	3	null	New York, NY
1	1	female	1	0	13502	D7	S	10	null	Hudson, NY
1	0	male	0	0	112050	A36	S	null	null	Belfast, NI
1	1	female	2	0	11769	C101	S	D	null	Bayside, Queen…
1	0	male	0	0	PC 17609	null	C	null	22	Montevideo, Ur…
1	0	male	1	0	PC 17757	C62 C64	C	null	124	New York, NY
1	1	female	1	0	PC 17757	C62 C64	C	4	null	New York, NY
⋮	⋮	⋮	⋮	⋮	⋮	⋮	⋮	⋮	⋮	⋮

name 列や age 列のように列名の末尾が文字列「e」で終わる列が除外除外されています。

Column

データリーケージ

　本レシピは、乗客の生存確率を予測する機械学習モデルを作成するにあたって、遺体識別番号を除外したいという内容でした。

　タイタニック号の事故自体は過去に起こったことであり、経緯も結末も明らかになっていますが、このデータで学習された機械学習モデルに「目的」を与えることを考えてみます。例えば「仮にこの船が沈んだときに、ある属性を持った乗客はどれくらいの生存確率か」を予測することができそうです。つまり、この目的で機械学習モデルを活用するなら、乗客がタイタニック号に乗ったタイ

ミングに得られている情報しか使えないはずです。

　乗客が亡くなったという事実に基づいて振られる番号である遺体識別番号や、救命ボートの番号は乗船時にはわからない情報なので、この目的下で学習データに使うべきではありません。

　このように、学習には使えない予測対象の情報を持っているデータを使って学習してしまう状況をデータリーケージ（リークと呼ばれることが多い）といいます。データリーケージが発生している状態では通常、予測モデルの精度は実際の精度よりも高く見積もられてしまうため、注意が必要です。

　また、「問題設定によってリークとなりうる情報は異なる」点も重要であり、今回のケースでもbodyがリークとならないような問題設定も考えられます [注1]。

　ほかにもデータリーケージが発生している例としては次のようなものがあります。

機械学習モデルの目的	リーク情報	説明
退院時に、患者が再入院する確率予測	退院後のフォローアップ診断結果	退院後の情報は、退院時点では利用できない未来のデータであり、これを学習データに含めると退院時にはわからないデータを学習することになります。
店舗の来客数予測	予測期間の天気の実績データ	天気の実績データを学習データに含めると、予測のタイミングでは利用できない未来の天気に基づいた予測を行うことになります。
患者の情報からある病気の罹患リスク予測	特定の病気に対する薬が投与されたかどうか	ある患者が特定の病気に罹患→その病気に対する薬が投与されるという因果関係があるため、投与の情報は説明変数として使うべきではありません。

注1　例えば、タイタニック号の乗客データから性別や年齢を予測するタスクでは、body や boat を情報として使うのはリークにならないといえるでしょう。

Recipe 18 データフレームの特定行の抽出

 ## 18.1 アイデア

データフレームの 51 行目から 150 行目までの 100 件のデータを検証用として別の変数に代入したい。

● 使用するデータ

タイタニック号の乗客データ　ファイル名：titanic.csv

pclass	survived	…	sibsp	parch	ticket	fare	…	body	home.dest
i64	i64	…	i64	i64	str	f64	…	i64	str
1	1	…	0	0	"24160"	211.3375	…	null	"St Louis, MO"
1	1	…	1	2	"113781"	151.55	…	null	"Montreal, PQ /…
1	0	…	1	2	"113781"	151.55	…	null	"Montreal, PQ /…
1	0	…	1	2	"113781"	151.55	…	135	"Montreal, PQ /…
1	0	…	1	2	"113781"	151.55	…	null	"Montreal, PQ /…
1	1	…	0	0	"19952"	26.55	…	null	"New York, NY"
1	1	…	1	0	"13502"	77.9583	…	null	"Hudson, NY"
1	0	…	0	0	"112050"	0.0	…	null	"Belfast, NI"
1	0	…	2	0	"11769"	51.4792	…	null	"Bayside, Queen…
1	0	…	0	0	"PC 17609"	49.5042	…	22	"Montevideo, Ur…
1	0	…	1	0	"PC 17757"	227.525	…	124	"New York, NY"
1	1	…	1	0	"PC 17757"	227.525	…	null	"New York, NY"
︙	︙	︙	︙	︙	︙	︙	︙	︙	︙
3	0	…	0	0	"A/4. 34244"	7.25	…	null	null
3	0	…	0	0	"345771"	9.5	…	null	null
3	0	…	1	0	"2659"	14.4542	…	null	null

途中にある特定の行を抽出したい

3	1	…	1	0	"2659"	14.4542	…	null	null
3	0	…	0	0	"2628"	7.225	…	312	null
3	0	…	0	0	"2647"	7.225	…	null	null
3	0	…	0	0	"2627"	14.4583	…	null	null
3	0	…	1	0	"2665"	14.4542	…	328	null
3	0	…	1	0	"2665"	14.4542	…	null	null
3	0	…	0	0	"2656"	7.225	…	304	null
3	0	…	0	0	"2670"	7.225	…	null	null
3	0	…	0	0	"315082"	7.875	…	null	null

　データサイエンスの現場において、元のデータフレームから特定行のみを抽出したくなることがあります。例えば「大きなサイズのデータのうち先頭から〜行のみを抽出」すれば、簡単な実装やデバッグ時に処理時間が大きくかかることを防げます。ほかにもデータの準備後に不備が見つかった場合などに「正常な〜行目から〜行目までを抜き出したい」といった状況もあるでしょう。

　連続した区間でなくても、例えば「1, 2, 3, 5, 8, … 行目のデータを使う」という情報を用意して、その情報どおりにデータを抽出できれば、ホールドアウト法や交差検証法といった機械学習モデルの評価実装にも利用できます。

　で扱った「データの表示」は厳密には「データの抽出」と「データの表示」の2つの処理を行っているという話をしました。このレシピでは「データの抽出」処理のうち、「location based なデータの抽出」について取り扱います。**location based**（配置ベース）とは、〜行目に配置されたデータかどうかを表すものであり、例えば pandas の行のインデックスをデフォルトと異なる振り方をした場合にも影響がなく、単純に「先頭から数えて〜行目のデータ」が対象になります。

　それでは、データフレームの特定行を抽出するにはどうすればよいでしょうか。

18.2 Polars での実装例

```
# 51 行目から 150 行目までの 100 件のデータを抽出
df.slice(50, 100)
```

　Polars データフレームの slice メソッドを使うことでデータフレームの特定行から特定数だけ、データが抽出できます。slice の引数は slice(何行目から, 何行) のように指定します。このときの「何行目」は **0-indexed** で指定する必要があるため、1 行目を指定するときは **0** を指定します。したがって、51 行目のデータをスタートに指定する場合は引数に **50** を渡す必要がある点に注意してください。

　また Polars データフレームは Python リストと同様に角カッコ [] を用いた値の参照が可能です。

```
# 51 行目のデータを参照
df[50]
```

```
# 51 行目から 150 行目までの 100 件のデータを抽出
df[50: 150]
```

df[50: 150] は df.slice(50, 100) と同じ結果が返却されますが、範囲の指定の仕方が異なります。この場合だと「50 以上 150 未満（0-indexed で）」という指定を表しています。これは Python リストやタプル、文字列などと同様の、スライスを用いた範囲の指定方法です。

ただし、前述のとおり、角カッコ [] を用いた値の抽出は、最適化の恩恵を受けられなくなる可能性があります。そのため、ちょっとしたデータの確認などにとどめておき、特に大規模なデータを扱うときは filter など、**式**の形で参照することを本書では推奨しています。

18.3 pandas での実装例

```
# 51 行目から 150 行目までの 100 件のデータを抽出
df[50: 150]
```

pandas データフレームも Polars と同様、[] でのスライスを用いた抽出が可能です。この方法で指定される範囲は行のインデックスベースではなく location based、つまり単純な「上から数えて〜行目から〜行目」になります。

また、51 行目のデータを参照するのに df[50] とすると、KeyError: 50 というエラーが出力されることに注意してください。これは、pandas データフレームの列名に数値型を用いることが可能であり、「50 という列名を参照しようとしてもそんな列名はないから KeyError を返した」という現象が起こっています。

18.4 Tips

pandas データフレームにおける location based な記述法として、iloc インデクサを使う方法もあります。iloc[row1: row2, col1: col2] と指定すると row1 行から row2 行まで、col1 列から col2 列までのデータを取得できます。col1: col2 の指定はオプションのため、省略できます。

```
# 51 行目から 150 行目までの 100 件のデータを抽出
df.iloc[50: 150]
```

df.iloc[50] のように 1 つのデータのみの抽出も可能です（pandas シリーズで返却されます）。

逆に、行（や列）の Index を用いてデータを抽出するには loc インデクサを用います。loc[Index_row1: Index_row2, Index_col1: Index_col2] と指定することで、行や列に設定されたインデックスをもとにデータを取得できます。こちらも Index_col1: Index_col2 の指定はオプションのため、省略できます。これを、location based に対し、label based といいます。

また、loc インデクサでの範囲指定は「〜以上、**〜以下**」であり、右端を含むため、注意が必要です。

```
# 51 行目から 150 行目までの 100 件のデータを抽出
df.loc[50: 149]
```

また、データフレームを読み込んだとき、デフォルトで行に設定されるラベル RangeIndex は何もしなければ location based と一致します。ところが、行に別の Index を設定していたり、Index が変更されるような操作[注1]をしていたりする場合は、reset_index メソッドでインデックスを振りなおさない限り location based と一致しない状態になります。これは、バグの温床となりますので注意しましょう。

> **note ホールド・アウト法と交差検証法**
>
> 連続とは限らない複数行の指定からデータを抽出できると、機械学習の学習プロセスで、ホールド・アウト法や交差検証法でのデータ抽出に利用できます。
> まず、ホールド・アウト法、交差検証法とは何かという説明から行います。ホールド・アウト法、交差検証法は、機械学習モデルの性能評価に使用される手法です。**ホールド・アウト法**のイメージを図 1 の左に示します。元のデータセットを学習用と検証用の 2 つに分割し、学習データでモデルを学習し、検証データでモデルを評価します。次に、**交差検証法**（Cross Validation）のイメージを図 1 の右に示します。交差検証法は、元のデータセットを k（図では k=4）個のデータに分割し、そのうちの 1 つを検証データにし、残りの k − 1 個を学習に使う方法です。検証データとなる分割データ（フォールド）をずらしながら、k 回学習を行います。

図 1

> **note ホールド・アウト法の実装**
>
> ホールド・アウト法を具体的に実装する場合、連続したデータのある部分を指定し、その前後で学習データと検証データを分割する方法が考えられます（図 2）。しかし、読み込んだデータが何かの規則で並んでいるケースでは、データの分布にバイアスを生じさせる原因になります。
> 例えば、今回のタイタニック号のデータに関しては pclass 列の値が 1 → 2 → 3 の順に並んで

注1　concat, merge, dropna など。元のデータの順番が変わったり、一部をドロップしたりする操作が該当します。

いるため[注2]、順番をそのままに分割してしまうと学習データにpclassが1であるデータが集中してしまいます。そこでscikit-learnライブラリ[注3]でホールド・アウト法を提供するtrain_test_splitでは、デフォルトで、インデックスをシャッフルした後、指定された割合になるように学習データと検証データを分割します（図3）。これにより、学習データと検証データのデータ分布のバイアスを排除できます。

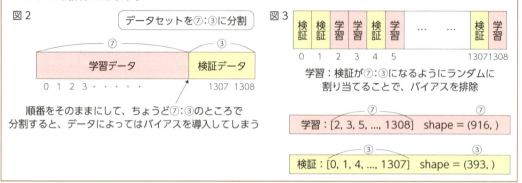

note 交差検証法の実装

次に、交差検証法についても考えてみます。交差検証法でも同様に、データの連続区間をそのまま抽出してしまうと、データの並びに意味があった場合、学習・検証データへバイアスを与えることになってしまいます。そこでそのような場合は、図5のように学習：検証の割合を保ってランダムに検証データが選ばれるように実装します。図4の概念のとおり、図5は「データが検証データになるタイミングが各foldで被っていない」「必ず一度は検証データになるように選んでいる」という点に注目してください。

注2　タイタニック号の乗客データは有名データセットのため、複数種類が存在します。今回使用するタイタニックのデータでは、と解釈してください。
注3　分類、回帰、クラスタリングなどのアルゴリズムを提供している機械学習ライブラリ。https://scikit-learn.org/

note インデックス配列を用いた交差検証法の実装

下記に KFold による交差検証法の実装例を紹介します。なお、この実装は全体の実装を一部抜粋したものです。

▶ Polars での実装例

```
# インデックス配列でデータを分割
kf = KFold(n_splits=4, shuffle=True)

# 中略

for train_index, valid_index in kf.split(df_X, df_y):
    X_train, X_valid = df_X[train_index], df_X[valid_index]
    y_train, y_valid = df_y[train_index], df_y[valid_index]

# 後続の処理は省略
```

train_index, valid_index はともにインデックス番号が格納された NumPy 配列です。Polars データフレームでは [] に直接配列を渡すことで抽出後のデータが得られます。実装例では X_train, X_valid などの新しい変数に抽出後のデータを代入しています。

▶ pandas での実装例

```
# インデックス配列でデータを分割
kf = KFold(n_splits=4, shuffle=True)

# 中略

for train_index, valid_index in kf.split(df_X, df_y):
    X_train, X_valid = df_X.iloc[train_index], df_X.iloc[valid_index]
    y_train, y_valid = df_y.iloc[train_index], df_y.iloc[valid_index]

# 後続の処理は省略
```

pandas データフレームでは iloc インデクサを用います。こちらも同様にインデックス番号の配列を渡すことで抽出後のデータが得られます。

上記で紹介した「元のデータから直接インデックス配列で抽出する実装」のほかに、交差検証法の実装法として「fold 列の値でフィルタリングする実装」をよく見かけます。後者については後のレシピ（Recipe 19）で解説します。

Recipe 19 特定条件にマッチする行の抽出

 ## 19.1 アイデア

タイタニック号の乗客の中で、生き残った人について傾向を分析したいので、survived 列が「1：生存」であるすべてのデータを抽出したい。

● 使用するデータ

タイタニック号の乗客データ　ファイル名：titanic.csv

before

生き残った人について分析したい　→　survived＝1 のデータを抽出

pclass	survived	…	sibsp	parch	ticket	fare	cabin	…	body	home.dest
i64	i64	…	i64	i64	str	f64	str	…	i64	str
1	1	…	0	0	"24160"	211.3375	"B5"	…	null	"St Louis, MO"
1	1	…	1	2	"113781"	151.55	"C22 C26"	…	null	"Montreal, PQ /…"
1	0	…	1	2	"113781"	151.55	"C22 C26"	…	null	"Montreal, PQ /…"
1	0	…	1	2	"113781"	151.55	"C22 C26"	…	135	"Montreal, PQ /…"
1	0	…	1	2	"113781"	151.55	"C22 C26"	…	null	"Montreal, PQ /…"
1	1	…	0	0	"19952"	26.55	"E12"	…	null	"New York, NY"
1	1	…	1	0	"13502"	77.9583	"D7"	…	null	"Hudson, NY"
1	0	…	0	0	"112050"	0.0	"A36"	…	null	"Belfast, NI"
1	1	…	2	0	"11769"	51.4792	"C101"	…	null	"Bayside, Queen…"
1	0	…	0	0	"PC 17609"	49.5042	null	…	22	"Montevideo, Ur…"
1	0	…	1	0	"PC 17757"	227.525	"C62 C64"	…	124	"New York, NY"
1	1	…	1	0	"PC 17757"	227.525	"C62 C64"	…	null	"New York, NY"
⋮	⋮	…	⋮	⋮	⋮	⋮	⋮	…	⋮	⋮
3	0	…	0	0	"A/4. 34244"	7.25	null	…	null	null
3	0	…	0	0	"345771"	9.5	null	…	null	null

3	0	…	1	0	"2659"	14.4542	null	…	null	null
3	1	…	1	0	"2659"	14.4542	null	…	null	null
3	0	…	0	0	"2628"	7.225	null	…	312	null
3	0	…	0	0	"2647"	7.225	null	…	null	null
3	0	…	0	0	"2627"	14.4583	null	…	null	null
3	0	…	0	0	"2665"	14.4542	null	…	328	null
3	0	…	0	0	"2665"	14.4542	null	…	null	null
3	0	…	0	0	"2656"	7.225	null	…	304	null
3	0	…	0	0	"2670"	7.225	null	…	null	null
3	0	…	0	0	"315082"	7.875	null	…	null	null

after　すべて 1 のデータを抽出

pclass	survived	…	sibsp	parch	ticket	fare	cabin	…	body	home.dest
i64	i64	…	i64	i64	str	f64	str	…	i64	str
1	1	…	0	0	"24160"	211.3375	"B5"	…	null	"St Louis, MO"
1	1	…	1	2	"113781"	151.55	"C22 C26"	…	null	"Montreal, PQ /…
1	1	…	0	0	"19952"	26.55	"E12"	…	null	"New York, NY"
1	1	…	1	0	"13502"	77.9583	"D7"	…	null	"Hudson, NY"
1	1	…	2	0	"11769"	51.4792	"C101"	…	null	"Bayside, Queen…
1	1	…	1	0	"PC 17757"	227.525	"C62 C64"	…	null	"New York, NY"
3	1	…	1	0	"2659"	14.4542	null	…	null	null

　条件を指定してデータ全体から特定行を抽出するような処理はデータの分析フローの中でも序盤から終盤までとても頻繁に登場します。例えば EDA[注1] を行うときには「この列の値が○○のデータのグループはどんな傾向があるだろう」といった視点を常に持ち続けることになります（本レシピのストーリーも EDA の着眼点を想定しています）。そのほかにも前処理や特徴量エンジニアリング、モデルの学習など学習パイプラインの構築時などにも広く扱われる処理だといえます。
　条件を指定してデータ全体から特定行を抽出するにはどうすればよいでしょうか。

 19.2　Polars での実装例

```
# survived 列が 1 であるデータの抽出
df_survived = df.filter(
    pl.col("survived") == 1,
)

df_survived.head()
```

注1　Exploratory Data Analysis：探索的データ分析 のことで、データの持つ特徴を把握するために統計量を計算したり、可視化を行うステップです。Recipe 52 で詳しく解説します。

Polars データフレームの filter 式を使うことでデータフレームから、条件を満たす特定行を抽出できます。filter の引数には条件を Polars エクスプレッションの形式で渡します。col の引数に条件の対象となる列名 survived を指定し、そのまま ==, >, >= などの演算子を用いた条件式を指定することで抽出の条件を指定できます。

19.3　pandas での実装例

```
# survived列が1であるデータの抽出
df_survived = df[df["survived"] == 1]
df_survived.head()
```

　pandas の場合、上記のような実装を見かけることが多いです。まず、df["survived"] == 1 のように pandas シリーズに直接比較演算子を評価したときの結果は、以下のような「その値が 1 の場合 True、そうでない場合 False」の値を持つ、元のデータと同じ形のシリーズになります。このようなデータを**ブールインデックス**と呼びます。

```
0       True
1       True
2       False
3       False
4       False
       ...
1304    False
1305    False
1306    False
1307    False
1308    False
Name: survived, Length: 1309, dtype: bool
```

　pandas データフレームは、角カッコ [] にブールインデックスを渡すことができ、結果として「ブールインデックスが True となっている行のみ抽出」されます。この一連の処理を**ブールインデックス参照**と呼びます。

　ブールインデックス参照の流れをまとめると、

- df["survived"] == 1 によって "survived" が 1 となるデータの場所が True となり、0 となる場所が False となるブールインデックスが作成されます。
- df[df["survived"] == 1] のようにデータフレームに角カッコ [] でブールインデックスを渡すことにより、ブールインデックスが True となっている行のみが抽出されます。
- 以上により、列名 survived が 1 の値である行のみが抽出されます。

　なお、pandas シリーズだけではなく、データフレームに対してもブールインデックスの作成は可能

です。例えば df[df == 1] のように実行できますが、データフレーム型のブールインデックスを渡して返却される値は「もともと値が 1 のデータは 1 のままで、それ以外は NaN であるデータフレーム」です。

	pclass	survived	name	sex	age	sibsp	parch	ticket	fare	cabin	...	home.dest
0	1.0	1.0	NaN	NaN	NaN	NaN	NaN	NaN	NaN	NaN	...	NaN
1	1.0	1.0	NaN	NaN	NaN	1.0	NaN	NaN	NaN	NaN	...	NaN
2	1.0	NaN	NaN	NaN	NaN	1.0	NaN	NaN	NaN	NaN	...	NaN
3	1.0	NaN	NaN	NaN	NaN	1.0	NaN	NaN	NaN	NaN	...	NaN
4	1.0	NaN	NaN	NaN	NaN	1.0	NaN	NaN	NaN	NaN	...	NaN
⋮	⋮	⋮	⋮	⋮	⋮	⋮	⋮	⋮	⋮	⋮	⋮	⋮
1304	NaN	NaN	NaN	NaN	NaN	1.0	NaN	NaN	NaN	NaN	...	NaN
1305	NaN	NaN	NaN	NaN	NaN	1.0	NaN	NaN	NaN	NaN	...	NaN
1306	NaN	NaN	NaN	NaN	NaN	NaN	NaN	NaN	NaN	NaN	...	NaN
1307	NaN	NaN	NaN	NaN	NaN	NaN	NaN	NaN	NaN	NaN	...	NaN
1308	NaN	NaN	NaN	NaN	NaN	NaN	NaN	NaN	NaN	NaN	...	NaN

19.4　Tips

条件を満たす特定行の抽出は Polars, pandas ともに別の記述方法が存在します。

● Polars

ブールインデックスを用いたフィルタリング

　Polars シリーズに対しても比較演算子の評価出力としてブールインデックスが得られます。Polars データフレームの `filter` 式の引数にはブールインデックスを渡すこともできるため、得られたブールインデックスを利用することで、

```
# survived 列が 1 であるデータの抽出
df_survived = df.filter(df["survived"] == 1)
df_survived.head()
```

という記述もできます。ただし、`filter` 式で、Polars エクスプレッションを用いない条件指定は、最適化の恩恵を受けられない可能性があります。

比較演算子の別記法

　比較演算子を用いずに、Polars エクスプレッションを用いた条件の記述方法があります。

```
# survived 列が 1 であるデータの抽出
df_survived = df.filter(
```

```
        pl.col("survived").eq(1), # survived が 1 に等しい
)

df_survived.head()
```

Polars エクスプレッションの eq を用いることで、前段のエクスプレッションと引数に与えられた値（もしくはエクスプレッション）が等しいかどうかの評価が行えます。

両者が等しい以外にも、比較演算子をサポートしており、その一部を紹介します。

行いたい比較	エクスプレッション	備考
age が 40 以上	pl.col("age").ge(40)	ge: greater equal
age が 40 以下	pl.col("age").le(40)	le: less equal
age が 40 より大きい	pl.col("age").gt(40)	gt: greater than
age が 40 未満	pl.col("age").lt(40)	lt: less than

● pandas

pandas データフレームの query メソッドで条件を満たす行を抽出できます。

```
# survived 列が 1 であるデータの抽出
df_survived = df.query("survived == 1")
df_survived.head()
```

引数として、条件を表すクエリを文字列で渡します。クエリの記述方法にはいくつかのルールがあります。一部を紹介します。

ルール	実装例
文字列と比較したい場合、別のクォートで囲む（ " のときは ' ）	df.query("embarked == 'S'")
列名にスペース " " やドット "." が含まれる場合、バッククォート "`" で囲む	df.query("`home.dest` == 'New York, NY'")
変数を使いたい場合は変数名の前に @ をつける	val = 40 df.query("age >= @val")

pandas データフレームの query メソッドはブールインデックス参照に比べて「データフレーム名を複数回書く必要がなく可読性がよい」「ブールインデックス参照に比べて高速に動作することがある」というメリットがあります。

可読性に関しては、特にデータフレーム名が長くなってきたときなどにありがたみが増しそうです。

処理速度に関しては、クエリを高速化するための numexpr というライブラリを使うことで数値が効率よく評価され、処理速度が向上します。ただし、「10000 行を超えるようなデータに対して有効であり、小規模データの場合逆にパフォーマンスが悪化する可能性がある」「数値評価専用のエンジンのため、文字列の評価には使用できない」点に注意が必要です。

112 | 特訓 3 日目　データの抽出

note fold 列の値でフィルタリングする交差検証法の実装

Recipe（18）ではインデックス配列を用いた交差検証法を実装しましたが、今回は行の条件抽出によって実装してみましょう。実装の方針として、fold 列は、そのデータが属するフォールドの番号を持たせます。あるフォールドを指定したとき、fold 列にそのフォールドの値を持つデータを検証データ、それ以外を学習データとします。例えば図 1 で説明すると、データ 0 の fold 列の値は 0 です。これは「データ 0 はフォールド 0 に属するデータであり、フォールド 0 において、検証データになる」ことを意味します。そのため、データ 0 〜 5 の fold 列の値はそれぞれ 0, 2, 1, 1, 3, 2 となり、データ 1307, 1308 の fold 列の値は 0, 3 となります（図 2）。

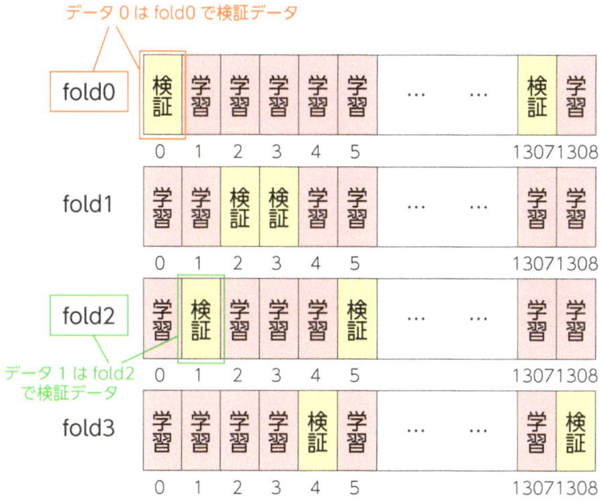

図 1

図 2

	pclass	survived	...	fold
0	1	1	...	0
1	1	1	...	2
2	1	0	...	1
3	1	0	...	1
4	1	0	...	3
5	1	1	...	2
⋮	⋮	⋮	⋮	⋮
1307	3	0	...	0
1308	3	0	...	3

▶ Polars での実装例

```
# KFold の定義などは省略
for fold in range(n_folds):
    train = df.filter(pl.col("fold") != fold)
    valid = df.filter(pl.col("fold") == fold)

    # 後続の処理は省略
```

filter 式を使うことで学習データと検証データの分割をシンプルに記述できます。

▶ pandas での実装例

```
# KFold の定義などは省略
for fold in range(n_folds):
    train = df.query("fold != @fold")
    valid = df.query("fold == @fold")

    # 後続の処理は省略
```

なお、この実装は全体の実装を一部抜粋したものであるため、全体像は後のレシピ（Recipe（54））で詳しく解説します。

Recipe 20 複数条件にマッチする行の抽出①

20.1 アイデア

　生存者について調べたところ pclass が 1 である生存者数は 2 である生存者数の 2 倍に近いようだ。pclass が 1 の生存者についてさらに調べるために「pclass が 1 かつ survived が 1」のデータを抽出したい。

● 使用するデータ

　　タイタニック号の乗客データ　ファイル名：titanic.csv

before

> pclass = 1 の生存者を分析したい　→　pclass = 1 かつ survived = 1 のデータを抽出

pclass	survived	name	sex	age	sibsp	parch	…	home.dest
i64	i64	str	str	f64	i64	i64	…	str
1	1	"Allen, Miss. E…"	"female"	29.0	0	0	…	"St Louis, MO"
1	1	"Allison, Maste…"	"male"	0.92	1	2	…	"Montreal, PQ /…"
1	0	"Allison, Miss.…"	"female"	2.0	1	2	…	"Montreal, PQ /…"
1	0	"Allison, Mr. H…"	"male"	30.0	1	2	…	"Montreal, PQ /…"
1	0	"Allison, Mrs.…"	"female"	25.0	1	2	…	"Montreal, PQ /…"
1	1	"Anderson, Mr. …"	"male"	48.0	0	0	…	"New York, NY"
1	1	"Andrews, Miss.…"	"female"	63.0	1	0	…	"Hudson, NY"
1	0	"Andrews, Mr. T…"	"male"	39.0	0	0	…	"Belfast, NI"
1	1	"Appleton, Mrs.…"	"female"	53.0	2	0	…	"Bayside, Queen…"
1	0	"Artagaveytia, …"	"male"	71.0	0	0	…	"Montevideo, Ur…"
1	0	"Astor, Col. Jo…"	"male"	47.0	1	0	…	"New York, NY"
1	1	"Astor, Mrs. Jo…"	"female"	18.0	1	0	…	"New York, NY"
⋮	⋮	⋮	⋮	⋮	⋮	⋮	⋮	⋮
3	0	"Wiseman, Mr. P…"	"male"	null	0	0	…	null

3	0	"Wittevrongel,…	"male"	36.0	0	0	…	null
3	0	"Yasbeck, Mr. A…	"male"	27.0	1	0	…	null
3	1	"Yasbeck, Mrs.…	"female"	15.0	1	0	…	null
3	0	"Youseff, Mr. G…	"male"	45.5	0	0	…	null
3	0	"Yousif, Mr. Wa…	"male"	null	0	0	…	null
3	0	"Yousseff, Mr.…	"male"	null	0	0	…	null
3	0	"Zabour, Miss.…	"female"	14.5	1	0	…	null
3	0	"Zabour, Miss.…	"female"	null	1	0	…	null
3	0	"Zakarian, Mr.…	"male"	26.5	0	0	…	null
3	0	"Zakarian, Mr.…	"male"	27.0	0	0	…	null
3	0	"Zimmerman, Mr.…	"male"	29.0	0	0	…	null

after どちらも 1 のデータ

pclass	survived	name	sex	age	sibsp	parch	…	home.dest
i64	i64	str	str	f64	i64	i64	…	str
1	1	"Allen, Miss. E…	"female"	29.0	0	0	…	"St Louis, MO"
1	1	"Allison, Maste…	"male"	0.92	1	2	…	"Montreal, PQ /…
1	1	"Anderson, Mr.…	"male"	48.0	0	0	…	"New York, NY"
1	1	"Andrews, Miss.…	"female"	63.0	1	0	…	"Hudson, NY"
1	1	"Appleton, Mrs.…	"female"	53.0	2	0	…	"Bayside, Queen…
1	1	"Astor, Mrs. Jo…	"female"	18.0	1	0	…	"New York, NY"
1	1	"Aubart, Mme. L…	"female"	24.0	0	0	…	"Paris, France"
1	1	"Barber, Miss.…	"female"	26.0	0	0	…	null
1	1	"Barkworth, Mr.…	"male"	80.0	0	0	…	"Hessle, Yorks"
1	1	"Baxter, Mrs. J…	"female"	50.0	0	1	…	"Montreal, PQ"

　データ分析をしていると、複数条件を指定してデータ全体から特定行を抽出する処理がよく行われます。女性の生存者を調べたければ「sex が female、かつ survived が 1」となるデータを抽出すればよいですし、「10 歳未満の子ども、もしくはサウサンプトンからの乗船者」を調べたければ「age が 10 未満、または embarked が "S"」となるデータを抽出すればよいです。
　複数条件を指定してデータ全体から特定行を抽出するにはどうすればよいでしょうか。

20.2　Polars での実装例

```
# survived 列が 1 かつ pclass 列が 1 であるデータの抽出
df_survived_pclass1 = df.filter(
    (pl.col("survived") == 1) & (pl.col("pclass") == 1)
)
```

```
df_survived_pclass1.head()
```

　Polars データフレームの filter 式の引数に、複数条件を Polars エクスプレッションの形式で渡すことで複数条件で行を抽出できます。このとき 2 つの条件が「条件 1 かつ 条件 2」であれば & 演算子を用い、「条件 1 または 条件 2」であれば | 演算子を用います。論理演算子（and, or, not）ではなくビット演算子（&, |, ~）を用いることに注意してください。なぜなら論理演算子は、両辺の "bool（オブジェクト）" の比較結果を返す一方、ビット演算子は、**要素ごと**の評価を返すよう実装されているためです。この比較によって、col で指定された列の要素との評価結果が内部的にブール値のベクトルとして保持されます [注1]。

　また、ビット演算子（&, |, ~ など）は比較演算子（==, >, >= など）よりも優先度が高い演算子のため、各条件は () で囲むことを忘れないようにしてください。

20.3　pandas での実装例

```
# survived 列が 1 かつ pclass 列が 1 であるデータの抽出
df_survived_pclass1 = df[(df["survived"] == 1) & (df["pclass"] == 1)]
df_survived_pclass1.head()
```

　pandas でも同様に複数の条件をビット演算子（&, |, ~）を用いて記述します。データフレーム名を条件の数だけ記述する必要があるため、可読性を考えると query メソッドを使うほうがおすすめです。

```
# survived 列が 1 かつ pclass 列が 1 であるデータの抽出
df_survived_pclass1 = df.query("survived == 1 & pclass == 1")
df_survived_pclass1.head()
```

　query メソッドを使う場合にも & や | を用いますがこれらはビット演算子ではなく、query メソッドに渡す条件式の書式です。Python の論理演算子と同じ優先度のため、各条件を () で囲む必要がありません。

　優先順位の紹介のために & と | を使用しましたが、それぞれ and, or と記述することも可能です。

```
# survived 列が 1 かつ pclass 列が 1 であるデータの抽出
df_survived_pclass1 = df.query("survived == 1 and pclass == 1")
df_survived_pclass1.head()
```

注1　Polars エクスプレッションであるため、厳密にはブール値のベクトルを生成する手続きを保持している状態です。

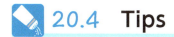

20.4 Tips

複数条件での行抽出でも「比較演算子を用いない、エクスプレッションを用いた比較」を行えます。この場合も、ビット演算子を用います。

```
# 40歳以上の女性のデータを抽出
df_ge40_female = df.filter(
    pl.col("sex").eq("female") & pl.col("age").ge(40)
)

df_ge40_female.head()
```

条件ごとに 1 つのエクスプレッションにまとまるため、演算子の優先度を調整するための () が不要になります。

Recipe 21 複数条件にマッチする行の抽出②

21.1 アイデア

　分析を進めると年齢が40歳以上45歳未満のデータと乗船港が"Q"（クイーンズタウン）であるデータにそれぞれ不備があることがわかった[注1]。2つの条件のどちらかにマッチするデータ**以外のデータ**を抽出したい。

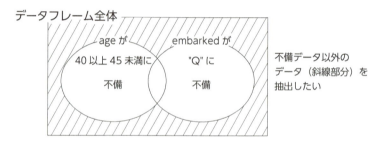

● 使用するデータ

タイタニック号の乗客データ　ファイル名：titanic.csv

before

age が40以上45未満に不備　　embarked が"Q"に不備

pclass	survived	name	sex	age	sibsp	…	embarked	…	home.dest
i64	i64	str	str	f64	i64	…	str	…	str
1	1	"Allen, Miss. E…	"female"	29.0	0	…	"S"	…	"St Louis, MO"
1	1	"Allison, Maste…	"male"	0.92	1	…	"S"	…	"Montreal, PQ /…
1	0	"Allison, Miss.…	"female"	2.0	1	…	"S"	…	"Montreal, PQ /…
1	0	"Allison, Mr. H…	"male"	30.0	1	…	"S"	…	"Montreal, PQ /…
1	0	"Allison, Mrs. …	"female"	25.0	1	…	"S"	…	"Montreal, PQ /…

注1　この設定はフィクションです。

1	1	"Anderson, Mr. …	"male"	48.0	0	…	"S"	…	"New York, NY"
1	1	"Andrews, Miss.…	"female"	63.0	1	…	"S"	…	"Hudson, NY"
1	0	"Andrews, Mr. T…	"male"	39.0	0	…	"S"	…	"Belfast, NI"
1	1	"Appleton, Mrs.…	"female"	53.0	2	…	"S"	…	"Bayside, Queen…
1	0	"Artagaveytia, …	"male"	71.0	0	…	"C"	…	"Montevideo, Ur…
1	0	"Astor, Col. Jo…	"male"	47.0	1	…	"C"	…	"New York, NY"
1	1	"Astor, Mrs. Jo…	"female"	18.0	1	…	"C"	…	"New York, NY"
⋮	⋮	⋮	⋮	⋮	⋮	⋮	⋮	⋮	⋮

after

shape: (930, 14)

40 ≤ age <45 のデータが含まれない   embarked = "Q" のデータも含まれない

pclass	survived	name	sex	age	sibsp	…	embarked	…	home.dest
i64	i64	str	str	f64	i64	…	str	…	str
1	1	"Allen, Miss. E…	"female"	29.0	0	…	"S"	…	"St Louis, MO"
1	1	"Allison, Maste…	"male"	0.92	1	…	"S"	…	"Montreal, PQ /…
1	0	"Allison, Miss.…	"female"	2.0	1	…	"S"	…	"Montreal, PQ /…
1	0	"Allison, Mr. H…	"male"	30.0	1	…	"S"	…	"Montreal, PQ /…
1	0	"Allison, Mrs. …	"female"	25.0	1	…	"S"	…	"Montreal, PQ /…
1	1	"Anderson, Mr. …	"male"	48.0	0	…	"S"	…	"New York, NY"
1	1	"Andrews, Miss.…	"female"	63.0	1	…	"S"	…	"Hudson, NY"
1	0	"Andrews, Mr. T…	"male"	39.0	0	…	"S"	…	"Belfast, NI"
1	1	"Appleton, Mrs.…	"female"	53.0	2	…	"S"	…	"Bayside, Queen…
1	0	"Artagaveytia, …	"male"	71.0	0	…	"C"	…	"Montevideo, Ur…
1	0	"Astor, Col. Jo…	"male"	47.0	1	…	"C"	…	"New York, NY"
1	1	"Astor, Mrs. Jo…	"female"	18.0	1	…	"C"	…	"New York, NY"
⋮	⋮	⋮	⋮	⋮	⋮	⋮	⋮	⋮	⋮

　本レシピではより複雑な条件を取り扱ってみます。ここまでの知識で解決できますが、方針は思い浮かびますか？

21.2 Polars での実装例

```python
# 「age が 40 以上 45 未満、または embarked が Q」でないデータの抽出
df_filtered = df.filter(
    ~(
        ((pl.col("age") >= 40) & (pl.col("age") < 45)) # 条件①：年齢が「40 以上、45 未満」
        | (pl.col("embarked") == "Q") # 条件②：乗船港が「クイーンズタウンである」
    )
)
```

Recipe 21　複数条件にマッチする行の抽出②　119

```
df_filtered.head()
```

Polars の filter 式の引数に、複数条件を Polars エクスプレッションの形式で渡します。一見複雑に見えますが 1 つ 1 つの条件を追っていくと理解できるはずです。

まず抽出したいデータは「不備のあるデータ**以外**」であるため、ビット反転演算子 "~" を用いて ~(不備となる条件) を考えることにしましょう。

不備となる条件は、

①年齢が「40 以上、45 未満」

または

②乗船港が "Q"（クイーンズタウン）

ですから、求めたい「不備のあるデータ**以外**」の条件は ~(条件① | 条件②) と表せます。このように複雑な複数条件は**外側から条件の構造をひも解いていく**と理解しやすいことが多いです。

さらに詳細に見ていきましょう。条件①は、年齢が「40 以上、45 未満」ですので pl.col("age") に対して & で比較条件をつなぎます。条件②は、乗船港が「クイーンズタウンである」ですので col との比較演算子 "==" で表現できます。この 2 つの条件を "|" でつなぐことで「不備となる条件」が得られるので、それを "~" で否定することで求めたい条件が得られました。

● 範囲条件の別表現

しかし、上の実装例は、年齢の列名が複数回登場して冗長です。そこで以下のように Polars エクスプレッションの is_between を使うことをおすすめします。

```
# 「age が 40 以上 45 未満、または embarked が Q」でないデータの抽出
df_filtered = df.filter(
    ~(
        pl.col("age").is_between(40, 45, closed="left")
        | (pl.col("embarked") == "Q")
    )
)

df_filtered.head()
```

closed は「以下か、未満か」「以上か、～より大きいか」を指定する引数で、指定しなければデフォルトで「以上、以下」です。

引数の指定	意味
closed="both"（デフォルト）	以上、以下
closed="left"	以上、未満
closed="right"	〜より大きい、以下
closed="none"	〜より大きい、未満

頑張って暗記しなくても、○○以上××以下で指定する「両端を含む区間」を**閉**区間と呼ぶことを知っていれば、**closed** の引数と結びつけやすいのではないでしょうか。

 pandas での実装例

```
# 「age が 40 以上 45 未満、または embarked が Q」でないデータの抽出
df_filtered = df.query("~(40 <= age < 45 | embarked == 'Q')")
df_filtered.head()
```

pandas の実装の場合、条件が複雑であればあるほど、ブールインデックス参照ではなく query メソッドを活用しましょう。多くのケースで条件式をシンプルなクエリで記述できるはずです。

21.4　Tips

条件①：年齢が「40 以上、45 未満」を満たすデータの集合を A、条件②：乗船港が「クイーンズタウンである」を満たすデータの集合を B とすると、今回抽出したデータの集合 S は以下のように表現できます。

$$S = \overline{A \cup B}$$

これは、ド・モルガンの法則を用いて以下のように変換できます。

$$S = \overline{A} \cap \overline{B}$$

日本語による解釈としては「条件①または条件②」ではない→「条件①でない」かつ「条件②でない」という読み替えになります。

今回の実装例では変換前の条件をそのまま採用したわけですが、このように一度条件を読み替えることで、2 種類ある不備に対し、「どちらの不備の条件も満たさないデータ」のように直感的に理解しやすくなることもあります。

欠損値の取り扱い

　本レシピの処理結果ですが、バージョンによって **Polars** と **pandas** で結果が違うかもしれません。例えば本書執筆時の `Polars==1.1.0, pandas==2.0.0` では、それぞれの結果が 928 件と 1120 件になります。その理由は、Polars は欠損値を含む行を `filter` 時に省きますが、pandas は残すためです。

　age 列には多数の欠損値が存在します。欠損値は、例えば CSV ファイルにおいてはある列に対して値が得られなかった場合などに発生します。アンケートの無回答項目や、検査リストにおける未検査項目などをイメージしてください。タイタニック号のデータでは「乗客のうち年齢がわからなかった人がたくさんいる」ことを意味します。

　さて、本レシピのストーリーでは「年齢が 40 以上 45 未満のデータに不備がある」という設定でした。「不備があるデータを省きたい」という観点を考えたとき、欠損値のデータは不備があるデータであると扱うべきでしょうか。

　この問いの答えは「わからない」であり、分析者が適切に把握し、方針を決める必要があります。「その欠損値がもし取得できていた場合、不備の条件を満たす値（今回の例でいえば年齢が 40 以上 45 未満）だった」可能性があるため、欠損値は一律「不備がある」という方針でもよさそうです。一方、データが欠損している状態を正しいと考え、除外せずに残しておくという方針も考えられます。大事なのは、ライブラリの仕様を把握し「決めた方針を実現する処理を正しく実装できる」ことです。

Polars と pandas の欠損値表現の違い

　pandas では欠損値をデフォルトで `NaN` (Not a Number) という値で保持します。`NaN` は浮動小数点数として扱われ、他の数値との演算結果も `NaN` となってしまうため、やりたい計算によっては思いもよらない結果になることがあります。また、`NaN` が浮動小数点数型であることから、整数型で扱いたい数値であっても 1 つ以上の欠損値があることでその列は浮動小数点数型にキャスト（型変換）されます。また、この `NaN` の性質として重要なのは「`NaN` との比較演算の結果が常に `False` となる」点です。

　一方、Polars では pandas と基本的に同様の仕様である `NaN` とは別に `null` という値が扱えます。Polars で欠損値を読み込むと、デフォルトでこの `null` という値でデータが保持されます。すべてのデータ型で `null` を要素として持つことが可能です。`null` 単一要素の列は浮動小数点数型、もしくは `null` / `None` を要素に持つ列であることを示す `polars.Null` 型になりますが、例えば整数型の列に欠損値があり `null` が要素として存在してもその列は整数型のまま保持されます。`null` の性質として重要なのは「`null` との比較演算の結果が基本的に `null` となる」点です[注2]。

　今回 Polars と pandas で処理結果が異なったのは、この

注2　`null == null` の演算結果のみ `True` になります。

- 欠損値を読み込んだときの値がデフォルトで pandas：NaN，Polars：null で異なる
- NaN と null で比較演算の結果が False と null で異なる

という 2 つの仕様の違いが原因です。Polars で pandas のように欠損値込みで抽出したい場合は、データフレームの fill_null メソッドなどを用いて null を NaN などにあらかじめ変換する必要があります[3]。

　各ライブラリの欠損値表現の仕様を押さえ、思いどおりにデータを抽出しましょう。

注 3　fill_null は後のレシピ（Recipe34）で取り扱います。

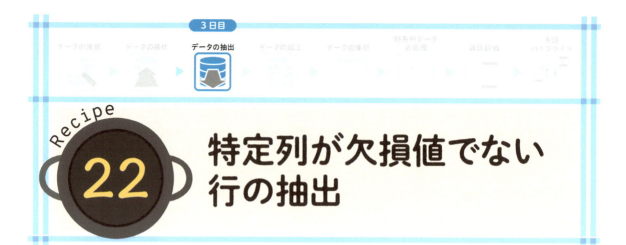

Recipe 22 特定列が欠損値でない行の抽出

 ## 22.1　アイデア

cabin 列には 1309 レコード中 1014 レコードも欠損値があるようだ。cabin 列を分析するために、欠損値以外のデータを抽出したい。

● **使用するデータ**

タイタニック号の乗客データ　ファイル名：titanic.csv

before

null が多い　→　除外して分析したい

pclass	survived	…	sibsp	parch	ticket	fare	cabin	…	home.dest
i64	i64	…	i64	i64	str	f64	str	…	str
1	1	…	0	0	"24160"	211.3375	"B5"	…	"St Louis, MO"
1	1	…	1	2	"113781"	151.55	"C22 C26"	…	"Montreal, PQ /…
1	0	…	1	2	"113781"	151.55	"C22 C26"	…	"Montreal, PQ /…
1	0	…	1	2	"113781"	151.55	"C22 C26"	…	"Montreal, PQ /…
1	0	…	1	2	"113781"	151.55	"C22 C26"	…	"Montreal, PQ /…
1	1	…	0	0	"19952"	26.55	"E12"	…	"New York, NY"
1	1	…	1	0	"13502"	77.9583	"D7"	…	"Hudson, NY"
1	0	…	0	0	"112050"	0.0	"A36"	…	"Belfast, NI"
1	1	…	2	0	"11769"	51.4792	"C101"	…	"Bayside, Queen…
1	0	…	0	0	"PC 17609"	49.5042	null	…	"Montevideo, Ur…
1	0	…	1	0	"PC 17757"	227.525	"C62 C64"	…	"New York, NY"
1	1	…	1	0	"PC 17757"	227.525	"C62 C64"	…	"New York, NY"
︙	︙	︙	︙	︙	︙	︙	︙	︙	︙
3	0	…	0	0	"A/4. 34244"	7.25	null	…	null
3	0	…	0	0	"345771"	9.5	null	…	null

3	0	...	1	0	"2659"	14.4542	null	...	null
3	1	...	1	0	"2659"	14.4542	null	...	null
3	0	...	0	0	"2628"	7.225	null	...	null
3	0	...	0	0	"2647"	7.225	null	...	null
3	0	...	0	0	"2627"	14.4583	null	...	null
3	0	...	1	0	"2665"	14.4542	null	...	null
3	0	...	1	0	"2665"	14.4542	null	...	null
3	0	...	0	0	"2656"	7.225	null	...	null
3	0	...	0	0	"2670"	7.225	null	...	null
3	0	...	0	0	"315082"	7.875	null	...	null

after

shape: (295, 14)

null ではないレコードを抽出

pclass	survived	...	sibsp	parch	ticket	fare	cabin	...	home.dest
i64	i64	...	i64	i64	str	f64	str	...	str
1	1	...	0	0	"24160"	211.3375	"B5"	...	"St Louis, MO"
1	1	...	1	2	"113781"	151.55	"C22 C26"	...	"Montreal, PQ /…"
1	0	...	1	2	"113781"	151.55	"C22 C26"	...	"Montreal, PQ /…"
1	0	...	1	2	"113781"	151.55	"C22 C26"	...	"Montreal, PQ /…"
1	0	...	1	2	"113781"	151.55	"C22 C26"	...	"Montreal, PQ /…"
1	1	...	0	0	"19952"	26.55	"E12"	...	"New York, NY"
1	1	...	1	0	"13502"	77.9583	"D7"	...	"Hudson, NY"
1	0	...	0	0	"112050"	0.0	"A36"	...	"Belfast, NI"
1	1	...	2	0	"11769"	51.4792	"C101"	...	"Bayside, Queen…"
1	0	...	1	0	"PC 17757"	227.525	"C62 C64"	...	"New York, NY"
1	1	...	1	0	"PC 17757"	227.525	"C62 C64"	...	"New York, NY"
1	1	...	0	0	"PC 17477"	69.3	"B35"	...	"Paris, France"
⋮	⋮	⋮	⋮	⋮	⋮	⋮	⋮	⋮	⋮

　データ分析を進めていると、欠損値をどう扱うかを判断しなければならない場面があります。欠損値の持つ意味が列によって異なるケースも存在するため、まずその列のデータを分析し、欠損値をどう扱うかを決める必要があります。

　なお、欠損値に何らかの処理を行う場合、代表的な処理として「欠損値を持つデータを除外する」「欠損値を別の値で置き換える」の2つがあり[注1]、今回は前者について取り扱います。後者も後のレシピ（Recipe 34）で登場します。

　特定の列に着目し、値が欠損値でないデータを抽出するにはどうすればよいでしょうか。

注1　処理を行わず、「欠損値を欠損値として扱う」ほうが適している場面もあります。

22.2 Polars での実装例

```
# cabin の値が null でないレコードの抽出
df_filtered = df.filter(
    ~pl.col("cabin").is_null()
)

df_filtered.head()
```

Polars エクスプレッションの is_null を使うことで、指定された列の null が格納されたレコードに True のフラグが立ちます。後はビット反転演算子 "~" で True と False を反転し、filter 式の引数に渡すことで「null でないデータの抽出」ができます。

注意点として、Polars では、欠損値を読み込んだときにデフォルトで保持される null 以外に NaN という値を扱うことができますが、is_null では NaN は True にならず、False が返されます。null を NaN に変換していたときなどは特に注意しましょう。

また、NaN を検出するための is_nan も存在します。これにより NaN が格納されたレコードは True を返しますが、null が格納されたレコードは null を返す点に注意しましょう（null は仕様として null == null が True である以外、すべての比較演算に null を返します）。

```
# is_null と is_nan の比較
import numpy as np

df = pl.DataFrame(
    {
        "col": [1, None, np.nan]
    }
)

df.select(
    pl.col("col"),
    pl.col("col").is_null().alias("is_null"),
    pl.col("col").is_nan().alias("is_nan")
)
```

▶ 出力イメージ

shape: (3, 3)

col	is_null	is_nan
f64	bool	bool
1.0	false	false
null	true	null
NaN	false	true

126 | 特訓 3 日目　データの抽出

22.3 pandas での実装例

```
# cabin の値が NaN でないレコードの抽出
df_filtered = df[~df["cabin"].isnull()]
df_filtered.head()
```

pandas シリーズの isnull メソッドにより、NaN が True、それ以外が False となるブールインデックスが得られるため、ビット反転演算子 "~" で True と False を反転し、ブールインデックス参照することで「NaN でないデータの抽出」ができます。Polars の is_null と微妙に名前が異なる点に注意しましょう（将来のアップデートでそろう可能性もありますが……）。

```
# cabin の値が NaN でないレコードの抽出
df_filtered = df.query("~cabin.isnull()")
df_filtered.head()
```

ブールインデックス参照でなく、query メソッドを用いた実装例も紹介します。query 書式でも isnull がサポートされているため、上記のように簡潔に記述できます。また、numexpr ライブラリがインストールされている環境では query メソッドの引数に engine="python" の指定が必要な場合があります。

22.4 Tips

実装例では Polars, pandas どちらもビット反転演算子 "~" を用いて、「欠損値である」という条件を反転しました。実は「欠損値でない」を直接条件に指定する方法もあります。

● Polars

```
# cabin の値が null でないレコードの抽出
df_filtered = df.filter(
    pl.col("cabin").is_not_null()
)

df_filtered.head()
```

● pandas

```
# cabin の値が NaN でないレコードの抽出
# 1. ブールインデックス参照を用いた実装
df_filtered = df[df["cabin"].notnull()]
# 2. query を用いた実装
df_filtered = df.query("cabin.notnull()")

df_filtered.head()
```

それぞれ is_not_null や notnull によってビット反転を使わずに条件を指定できます。このメソッド（エクスプレッション）も微妙に名前が違うため要注意です。

この例において is_null / isnull, is_not_null / notnull どちらを使うかはほとんど好みですが、複数の条件を組み合わせる場合などは可読性の面で差が出ることがあります。やりたいことが複雑になればなるほど、他人（や将来の自分）が読みやすく、理解しやすい記述を心がけましょう。

Recipe 23 欠損値を含む行の削除

 ## 23.1 アイデア

簡単なニューラルネットワークモデル[注1]でデータを学習して予測精度を確認したい。しかし、データをそのまま入力したら損失関数の値が NaN となりうまく学習できなかった[注2]。欠損値が含まれていることが原因だと考えられるので、ひとまず欠損値を1つも含まない行を抽出し、学習を行いたい。

● 使用するデータ

企業の社員データ　ファイル名：employment.csv [注3]

before

欠損値を1つでも含むデータ以外を抽出したい

employ_number	name	sex	age	job	manager	hire_date	salary	department	country
i64	str	str	i64	str	bool	str	i64	str	str
354712	"John"	"Male"	32	"Engineer"	false	"2022/1/5"	5000	"IT"	"USA"
125639	"Emily"	"Female"	28	"Analyst"	false	"2021/7/12"	4000	"Finance"	"UK"
879304	"Michael"	"Male"	null	"Salesperson"	false	"2023/3/19"	4500	"Sales"	"Germany"
492158	"Sarah"	"Female"	40	"Manager"	true	"2020/11/2"	8000	"Operations"	"Canada"
267415	"David"	"Male"	27	"Developer"	false	null	5500	"IT"	"USA"
581426	"Emma"	"Female"	30	"Designer"	false	"2023/2/28"	4800	"Marketing"	"Australia"
836972	"Alex"	"Male"	null	"Engineer"	false	"2021/3/10"	5200	"IT"	"USA"
273649	"Olivia"	"Female"	33	"Analyst"	false	"2023/4/21"	4200	"Finance"	"UK"
459713	"James"	"Male"	31	"Salesperson"	false	"2020/12/7"	4700	"Sales"	"Germany"

注1　人間の脳の神経ネットワークの動作を模倣した機械学習のアルゴリズムの1つです。ディープラーニングはニューラルネットワークモデルを多層化したアプローチであり非常に強力で、画像認識、自然言語処理、音声認識など、さまざまなタスクで広く使用されています。
注2　ニューラルネットワークモデルは、一般的な実装では欠損値を扱うことができません。これはニューラルネットワーク内部の基本的な演算である加算や乗算を NaN に対して行えないことが主な理由です。
注3　ここまでのレシピで使用してきたタイタニック号の乗客データに「欠損値を含まないレコード」が存在しなかったため、別のデータを使用します。今後のレシピでも便宜上、タイタニック以外のデータを用いることがあります。

621849	"Sophia"	"Female"	36	"Manager"	true	"2022/8/13"	7800	"Operations"	"Canada"
732615	"Daniel"	"Male"	null	"Developer"	false	"2023/1/8"	5300	"IT"	"USA"
951238	"Mia"	"Female"	27	"Designer"	false	"2022/12/1"	4600	"Marketing"	"Australia"
⋮	⋮	⋮	⋮	⋮	⋮	⋮	⋮	⋮	⋮

after

shape: (40, 10)　　　　　　　　　　　　　　　　　　　欠損値を含むデータ以外を抽出

employ_number	name	sex	age	job	manager	hire_date	salary	department	country
i64	str	str	i64	str	bool	str	i64	str	str
354712	"John"	"Male"	32	"Engineer"	false	"2022/1/5"	5000	"IT"	"USA"
125639	"Emily"	"Female"	28	"Analyst"	false	"2021/7/12"	4000	"Finance"	"UK"
492158	"Sarah"	"Female"	40	"Manager"	true	"2020/11/2"	8000	"Operations"	"Canada"
581426	"Emma"	"Female"	30	"Designer"	false	"2023/2/28"	4800	"Marketing"	"Australia"
273649	"Olivia"	"Female"	33	"Analyst"	false	"2023/4/21"	4200	"Finance"	"UK"
459713	"James"	"Male"	31	"Salesperson"	false	"2020/12/7"	4700	"Sales"	"Germany"
621849	"Sophia"	"Female"	36	"Manager"	true	"2022/8/13"	7800	"Operations"	"Canada"
951238	"Mia"	"Female"	27	"Designer"	false	"2022/12/1"	4600	"Marketing"	"Australia"
384975	"Liam"	"Male"	33	"Engineer"	false	"2021/5/18"	5100	"IT"	"USA"
243176	"Daniel"	"Male"	34	"Salesperson"	false	"2022/10/24"	4600	"Sales"	"Germany"
918263	"Harper"	"Female"	38	"Manager"	true	"2021/11/15"	7900	"Operations"	"Canada"
195428	"Elijah"	"Male"	30	"Developer"	false	"2023/2/22"	5400	"IT"	"USA"
⋮	⋮	⋮	⋮	⋮	⋮	⋮	⋮	⋮	⋮

　いくつかの機械学習モデルに簡単に前処理済みのデータを渡して学習し、精度を比べることで、どのモデルが「筋がよさそうか」を把握できることがあります。テーブルデータ分析の定番であるLightGBM[注4]やXGBoost[注5]といった**勾配ブースティング決定木**（Gradient Boosting Decision Trees）モデル[注6]の実装では欠損値を含むデータをそのまま渡しても学習できますが、本レシピで挙げたニューラルネットワークや、scikit-learnに実装されているランダムフォレスト[注7]を用いるときには欠損値を何らかの形で処理して欠損値を含まないデータを作成する必要があります。

　今回は手軽にニューラルネットワークモデルの精度を試すという設定なので、単純に「データに欠損値が1つでも含まれていたら削除する」という処理を試します。この処理はRecipe 22を全列に適用することで可能ではありますが、やや面倒です。

　より簡潔に記述するにはどうすればよいでしょうか。

注4　https://lightgbm.readthedocs.io/
注5　https://xgboost.readthedocs.io/
注6　弱学習器としての決定木を逐次的に学習させ、その予測を組み合わせることで、より強力なモデルを構築するアンサンブル学習の一種であり、特にテーブルデータの分析で高い予測性能を発揮します。勾配ブースティング決定木については後のレシピ（Recipe54）で詳しく紹介します。
注7　多数の決定木を生成し、それらの予測結果を多数決や平均化などで統合して最終的な予測を行うアンサンブル学習の一種です。

 23.2　Polarsでの実装例

```
# 欠損値を1つも含まない行の抽出
df_filtered = df.drop_nulls()
df_filtered.head()
```

Polarsデータフレームの`drop_nulls`メソッドを使うことで欠損値を1つも含まない行を抽出（欠損値を1つでも含む行を削除）できます。

 23.3　pandasでの実装例

```
# 欠損値を1つも含まない行の抽出
df_filtered = df.dropna()
df_filtered.head()
```

pandasデータフレームでは`dropna`メソッドを用います。

23.4　Tips

● この処理の注意点

`drop_nulls`や`dropna`によって気軽にデータから欠損値を除外でき、きれいなデータで分析やモデリングができるように思えますが、欠損値を一律に削除することでデータにバイアスを導入してしまう可能性がある点に注意が必要です。

詳細な分析やモデリングには使用せず、簡単に傾向をつかむための分析や、簡単なモデリングでモデルの相性を確認する程度にとどめておくのがよいでしょう。欠損値処理の注意点についてはRecipe 34で詳しく解説します。

> **note　すべてが欠損値の行のみ削除**
>
> 本レシピでやりたいこととは異なりますが、ファイルが途中で壊れていたり、データ作成時のミスをしたりするなどで「すべての値が欠損値であるようなデータ」が出現することがあります。このようなデータは基本的には削除してもバイアスは導入されない[注8]ため、すべてが欠損値のデータのみを削除する方法について紹介します。

[注8] ただし、すべてが欠損値のデータが「なぜ発生したか」に着目することで重要な情報が得られる可能性があります。例えばセンサーデータやストックデータなどの時系列データにおいて、一定の間隔で自動的にデータが生成・収集される例では、データがすべて欠損している時間ステップは、センサーの故障やデータ収集プロセスの問題を示す可能性があります。

▶ Polars の場合

```
#  すべての値が欠損値であるような行のみ削除
df_filtered = df.filter(
    ~pl.all_horizontal(pl.all().is_null())
)

df_filtered.head()
```

Polars エクスプレッションを組み合わせることですべての値が欠損値であるような行のみを削除できます。少しややこしいので順を追って説明します。

まずエクスプレッションの内側から見ていきましょう。is_null は 欠損値 null である要素を True、それ以外は False として返す演算であり、pl.all().is_null() が表すのは「すべての**列**に対する is_null の処理」です。filter でなく select で df.select(pl.all().is_null()) としてみると「すべての列に対して、is_null が適用された結果」であることが確認できます。

▶ select での実行結果

employ_number	name	sex	age	job	manager	hire_date	salary	department	country
bool	bool	bool	bool	bool	bool	bool	bool	bool	bool
false	false	false	false	false	false	false	false	false	false
false	false	false	false	false	false	false	false	false	false
false	false	false	true	false	false	false	false	false	false
false	false	false	false	false	false	false	false	false	false

このエクスプレッションを filter 式に渡すことはできません。なぜなら filter は**行**に対する抽出処理であり、ある行に着目したときに上記のエクスプレッションでは抽出の条件を絞ることができないからです。

そこで、all_horizontal にこのエクスプレッションを渡すことで**行ごと**に「すべての列が True なら True」といった判定をしています。

長くなりましたが、all_horizontal により「すべての列が True となる行のみが True であるブールベクトル」のエクスプレッションが得られるため、これをビット反転演算子 "~" で否定することで「すべての値が欠損値であるようなデータ」以外を抽出することができました。

▶ pandas の場合

```
#  すべての値が欠損値であるような行のみ削除
df_filtered = df.dropna(how="all")
df_filtered.head()
```

pandas では dropna の引数 how に "all" を渡すだけで、すべての値が欠損値であるような行の削除ができます。この値はデフォルトで "any"：1 つでも欠損値が存在する行を削除となっており、引数を渡さないことでレシピ本編の実装になります。この引数 how によって、どのような戦略で欠損値を含む行を削除するかを簡単に制御できます。

Recipe 24 値リストのどれかに合致する要素を持つ行の抽出

24.1 アイデア

救命ボートによってデータの傾向が違うという情報が得られた[注1]。どうやら「"A", "C", "3", "6" のどれか」のボートに乗った人が対象らしい。それらのデータを分析するために、boat 列の値が "A", "C", "3", "6" のどれかであるデータを抽出したい。

● 使用するデータ

タイタニック号の乗客データ　ファイル名：titanic.csv

before

> ボート番号で条件を作りたいが、数が多い

pclass	survived	…	ticket	fare	cabin	embarked	boat	body	home.dest
i64	i64	…	str	f64	str	str	str	i64	str
1	1	…	"24160"	211.3375	"B5"	"S"	"2"	null	"St Louis, MO"
1	1	…	"113781"	151.55	"C22 C26"	"S"	"11"	null	"Montreal, PQ /…
1	0	…	"113781"	151.55	"C22 C26"	"S"	null	null	"Montreal, PQ /…
1	0	…	"113781"	151.55	"C22 C26"	"S"	null	135	"Montreal, PQ /…
1	0	…	"113781"	151.55	"C22 C26"	"S"	null	null	"Montreal, PQ /…
1	1	…	"19952"	26.55	"E12"	"S"	"3"	null	"New York, NY"
1	1	…	"13502"	77.9583	"D7"	"S"	"10"	null	"Hudson, NY"
1	0	…	"112050"	0.0	"A36"	"S"	null	null	"Belfast, NI"
1	1	…	"11769"	51.4792	"C101"	"S"	"D"	null	"Bayside, Queen…
1	0	…	"PC 17609"	49.5042	null	"C"	null	22	"Montevideo, Ur…
1	0	…	"PC 17757"	227.525	"C62 C64"	"C"	null	124	"New York, NY"
1	1	…	"PC 17757"	227.525	"C62 C64"	"C"	"4"	null	"New York, NY"
⋮	⋮	⋮	⋮	⋮	⋮	⋮	⋮	⋮	⋮

注1　この設定はフィクションです。

3	0	⋯	"A/4. 34244"	7.25	null	"S"	null	null	null
3	0	⋯	"345771"	9.5	null	"S"	null	null	null
3	0	⋯	"2659"	14.4542	null	"C"	"C"	null	null
3	1	⋯	"2659"	14.4542	null	"C"	null	null	null
3	0	⋯	"2628"	7.225	null	"C"	null	312	null
3	0	⋯	"2647"	7.225	null	"C"	null	null	null
3	0	⋯	"2627"	14.4583	null	"C"	null	null	null
3	0	⋯	"2665"	14.4542	null	"C"	null	328	null
3	0	⋯	"2665"	14.4542	null	"C"	null	null	null
3	0	⋯	"2656"	7.225	null	"C"	null	304	null
3	0	⋯	"2670"	7.225	null	"C"	null	null	null
3	0	⋯	"315082"	7.875	null	"S"	null	null	null

after

shape: (95, 14)

> boat が "A"、"C"、"3"、"6" のどれかであるデータを抽出

pclass	survived	⋯	ticket	fare	cabin	embarked	boat	body	home.dest
i64	i64	⋯	str	f64	str	str	str	i64	str
1	1	⋯	"19952"	26.55	"E12"	"S"	"3"	null	"New York, NY"
1	1	⋯	"19877"	78.85	null	"S"	"6"	null	null
1	1	⋯	"PC 17558"	247.5208	"B58 B60"	"C"	"6"	null	"Montreal, PQ"
1	0	⋯	"13050"	75.2417	"C6"	"C"	"A"	null	"Winnipeg, MN"
1	1	⋯	"113505"	55.0	"E33"	"S"	"6"	null	"St Leonards-on⋯
1	1	⋯	"PC 17610"	27.7208	"B4"	"C"	"6"	null	"Denver, CO"
1	1	⋯	"16966"	134.5	"E40"	"C"	"3"	null	null
1	1	⋯	"PC 17606"	27.4458	null	"C"	"6"	null	"Washington, DC⋯
1	1	⋯	"PC 17755"	512.3292	"B51 B53 B55"	"C"	"3"	null	"Austria-Hungar⋯
1	1	⋯	"PC 17755"	512.3292	"B51 B53 B55"	"C"	"3"	null	"Germantown, Ph⋯
1	1	⋯	"113760"	120.0	"B96 B98"	"S"	"C"	null	"Bryn Mawr, PA"
1	1	⋯	"19877"	78.85	"C46"	"S"	"6"	null	"Little Onn Hal⋯
⋮	⋮	⋮	⋮	⋮	⋮	⋮	⋮	⋮	⋮

　このレシピはこれまでのレシピの知識で解決できます。しかし、4つの条件「boat の値が "A"、または boat の値が "C"、または …」をすべて記述するのはいささか面倒です。それに、今回のように条件のリストが決まっておらず、例えば「別途渡される長さが不明のリストで抽出対象の値を決める」ような場合に対応できません。

　このような条件を指定するにはどうすればよいでしょうか。

24.2　Polars での実装例

```
# boat の値が ["A", "C", "3", "6"] のどれかであるデータを抽出
df_filtered = df.filter(
    pl.col("boat").is_in(["A", "C", "3", "6"])
)

df_filtered.head()
```

Polars エクスプレッションの `is_in` を使うことで、引数として渡したリストに含まれる要素を持つデータを抽出できます。引数は必ずしも Python の `list` である必要はなく、コレクション型、例えば `tuple`, `set`, `numpy.ndarray` なども使用できます。

24.3　pandas での実装例

```
# boat の値が ["A", "C", "3", "6"] のどれかであるデータを抽出
df_filtered = df[df["boat"].isin(["A", "C", "3", "6"])]
df_filtered.head()
```

pandas にも Polars と同様の動作である `isin` メソッドが存在します。上記はブールインデックス参照による実装例です。

```
# boat の値が ["A", "C", "3", "6"] のどれかであるデータを抽出
df_filtered = df.query("boat.isin(['A', 'C', '3', '6'])")
df_filtered.head()
```

`query` メソッドを用いた実装例も紹介します。`query` 書式でも `isin` がサポートされているため、上記のように簡潔な記述が可能です。

Recipe 25 特定の文字列を含む行の抽出

25.1 アイデア

　name 列を調べてみると、すべての人物は名前に Mr., Mrs., Miss. といった敬称が付与されているようだ。Dr. の敬称を持つ人物（医者、博士）は社会的地位が高く、他のデータと異なる性質があるかもしれない。そこで名前に Dr. を含むデータを抽出して分析したい。

● 使用するデータ

タイタニック号の乗客データ　ファイル名：`titanic.csv`

before　敬称によってデータの性質は違う？　→　Dr. だけ抽出したい

pclass	survived	name	sex	age	sibsp	parch	ticket	…	home.dest
i64	i64	str	str	f64	i64	i64	str	…	str
1	1	"Allen, Miss. E…	"female"	29.0	0	0	"24160"	…	"St Louis, MO"
1	1	"Allison, Maste…	"male"	0.92	1	2	"113781"	…	"Montreal, PQ /…
1	0	"Allison, Miss.…	"female"	2.0	1	2	"113781"	…	"Montreal, PQ /…
1	0	"Allison, Mr. H…	"male"	30.0	1	2	"113781"	…	"Montreal, PQ /…
1	0	"Allison, Mrs.…	"female"	25.0	1	2	"113781"	…	"Montreal, PQ /…
1	1	"Anderson, Mr.…	"male"	48.0	0	0	"19952"	…	"New York, NY"
1	1	"Andrews, Miss.…	"female"	63.0	1	0	"13502"	…	"Hudson, NY"
1	0	"Andrews, Mr. T…	"male"	39.0	0	0	"112050"	…	"Belfast, NI"
1	1	"Appleton, Mrs.…	"female"	53.0	2	0	"11769"	…	"Bayside, Queen…
1	0	"Artagaveytia,…	"male"	71.0	0	0	"PC 17609"	…	"Montevideo, Ur…
1	0	"Astor, Col. Jo…	"male"	47.0	1	0	"PC 17757"	…	"New York, NY"
1	1	"Astor, Mrs. Jo…	"female"	18.0	1	0	"PC 17757"	…	"New York, NY"
⋮	⋮	⋮	⋮	⋮	⋮	⋮	⋮	⋮	⋮

after

shape: (8, 14)　　Dr. の敬称を持つデータを抽出

pclass	survived	name	sex	age	sibsp	parch	ticket	...	home.dest
i64	i64	str	str	f64	i64	i64	str	...	str
1	0	"Brewe, Dr. Art…	"male"	null	0	0	"112379"	...	"Philadelphia,…
1	1	"Dodge, Dr. Was…	"male"	53.0	1	1	"33638"	...	"San Francisco,…
1	1	"Frauenthal, Dr…	"male"	50.0	2	0	"PC 17611"	...	"New York, NY"
1	1	"Leader, Dr. Al…	"female"	49.0	0	0	"17465"	...	"New York, NY"
1	0	"Minahan, Dr. W…	"male"	44.0	2	0	"19928"	...	"Fond du Lac, W…
1	1	"Stahelin-Maegl…	"male"	32.0	0	0	"13214"	...	"Basel, Switzer…
2	0	"Moraweck, Dr. …	"male"	54.0	0	0	"29011"	...	"Frankfort, KY"
2	0	"Pain, Dr. Alfr…	"male"	23.0	0	0	"244278"	...	"Hamilton, ON"

　文字列型を持つ列に対して「特定の文字列を含む」という条件を考えたいことがあります。完全一致であれば過去のレシピ（Recipe 19）のように「== 演算子や eq による比較」をすればよいですが「特定文字列を含む」という条件にマッチした行を抽出するにはどうすればよいでしょうか。

25.2　Polars での実装例

```
# name 列に Dr. を含むデータを抽出
df_doctor = df.filter(
    pl.col("name").str.contains(", Dr")
)

df_doctor.head()
```

　Polars エクスプレッションの str アクセサを使うことで文字列型専用の操作ができます。アクセサとは特定のデータ型に対して専用のメソッドやプロパティを提供する機能のことで、本レシピでは文字列操作の機能のうち特定文字列を含むレコードに対して True を返す contains メソッドを用います。

　調べたい文字列の指定に「, Dr」を用いました。その理由を説明するため、contains("Dr.") と指定した場合のことを考えてみましょう。一見、この記述は「Dr. という文字列を含む」という条件指定として適切に見えますが、罠があります（ぜひ実行してみてください）。

　contains の引数は**正規表現** (regular expression) をサポートしています。正規表現とは文字列のパターンを表現するための強力なツールであり、正規表現においてドット "." は「任意の 1 文字」を表すメタ文字です。contains("Dr.") と指定してしまうと「Dr[任意の1文字] を含む」という条件になってしまうため、例えば「**Dra**ke さん」や「**Dre**w さん」も条件にマッチします。これは行いたい抽出処理と異なります。

　そこで、そういった想定外の挙動をしないような条件の指定として今回は「, Dr」という表現を

選びました。これは、name 列のデータをしばらく眺めると見つかる「敬称の前には必ず ", " がつく」というルールから導き出されたアイデアです。ほかにも正しい結果になる記述方法はいくつかあるので、うまい表現を探してみましょう。

25.3 pandas での実装例

```
# name 列に Dr. を含むデータを抽出
df_doctor = df[df["name"].str.contains(", Dr")]
df_doctor
```

pandas にも Polars と同様に str アクセサや、str アクセサの提供する contains メソッドが存在します。正規表現をサポートする点も同様のため、ブールインデックス参照を用いて上記のように記述できます。

```
# name 列に Dr. を含むデータを抽出
df_doctor = df.query("name.str.contains(', Dr')")
df_doctor.head()
```

ブールインデックス参照でなく、query メソッドを用いた実装例も紹介します。query 書式でも str や contains がサポートされているため、上記のように簡潔に記述できます。また、numexpr ライブラリがインストールされている環境では query メソッドの引数に engine="python" の指定が必要な場合があります。

note str アクセサの提供機能

本レシピに登場した str アクセサですが、contains のほかにも便利なメソッドがありますので一部を紹介します。

Polars

メソッド名	役割	説明	使い方
contains	判定	文字列が特定のパターンや文字列を含むかどうかを判定	df.filter(pl.col("column").str.contains("pattern"))
starts_with	判定	文字列が特定のプレフィックス（接頭辞）で始まるかどうかを判定	df.filter(pl.col("column").str.starts_with("prefix"))
ends_with	判定	文字列が特定のサフィックス（接尾辞）で終わるかどうかを判定	df.filter(pl.col("column").str.ends_with("suffix"))
replace	変換	文字列内の指定されたパターンを別の文字列に置換	df.with_columns(pl.col("column").str.replace("old_pattern", "new_pattern"))
to_lowercase	変換	文字列をすべて小文字に変換	df.with_columns(pl.col("column").str.to_lowercase())

138 | 特訓 3 日目　データの抽出

to_uppercase	変換	文字列をすべて大文字に変換	df.with_columns(pl.col("column").str.to_uppercase())
len_chars	特徴抽出	文字列の長さを返却 [注1]	df.with_columns(pl.col("column").str.len_chars().alias("str_length"))
slice	特徴抽出	文字列から部分文字列を抽出	df.with_columns(pl.col("column").str.slice(start, end).alias("sub_string"))

　contains メソッドは特定の文字列を含むかどうかの「判定」を行いました。それによって得られたブールベクトルによって条件を満たす行を抽出できたわけですが、str アクセサのメソッドには「判定」以外にも「変換」や「特徴抽出」といった役割もサポートします。「変換」は前処理、「特徴抽出」は特徴量エンジニアリングのプロセスで活躍します。

pandas

メソッド名	種別	説明	使い方
contains()	判定	文字列が特定のパターンや文字列を含むかどうかを判定	df[df["column"].str.contains("pattern")]
startswith()	判定	文字列が特定のプレフィックスで始まるかどうかを判定	df[df["column"].str.startswith("prefix")]
endswith()	判定	文字列が特定のサフィックスで終わるかどうかを判定	df[df["column"].str.endswith("suffix")]
replace()	変換	文字列内の指定されたパターンを別の文字列に置換	df["column"].str.replace("old_pattern", "new_pattern")
lower()	変換	文字列をすべて小文字に変換	df["column"].str.lower()
upper()	変換	文字列をすべて大文字に変換	df["column"].str.upper()
len()	特徴抽出	文字列の長さを返却	df["str_length"] = df["column"].str.len()
slice()	特徴抽出	文字列から部分文字列を抽出	df["sub_string"] = df["column"].str.slice(start, end)

　pandas にも Polars と同様のメソッドが存在しますが、微妙に名前が異なるものも多いので注意しましょう。とはいえ無理に暗記する必要はなく「どんな処理が使えるか」さえ把握しておけば、詳しい使い方はその都度ドキュメントを参照するという運用で十分です。

📖note **正規表現**
....

　正規表現についても少し触れておきましょう。正規表現をうまく使いこなせれば、テキストベースのデータ抽出や前処理で非常に役立ちます。

　正規表現では、特殊文字やメタ文字を使ってパターンを定義します。以下に、一般的に使用される正規表現のメタ文字とその意味をいくつか紹介します。

[注1]　len_chars はそのまま文字列に含まれる文字数を返しますが、文字列全体のバイト数を返す len_bytes メソッドも存在します。ケースによって使い分けましょう。

Recipe 25　特定の文字列を含む行の抽出　139

- . ：任意の 1 文字を表す。
- ＊：直前の文字が 0 回以上繰り返されることを表す。
- ＋：直前の文字が 1 回以上繰り返されることを表す。
- ？：直前の文字が 0 回または 1 回出現することを表す。
- {n}：直前の文字が n 回繰り返されることを表す。
- {n,m}：直前の文字が n 回以上、m 回以下繰り返されることを表す。
- []：文字の集合を表し、この中に含まれる任意の 1 文字を表す。
- |：いずれかのパターンに一致することを表す（OR 条件）。
- ^：文字列の先頭を表す。
- $：文字列の末尾を表す。
- \ ：特殊文字をエスケープするために使用される（. や＊などをリテラル文字として扱う場合）。

これらのメタ文字を組み合わせることで、さまざまな文字列パターンを表現できます。正規表現についてより詳しく知りたい場合は、書籍[2] やクイックリファレンス[3] などを参照してください。

注 2 　『詳説 正規表現 第 3 版』（Jeffrey E.F. Friedl 著、長尾高弘 訳、オライリー・ジャパン、2008）
注 3 　正規表現言語 - クイック リファレンス
　　　https://learn.microsoft.com/ja-jp/dotnet/standard/base-types/regular-expression-language-quick-reference

Recipe 26 指定された数だけランダムにデータをサンプリング

 26.1 アイデア

機械学習パイプラインがざっくり完成した。100件程度の小規模なデータでテストしたいが「先頭から100件」だとpclassが1に偏ってしまう。そこで、データセット全体からランダムに100件のデータをサンプリングしたい。

● 使用するデータ

タイタニック号の乗客データ　ファイル名：titanic.csv

before

（今回のデータでは）pclassの昇順に並んでいるので、データ全体から100件をランダムにサンプリングしたい

pclass	survived	name	sex	age	sibsp	parch	ticket	…	home.dest
i64	i64	str	str	f64	i64	i64	str	…	str
1	1	"Allen, Miss. E…	"female"	29.0	0	0	"24160"	…	"St Louis, MO"
1	1	"Allison, Maste…	"male"	0.92	1	2	"113781"	…	"Montreal, PQ /…
1	0	"Allison, Miss.…	"female"	2.0	1	2	"113781"	…	"Montreal, PQ /…
1	0	"Allison, Mr. H…	"male"	30.0	1	2	"113781"	…	"Montreal, PQ /…
1	0	"Allison, Mrs.…	"female"	25.0	1	2	"113781"	…	"Montreal, PQ /…
1	1	"Anderson, Mr.…	"male"	48.0	0	0	"19952"	…	"New York, NY"
1	1	"Andrews, Miss.…	"female"	63.0	1	0	"13502"	…	"Hudson, NY"
1	0	"Andrews, Mr. T…	"male"	39.0	0	0	"112050"	…	"Belfast, NI"
1	0	"Appleton, Mrs.…	"female"	53.0	2	0	"11769"	…	"Bayside, Queen…
1	0	"Artagaveytia,…	"male"	71.0	0	0	"PC 17609"	…	"Montevideo, Ur…
1	0	"Astor, Col. Jo…	"male"	47.0	1	0	"PC 17757"	…	"New York, NY"
1	1	"Astor, Mrs. Jo…	"female"	18.0	1	0	"PC 17757"	…	"New York, NY"
⋮	⋮	⋮	⋮	⋮	⋮	⋮	⋮	⋮	⋮
3	0	"Wiseman, Mr. P…	"male"	null	0	0	"A/4. 34244"	…	null

3	0	"Wittevrongel, …	"male"	36.0	0	0	"345771"	…	null
3	0	"Yasbeck, Mr. A…	"male"	27.0	1	0	"2659"	…	null
3	1	"Yasbeck, Mrs. …	"female"	15.0	1	0	"2659"	…	null
3	0	"Youseff, Mr. G…	"male"	45.5	0	0	"2628"	…	null
3	0	"Yousif, Mr. Wa…	"male"	null	0	0	"2647"	…	null
3	0	"Youseff, Mr. …	"male"	null	0	0	"2627"	…	null
3	0	"Zabour, Miss. …	"female"	14.5	1	0	"2665"	…	null
3	0	"Zabour, Miss. …	"female"	null	1	0	"2665"	…	null
3	0	"Zakarian, Mr. …	"male"	26.5	0	0	"2656"	…	null
3	0	"Zakarian, Mr. …	"male"	27.0	0	0	"2670"	…	null
3	0	"Zimmerman, Mr.…	"male"	29.0	0	0	"315082"	…	null

after　ランダムにサンプリング

shape: (100, 14)

pclass	survived	name	sex	age	sibsp	parch	…	home.dest
i64	i64	str	str	f64	i64	i64	…	str
3	0	"Markun, Mr. Jo…	"male"	33.0	0	0	…	null
2	1	"Hold, Mrs. Ste…	"female"	29.0	1	0	…	"England / Sacr…
3	1	"Kink-Heilmann,…	"female"	4.0	0	2	…	null
3	0	"Ali, Mr. Willi…	"male"	25.0	0	0	…	"Argentina"
1	1	"Spedden, Mrs. …	"female"	40.0	1	1	…	"Tuxedo Park, N…
3	0	"Skoog, Master.…	"male"	4.0	3	2	…	null
2	0	"Pain, Dr. Alfr…	"male"	23.0	0	0	…	"Hamilton, ON"
2	0	"Morley, Mr. He…	"male"	39.0	0	0	…	null
1	1	"Gibson, Mrs. L…	"female"	45.0	0	1	…	"New York, NY"
3	0	"Bourke, Miss. …	"female"	null	0	2	…	"Ireland Chicag…
1	0	"Weir, Col. Joh…	"male"	60.0	0	0	…	"England Salt L…
3	0	"Abbott, Master…	"male"	13.0	0	2	…	"East Providenc…
⋮	⋮	⋮	⋮	⋮	⋮	⋮	⋮	⋮

　データサイエンスの現場では、さまざまな目的でデータフレームからランダムなサンプリングを行います。本レシピの目的は「テストに使うため、偏りなく小規模データを取り出すこと」ですが、そのほかにも EDA においてデータをすべて使うと計算が重すぎたり、可視化結果が見にくくなったりする場合で、データを扱いやすいサイズにする目的でランダムなサンプリングが用いられます。

　また、統計的な手法としても、ブートストラップ法[注1] で統計的推定や、統計モデルの信頼区間を計算する目的でランダムなサンプリングが用いられます。

　データフレームからランダムにデータをサンプリングするにはどうすればよいでしょうか。

注1　ブートストラップ法とは、母集団から重複を許して無作為にサンプリングを繰り返し、母集団の統計量などを推測する手法です。

26.2　Polarsでの実装例

```
# ランダムに 100 件データをサンプリング
df_sampled = df.sample(100)
df_sampled.head()
```

　Polars データフレームの `sample` メソッドを使うことでデータフレームからランダムに指定行数分だけデータをサンプリングできます。引数に件数を渡しますが、何も渡さないと1件のみサンプリングされます。

　このコードを複数回実行すると、毎回違う結果になることがわかります。ランダムなサンプリングなので「それはそう」と思うかもしれませんが、実はこれはあまりよくありません。

　例えば、次のようなケースを考えてみましょう。ある 100 件のサンプリング結果 A をパイプラインに入力したところ、エラーは出なかったものの思いどおりの精度になりませんでした。そこで、パイプラインを微修正し、改めて 100 件のサンプリング結果 B (≠ A) を入力したところ、精度が少し改善しました。

　無作為なサンプリングのため、A と B は似た分布を持ちますが、基本的に別物です。このケースのよくない点は「少しの改善が、パイプラインの微修正によるものか、データを A から B に変更したことによるものかが不明である」点です。

　では、この問題をどう解決すればよいでしょうか。一般的に用いられるのは「毎回同じ A がサンプリングされるようにする」という方法です。

```
# ランダムに 100 件データをサンプリング
df_sampled = df.sample(100, seed=42)
df_sampled.head()
```

　`sample` の引数 `seed` に特定の値を渡すことで生成される乱数を固定できます。いわゆるランダムシード値と呼ばれる値で、機械学習関連のモジュールで頻繁に扱われます。他のモジュールでは `random_seed`, `random_state` などと表現されることもあります。

26.3　pandasでの実装例

```
# ランダムに 100 件データをサンプリング
df_sampled = df.sample(100, random_state=42)
df_sampled
```

　pandas データフレームにも Polars と同名の `sample` メソッドが存在します。ランダムシードの引数名が異なる点に注意してください。

　このコードを実行してみるとシード値が同じにもかかわらず Polars と結果が異なることがわかりま

す。これは、pandas と Polars でそれぞれ異なる乱数生成アルゴリズムを使用しているためです[注2]。ライブラリごとに独自のアルゴリズムが実装されていることが一般的で、そのアルゴリズムや初期化方法が異なります。そのため、同じシード値を使っても、乱数生成アルゴリズムの異なるライブラリでは異なる乱数が生成されます。

26.4 Tips

「100 件」のように決まった数ではなく「全体の○○％をサンプリングしたい」ことがあります。その場合は件数でなく、割合を渡せる機能がそれぞれ備わっています。

● Polars

```
# ランダムに全体の 20% データをサンプリング
df_sampled = df.sample(fraction=0.2, seed=42)
df_sampled.head()
```

引数 fraction に割合を渡すことで、その割合分だけデータをサンプリングできます。

● pandas

```
# ランダムに全体の 20% データをサンプリング
df_sampled = df.sample(frac=0.2, random_state=42)
df_sampled.head()
```

pandas では、引数 frac に割合を渡すことで、その割合分だけデータをサンプリングできます。

> **note データフレーム全体のシャッフル**
>
> 割合を 1.0 つまり 100% にすることでデータフレーム全体をシャッフルする操作も行えます。
>
> **Polars**
>
> ここまで言及していませんが、Polars において sample の返り値のデータ順が毎回シャッフルされることは保証されていません。そのため、データフレーム全体をシャッフルしたい場合には、引数 shuffle に True を渡す必要があります（本書執筆時のバージョンにおいてデフォルトで False です）。
>
> ```
> # データフレームの行をシャッフル
> df_shuffled = df.sample(fraction=1.0, shuffle=True, seed=42)
> df_shuffled.head()
> ```

注 2 Polars は sample の内部で Rust の smallRang という疑似乱数生成器を用いており、pandas は NumPy の random モジュールを用いています。

また、Polars エクスプレッションの shuffle を用いて以下のように書くこともできます。

```
# データフレームの行をシャッフル
df_shuffled = df.select(
    pl.all().shuffle(seed=42)
)

df_shuffled.head()
```

この結果は sample メソッドを使った結果と等しくなります。

pandas

pandas でも同様ですが、明示的なシャッフルを指定する必要はありません。

```
# データフレームの行をシャッフル
df_shuffled = df.sample(frac=1.0, random_state=42)
df_shuffled.head()
```

なぜランダムシードによって乱数を固定できるか

　コンピュータは本質的に決定論的なマシンであり、真のランダム性を持っていません。そのため、コンピュータにおいて「乱数」を生成するときには、疑似乱数生成器（PRNG: Pseudo-Random Number Generator）が使用されます。

　疑似乱数生成器は、初期状態（シード値）から始めて、決まったアルゴリズムに従って一連の「ランダムに見える」数値を生成します。そのため、同じシード値を使用すれば、同じ数列が生成されるため、結果は再現可能です。これがランダムシードの主な目的です。

　データサイエンスや機械学習の実験では、ランダムシードを設定することで、実験の結果が再現できるようになります。これにより、実験結果の信頼性が向上するほか、エラーやバグの特定も容易になります。ただし、ランダムシードを固定することで、特定のデータパターンに過剰に最適化された結果になってしまう可能性もあるため、機械学習パイプラインの汎化性能を測るには複数の異なるシード値で実験することが推奨されます。

よく見かけるシード値 42 って？

　再現性を確保するためにランダムシード値として指定する値は何でもかまいませんが、42 という値を設定する実装をよく見かけます。42 という数字は、ダグラス・アダムスの SF 小説「銀河ヒッチハイク・ガイド」で「生命、宇宙、そしてすべての答え」として表現された数字であり、ある種のミームとしてプログラマーなどに親しまれているという経緯があります。

　このように、初期シード値など特に根拠のない数字を使いたい場合には、42 やその他のミーム由来の値が選ばれることがあります。

Recipe 27 既存列へのデータ処理

27.1 アイデア

タイタニック号の乗客データにおいて、乗船料（fare）の単位はイギリスの通貨であるポンドであるようだ。当時の 1 ポンドを現代の 1 万円[注1]と考えたときに、ポンドを日本円に変換することで、乗船料がどの程度の金額だったのか感覚を得たい。

● 使用するデータ

タイタニック号の乗客データ　ファイル名：titanic.csv

before

ポンドを日本円に変換したい

pclass	survived	name	…	ticket	fare	…	home.dest
i64	i64	str	…	str	f64	…	str
1	1	"Allen, Miss. E…	…	"24160"	211.3375	…	"St Louis, MO"
1	1	"Allison, Maste…	…	"113781"	151.55	…	"Montreal, PQ /…
1	0	"Allison, Miss.…	…	"113781"	151.55	…	"Montreal, PQ /…
1	0	"Allison, Mr. H…	…	"113781"	151.55	…	"Montreal, PQ /…
1	0	"Allison, Mrs. …	…	"113781"	151.55	…	"Montreal, PQ /…
1	1	"Anderson, Mr. …	…	"19952"	26.55	…	"New York, NY"
1	1	"Andrews, Miss.…	…	"13502"	77.9583	…	"Hudson, NY"
1	0	"Andrews, Mr. T…	…	"112050"	0.0	…	"Belfast, NI"
1	1	"Appleton, Mrs.…	…	"11769"	51.4792	…	"Bayside, Queen…
1	0	"Artagaveytia, …	…	"PC 17609"	49.5042	…	"Montevideo, Ur…
1	0	"Astor, Col. Jo…	…	"PC 17757"	227.525	…	"New York, NY"
1	1	"Astor, Mrs. Jo…	…	"PC 17757"	227.525	…	"New York, NY"
⋮	⋮	⋮	⋮	⋮	⋮	⋮	⋮

注1　1910 年の 1 ポンドは、2017 年の 78 ポンドであり、2017 年の 78 ポンドはおおよそ 1 万円に相当すると考え計算。
参考サイト：https://www.nationalarchives.gov.uk/currency-converter/#

after 注2

> 現代の日本円に変換した

pclass	survived	name	⋯	ticket	fare	⋯	home.dest
i64	i64	str	⋯	str	f64	⋯	str
1	1	"Allen, Miss. E⋯	⋯	"24160"	2113375	⋯	"St Louis, MO"
1	1	"Allison, Maste⋯	⋯	"113781"	1515500	⋯	"Montreal, PQ /⋯
1	0	"Allison, Miss.⋯	⋯	"113781"	1515500	⋯	"Montreal, PQ /⋯
1	0	"Allison, Mr. H⋯	⋯	"113781"	1515500	⋯	"Montreal, PQ /⋯
1	0	"Allison, Mrs. ⋯	⋯	"113781"	1515500	⋯	"Montreal, PQ /⋯
1	1	"Anderson, Mr. ⋯	⋯	"19952"	265500	⋯	"New York, NY"
1	1	"Andrews, Miss.⋯	⋯	"13502"	779582.9999999999	⋯	"Hudson, NY"
1	0	"Andrews, Mr. T⋯	⋯	"112050"	0	⋯	"Belfast, NI"
1	1	"Appleton, Mrs.⋯	⋯	"11769"	514792	⋯	"Bayside, Queen⋯
1	0	"Artagaveytia, ⋯	⋯	"PC 17609"	495042	⋯	"Montevideo, Ur⋯
1	0	"Astor, Col. Jo⋯	⋯	"PC 17757"	2275250	⋯	"New York, NY"
1	1	"Astor, Mrs. Jo⋯	⋯	"PC 17757"	2275250	⋯	"New York, NY"
⋮	⋮	⋮	⋮	⋮	⋮	⋮	⋮

　本レシピでは、乗船料（fare）について考えてみましょう。fare は金額を意味しますが、時代・通貨は日本と異なります。そのため、例えば fare が 211.3375 であっても、その金額が高いのか一般的な金額なのか判断できません。そこで、fare を現在の日本円に変換することで、感覚を理解できる数値に変換したいです。

　また、通貨の変換以外でも、理解しやすい単位へ変換する場面には以下のような例があります。

- **温度（摂氏↔華氏）**：アメリカや一部の国では華氏が一般的に使われますが、他の多くの国では摂氏が使われています。華氏で表現されているデータを摂氏に変換することで、例えば日本人にとって気温がどれくらいか想像しやすいです。
- **距離（マイル↔キロメートル）**：多くの国々では、アメリカで一般的なマイルを、キロメートルに変換すると理解がしやすくなります。逆に、アメリカを代表とするヤード・ポンド法を用いる国では、マイルが身近であるため、キロメートルをマイルに変換するほうがわかりやすい場合もあります。

　当時の 1 ポンドは現在の日本円の 1 万円であると考え、fare を現在の日本円に変換するにはどうすればよいでしょうか。

注2　fare 列が指数表記（例えば、2.113375e6）になることを避けるために、事前に pl.Config.set_fmt_float("full") を実行しています。

Recipe 27　既存列へのデータ処理　| 147

27.2 Polarsでの実装例

```
# fare を現代の日本円に変換する
df = df.with_columns(
    pl.col("fare") * 10_000
)

df.head()
```

データの新しい値への書き換え・アップデートを行いたい場合には、Polarsデータフレームの `with_columns` 式を用います。引数にPolarsエクスプレッションを渡すことで、そのエクスプレッションで指定した列に対し、指定した処理を行えます。`alias` によって列名を指定しない場合、エクスプレッションで指定された列が更新され、更新後のデータフレーム全体が返却されます[注3]。今回の実装だと、fare 列が処理後の内容に置換されたデータフレームが返却されます。

今回は `pl.col("fare") * 10_000` というエクスプレッションを渡すことで fare 列に対して乗算の処理を行っています。`10_000` のようにPythonでは数字と数字の間の任意の位置に `"_"` を入れて読みやすく表記できます。

複数列に対して書き換え・アップデートを行いたい場合は、複数のPolarsエクスプレッションを `with_columns` 式に渡すことで実現できます。

余談ですが、計算結果よりデータ1行目は「pclassが1」「fareが約211万円」であり、データ最終行は「pclassが3」「fareが約7.8万円」だとわかります。いままでは、乗客のクラスが高い・低い程度の理解だった pclass が、より具体的な金額感を伴って理解できるようになったかと思います。

27.3 pandasでの実装例

```
# fare を現代の日本円に変換する
df["fare"] = df["fare"] * 10_000

df.head()
```

pandas のデータフレームに対し、`df[既存列名] = 任意の値` を行うことで既存の列に指定した値を代入できます。この実装例の場合、右辺の `df["fare"] * 10_000` が fare 列の各要素を10000倍したシリーズを表すため、この処理によって、fare 列がそのシリーズに書き換えられます。

注3　`with_columns` について復習したい方は、[準備編2日目　Polarsの概要] をご覧ください。

Recipe 28 特定列をデータ処理し、データ型を変更

 28.1 アイデア

タイタニック号の乗客データにおいて、age や fare 列の値が小数表記であることがわかった。これらのデータを整数に変換したい。値は小数点第 1 位以下を四捨五入し、整数に丸めたい。

● **使用するデータ**

タイタニック号の乗客データ　ファイル名：titanic.csv

before

shape: (1_309, 14)　　　　　　　　　　整数に丸めたい

pclass	survived	…	sex	age	sibsp	parch	ticket	fare	…	home.dest
i64	i64	…	str	f64	i64	i64	str	f64	…	str
1	1	…	"female"	29.0	0	0	"24160"	211.3375	…	"St Louis, MO"
1	1	…	"male"	0.92	1	2	"113781"	151.55	…	"Montreal, PQ /…
1	0	…	"female"	2.0	1	2	"113781"	151.55	…	"Montreal, PQ /…
1	0	…	"male"	30.0	1	2	"113781"	151.55	…	"Montreal, PQ /…
1	0	…	"female"	25.0	1	2	"113781"	151.55	…	"Montreal, PQ /…
1	1	…	"male"	48.0	0	0	"19952"	26.55	…	"New York, NY"
1	1	…	"female"	63.0	1	0	"13502"	77.9583	…	"Hudson, NY"
1	0	…	"male"	39.0	0	0	"112050"	0.0	…	"Belfast, NI"
1	0	…	"female"	53.0	2	0	"11769"	51.4792	…	"Bayside, Queen…
1	0	…	"male"	71.0	0	0	"PC 17609"	49.5042	…	"Montevideo, Ur…
1	0	…	"male"	47.0	1	0	"PC 17757"	227.525	…	"New York, NY"
1	0	…	"female"	18.0	1	0	"PC 17757"	227.525	…	"New York, NY"
⋮	⋮	…	⋮	⋮	⋮	⋮	⋮	⋮	…	⋮

after

								整数に丸めた f64 → i64 になっている		

shape: (1_309, 14)

pclass	survived	…	sex	age	sibsp	parch	ticket	fare	…	home.dest
i64	i64	…	str	i64	i64	i64	str	i64	…	str
1	1	…	"female"	29	0	0	"24160"	211	…	"St Louis, MO"
1	1	…	"male"	1	1	2	"113781"	152	…	"Montreal, PQ /…"
1	0	…	"female"	2	1	2	"113781"	152	…	"Montreal, PQ /…"
1	0	…	"male"	30	1	2	"113781"	152	…	"Montreal, PQ /…"
1	0	…	"female"	25	1	2	"113781"	152	…	"Montreal, PQ /…"
1	0	…	"male"	48	0	0	"19952"	27	…	"New York, NY"
1	1	…	"female"	63	1	0	"13502"	78	…	"Hudson, NY"
1	0	…	"male"	39	0	0	"112050"	0	…	"Belfast, NI"
1	0	…	"female"	53	2	0	"11769"	51	…	"Bayside, Queen…"
1	0	…	"male"	71	0	0	"PC 17609"	50	…	"Montevideo, Ur…"
1	0	…	"male"	47	1	0	"PC 17757"	228	…	"New York, NY"
1	1	…	"female"	18	1	0	"PC 17757"	228	…	"New York, NY"
⋮	⋮	…	⋮	⋮	⋮	⋮	⋮	⋮	…	⋮

　小数（浮動小数点数[注1]）も整数も数値型のデータですが、使用できる演算子や、精度などの性質が異なります。そのため、後に行いたい処理によっては、浮動小数点数型から整数型に（または、整数型から浮動小数点数型に）変換する必要があります。

　特に浮動小数点数から整数への変換は、小数部分をどう扱うかで端数処理（丸め処理）方法が異なります。以下はそのような端数処理方法の一例です。

1. **切り下げ（floor）**：その値以下の最大の整数に丸めます[注2]。例えば、3.9 は 3 になります。
2. **切り上げ（ceiling）**：その値以上の最小の整数に丸めます。例えば、3.1 は 4 になります。
3. **四捨五入（rounding half up）**：小数点第 1 位が 5 以上の場合は切り上げ、4 以下の場合は切り下げます。例えば、3.4 は 3 に、3.5 は 4 に丸められます。
4. **ゼロ方向への丸め、切り捨て（truncation）**：小数部分を単純に削除して整数部分だけを取得します。これは切り下げと似ていますが、負の数に対する動作が異なります。例えば、-3.9 は小数部分を削除して -3 になり、ゼロ方向へ丸められます。

　今回はより身近な方法として**四捨五入**での整数変換を採用したいです。このような端数処理を行うにはどうすればよいでしょうか。

注1　浮動小数点数型（float）はコンピュータ上で実数を近似的に表現するためのデータ型であり、小数点の位置が固定されていないことが特徴です。そのため、非常に大きな数値から非常に小さな数値までを表現することができますが、計算上の誤差が生じることがあります。

注2　正の値に対する結果が切り下げと切り捨てで同じため、両者を区別しないことも多いです。また、負の値において、その値以下の最大の整数に丸める（本書では切り下げ）ことを切り捨てと呼ぶケースもあります。

28.2 Polarsでの実装例

```
# age,fare列を四捨五入し整数に丸める
df = df.with_columns(
    pl.col("age").round().cast(pl.Int64),
    pl.col("fare").round().cast(pl.Int64),
)

df.head()
```

Polarsエクスプレッションのroundを使うことで、浮動小数点数型を持った特定列の値を四捨五入できます。roundの処理結果はそのままだと浮動小数点数型のため[3]、Polarsエクスプレッションのcastによってデータ型を整数型（polars.Int64型）に変換しています[4]。なお、roundせずに直接cast(pl.Int64)を適用した場合、**ゼロ方向への丸め (truncation)** の処理が適用されます。

28.3 pandasでの実装例

```
# age,fare列を整数に丸める
df["age"] = df["age"].round().astype("Int64")
df["fare"] = df["fare"].round().astype("Int64")

df.head()
```

pandasシリーズのroundメソッドを使うことで、Polarsと同様に浮動小数点数型の列へ**丸め処理**を行えます。こちらも返却値が浮動小数点数型のため、pandasシリーズのastypeメソッドで型を整数型に変換します[5]。ここで、astypeの引数として"Int64"（int64ではなくInt64）を指定すると、欠損値NaNを含むような列であっても直接整数型への変換が可能です。このとき欠損値はpandas._libs.missing.NATypeという型に変換されます。

四捨五入でなく丸め処理と表記したのはpandasシリーズのroundメソッドが厳密には四捨五入ではなく**偶数への丸め**が採用されているためです。そのため、四捨五入の処理を行いたいときは別の方法を用いる必要があります。詳しくはnoteで説明します。

> **note roundの挙動の違い（四捨五入と偶数丸め）**
>
> 本レシピで紹介したPolarsエクスプレッションのroundは四捨五入の処理を提供しますが、pandasシリーズ（やデータフレーム）のroundメソッドやPythonのround関数などは「最近

---

[3] roundを行いたいケースはさまざまであり、必ずしも整数への丸めとは限りません。例えば小数点第2位を四捨五入し、小数点第1位までの値にしたいケースなどです。そのため、roundの返却値は一般的に浮動小数点数型になります。このような処理を行いたい場合、roundの引数nに整数値を渡すことで、小数点以下がn桁になるように四捨五入できます。なお、この引数のデフォルト値は0のため小数点第1位を四捨五入したい今回のケースは引数には何も渡しません。
[4] Pythonの組み込みデータ型のintなども渡せます。
[5] Pythonの組み込みデータ型のintなども渡せます。

接偶数への丸め（以下、偶数丸め）」が採用されています。

偶数丸めの処理は四捨五入とよく似ています。丸め対象の桁の値（例えば 1.5 という値に対して小数点第 1 位を丸めたい場合、5 が対象）によって、以下のようになります。

- 5 より大きい場合は、切り上げを行う
  例：2.6 を偶数丸め処理すると、3.0（四捨五入と同じ）
- 5 より小さい場合は、切り下げを行う
  例：3.4 を偶数丸め処理すると、3.0（四捨五入と同じ）
- ちょうど 5 の場合は、丸めた結果が偶数になるように切り上げもしくは切り下げを行う
  例：3.5 を偶数丸め処理すると、4.0（四捨五入と同じ）だが、2.5 を偶数丸め処理すると、**2.0 に切り下げられる（四捨五入と異なる）**

また、偶数丸めは銀行丸めと呼ばれることもあります。

▶ Polars

```python
# Polars の round は「四捨五入」
pl.DataFrame(
    {
        "col": [1.5, 2.5, 3.5, 4.5]
    }
).get_column("col").round().cast(pl.Int64) # [2, 3, 4, 5]
```

▶ pandas

```python
# pandas の round は「偶数丸め」
pd.DataFrame(
    {
        "col": [1.5, 2.5, 3.5, 4.5]
    }
)["col"].round().astype("Int64") # [2, 2, 4, 4]
```

▶ Python

```python
# Python の round も「偶数丸め」
list(map(round, [1.5, 2.5, 3.5, 4.5])) # [2, 2, 4, 4]
```

四捨五入が身近な立場からすると、偶数丸めは「なんでそんな面倒なことを……」という気持ちになるかもしれませんし、この仕様を知らなかった場合、処理結果が想定と異なることによるバグの原因にもなりえます。しかし、そんな厄介な（？）偶数丸めを採用することにもちゃんと理由があります。

まず、端数処理を行うことで 端数処理後の値 − 元の値 分の誤差が発生することを押さえておきましょう。四捨五入では、丸め対象の桁の値が 5 のとき毎回切り上げられるため。例えば [1.5, 2.5, 3.5, 4.5] の四捨五入後の値は [2, 3, 4, 5] となり、誤差は [+0.5, +0.5, +0.5, +0.5] となります。データの平均値を計算してみると、元のデータが (1.5+2.5+3.5+4.5)/4=3 だったのに対し、端数処理

後のデータの平均値は $(2+3+4+5)/4=3.5$ になってしまいます。

このように、X.5 のような値を含む複数のデータに対して四捨五入を繰り返すうちに、誤差は少しずつ正の方向に蓄積されます。これによって端数処理後のデータの平均が元のデータの平均よりも大きくなるなど、統計的な性質が変わってしまう可能性があります。

一方で偶数丸めにおいては、丸め対象の桁の値が 5 であっても切り上げる場合と切り下げる場合があるため、誤差が蓄積されにくいという利点があります。例えば [1.5, 2.5, 3.5, 4.5] の偶数丸め後の値は [2, 2, 4, 4] となり、誤差は [+0.5, -0.5, +0.5, -0.5] であるため、平均値が元の値と変わりません。このような利点から、銀行業界での金融取引に古くから用いられており「銀行丸め」の名前の由来となっています。

ただし、必ずしも偶数丸めのほうが優れているというわけではなく、元のデータや誤差の分布に依存するため、端数処理後のデータの用途などを考慮し適切な端数処理方法を採用しましょう。

📝note Decimal を利用した pandas での四捨五入

それでは、pandas データフレームの浮動小数点数型を持つ列に対し四捨五入を行いたい場合はどうすればよいでしょうか。いくつか方法は存在しますが、今回は decimal モジュールの Decimal を用いる方法を紹介します。Decimal は浮動小数点数に関連する多くの問題（例えば、二進数と十進数の変換に関連する誤差）を回避するためによく用いられます。Decimal は異なる丸めモードをサポートしており、その中に ROUND_HALF_UP（通常の四捨五入）も含まれています。

```python
from decimal import Decimal, ROUND_HALF_UP

df = pd.DataFrame(
    {
        "col": [1.5, 2.5, 3.5, 4.5]
    }
)

def custom_round(n):
    return float(Decimal(n).quantize(Decimal("0"), rounding=ROUND_HALF_UP))

df["col"].apply(custom_round).astype(np.int64) # [2, 3, 4, 5]
```

Decimal の quantize は Decimal を指定した形式・精度に丸めるために用いられます。第 1 引数には目的の小数点以下の桁数を示すための Decimal を渡します。今回は整数に丸めたいため Decimal("0") を渡していますが、小数点第 1 位、第 2 位に丸めたい場合はそれぞれ Decimal("0.0") Decimal("0.00") のように渡します。

引数 rounding では丸め方を指定でき、今回は四捨五入を指定するため ROUND_HALF_UP を渡しました。

Recipe 29 既存列を用いて新規列を作成する

29.1 アイデア

タイタニック号の乗客データを眺めていると、兄弟姉妹・配偶者の乗船人数である sibsp と両親・子どもの乗船人数である parch が存在することに気づいた。これらを足し合わせることで同伴家族の人数を意味する列になりそうだ[注1]。そこで、sibsp と parch を足して、各乗客の同伴家族の人数を示す列を新規に作成したい。

● 使用するデータ

タイタニック号の乗客データ　ファイル名：titanic.csv

before

sibsp と parch の数を足すことで同伴家族人数を計算したい

pclass	survived	name	sex	age	sibsp	parch	…	home.dest
i64	i64	str	str	f64	i64	i64	…	str
1	1	"Allen, Miss. E…	"female"	29.0	0	0	…	"St Louis, MO"
1	1	"Allison, Maste…	"male"	0.92	1	2	…	"Montreal, PQ /…
1	0	"Allison, Miss.…	"female"	2.0	1	2	…	"Montreal, PQ /…
1	0	"Allison, Mr. H…	"male"	30.0	1	2	…	"Montreal, PQ /…
1	0	"Allison, Mrs. …	"female"	25.0	1	2	…	"Montreal, PQ /…
1	1	"Anderson, Mr. …	"male"	48.0	0	0	…	"New York, NY"
1	1	"Andrews, Miss.…	"female"	63.0	1	0	…	"Hudson, NY"
1	0	"Andrews, Mr. T…	"male"	39.0	0	0	…	"Belfast, NI"
1	1	"Appleton, Mrs.…	"female"	53.0	2	0	…	"Bayside, Queen…
1	0	"Artagaveytia, …	"male"	71.0	0	0	…	"Montevideo, Ur…
1	0	"Astor, Col. Jo…	"male"	47.0	1	0	…	"New York, NY"

注1　厳密には祖父母と孫の関係や親戚などの関係は考慮されていないため、直接の血縁関係のみを表す「大まかな家族サイズ」を表現できると考えられます。

154　特訓4日目　データの加工

| 1 | 1 | "Astor, Mrs. Jo…" | "female" | 18.0 | 1 | 0 | … | "New York, NY" |
| ⋮ | ⋮ | ⋮ | ⋮ | ⋮ | ⋮ | ⋮ | ⋮ | ⋮ |

after

pclass	survived	name	sex	age	sibsp	parch	…	home.dest	family_size
i64	i64	str	str	f64	i64	i64	…	str	i64
1	1	"Allen, Miss. E…"	"female"	29.0	0	0	…	"St Louis, MO"	0
1	1	"Allison, Maste…"	"male"	0.92	1	2	…	"Montreal, PQ /…"	3
1	0	"Allison, Miss.…"	"female"	2.0	1	2	…	"Montreal, PQ /…"	3
1	0	"Allison, Mr. H…"	"male"	30.0	1	2	…	"Montreal, PQ /…"	3
1	0	"Allison, Mrs. …"	"female"	25.0	1	2	…	"Montreal, PQ /…"	3
1	1	"Anderson, Mr. …"	"male"	48.0	0	0	…	"New York, NY"	0
1	1	"Andrews, Miss.…"	"female"	63.0	1	0	…	"Hudson, NY"	1
1	0	"Andrews, Mr. T…"	"male"	39.0	0	0	…	"Belfast, NI"	0
1	1	"Appleton, Mrs.…"	"female"	53.0	2	0	…	"Bayside, Queen…"	2
1	0	"Artagaveytia, …"	"male"	71.0	0	0	…	"Montevideo, Ur…"	0
1	0	"Astor, Col. Jo…"	"male"	47.0	1	0	…	"New York, NY"	1
1	1	"Astor, Mrs. Jo…"	"female"	18.0	1	0	…	"New York, NY"	1
⋮	⋮	⋮	⋮	⋮	⋮	⋮	⋮	⋮	⋮

＊同伴家族の人数を追加

同伴している家族の人数は、家族と一緒に乗船している乗客と 1 人で乗船している乗客の間の生存率の違いを表現するために有用だと考えられます。例えば、大家族で乗船している場合、ほかの家族を助けるための行動が生存率に影響を与えた可能性があります。また、1 人で乗船している乗客は、ボートにいち早くたどりつけた可能性も考えられます。

同伴家族の人数を新規列として追加する場合、どうすればよいでしょうか。

29.2　Polars での実装例

```python
# sibsp と parch を合計して、family_size を計算する
df = df.with_columns(
    (pl.col("sibsp") + pl.col("parch")).alias("family_size")
)

df.head()
```

Polars データフレームの `with_columns` 式を使用して、新しい列を作成しています。以前までのレシピでは、`with_columns` を用いた既存列の変更・アップデートの方法を紹介してきました。今回は `with_columns` と `alias` を組み合わせることで、新規列の作成を行っています。

`with_columns` には、sibsp と parch を合計し、`alias` を用いて、列名を `family_size` に変更する

エクスプレッションを指定しています。

また、以下のように alias を使わずに記述することもできます。

```
# sibsp と parch を合計して、family_size を計算する
df = df.with_columns(
    family_size=(pl.col("sibsp") + pl.col("parch"))
)

df.head()
```

しかし、この記法は family_size= が別の引数を表しているように見えるため、コードの可読性を悪化させる可能性があり、本書では非推奨とさせていただきます。

可読性を悪化させる具体例を見てみましょう。例えば、with_columns を用いて新たに family_size という列を作成しようと考えており、それとは別にコード内で family_size という変数が宣言されている状況を考えます。

```
# 可読性が下がる状況
family_size = 5 # 別の用途で宣言済み

（中略）

df = df.with_columns(
    family_size=(pl.col("sibsp") + pl.col("parch"))
)

df.head()
```

このとき、family_size = 5 で宣言された変数 family_size と、with_columns 内の family_size はコード上の挙動に関係がないのですが、一見すると関係がありそうに見え、コードの理解を妨げます。そのため本書では特段の理由がなければ alias を用いた記法を推奨します。

29.3 pandas での実装例

```
# sibsp と parch を合計して、family_size を計算する
df["family_size"] = df["sibsp"] + df["parch"]

df.head()
```

pandas では df[新しい列名] = データフレームと同じ系列長のデータ と記述することで、新たな列を追加できます。この実装例では、df["sibsp"] + df["parch"] が pandas シリーズ同士の要素ごとの加算を表しており、結果が元のデータフレームと同じ系列長の pandas シリーズになります。データフレームと同じ系列長のデータは pandas シリーズである必要はなく、NumPy 配列や Python リスト、Polars のシリーズも扱えます。

📝note 1 つの要素を持つ新規列の追加

　本レシピでは、既存列を組み合わせて新規列を作成する例について紹介しました。一方で、特徴量エンジニアリングの文脈では、既存列を用いずに一定の値や、別途生成した系列を新規列として追加したいケースもあります。

　タイタニック号のデータの出所を識別するため、"titanic" という単一要素を ship_name 列として持たせたい状況を考えます。

▶ Polars での実装例

```
# with_columns で ship_name 列を作成し、"titanic" という値を代入
df = df.with_columns(
    pl.lit("titanic").alias("ship_name")
)

df.head()
```

▶ 出力イメージ

pclass	survived	name	sex	age	sibsp	parch	…	home.dest	ship_name
i64	i64	str	str	f64	i64	i64	…	str	str
1	1	"Allen, Miss. E…"	"female"	29.0	0	0	…	"St Louis, MO"	"titanic"
1	1	"Allison, Maste…"	"male"	0.92	1	2	…	"Montreal, PQ /…"	"titanic"
1	0	"Allison, Miss.…"	"female"	2.0	1	2	…	"Montreal, PQ /…"	"titanic"
1	0	"Allison, Mr. H…"	"male"	30.0	1	2	…	"Montreal, PQ /…"	"titanic"
1	0	"Allison, Mrs. …"	"female"	25.0	1	2	…	"Montreal, PQ /…"	"titanic"

　with_columns の引数に pl.lit("titanic") を渡すことで、"titanic" という値を単一要素として持つ列を追加しています。lit は、引数で渡したリテラル[注2]を要素として持つ系列を生成するエクスプレッションです。今回は、lit に "titanic" という文字列リテラルを渡しましたが、1, 3.14 のような数値や、True, False, None のような Python 組み込みリテラル、date(2024, 2, 1), datetime(2023, 2, 9, 13, 41, 45) のようなリテラルも渡せます。

　また、Python リストやタプルのリテラルを渡すこともできますが、その値（[1, 2, 3, 4] のような値）を単一要素とした系列が生成されてしまうため注意が必要です。一方で、Polars シリーズや NumPy 配列リテラルを渡すと、その系列がそのまま 1 つの列として扱われます。このとき、引数に渡す系列長は追加先のデータフレーム長と一致している必要があります。

注2　リテラルは「文字通り」という意味の英単語 Literal に由来する、変数や式と異なり、ソースコード内で直接記述される固定値を指す用語です。

▶ Polars での実装例

```
# 各種リテラルから新規列を追加する
df = pl.DataFrame({
    "A": [1, 2, 3, 4],
    "B": ["a", "b", "c", "d"]
})

df.with_columns(
    pl.lit([1, 2, 3, 4]).alias("lit_list"),
    pl.lit((1, 2, 3)).alias("lit_tuple"),
    pl.lit(np.array([1, 2, 3, 4])).alias("lit_numpy"),
    pl.lit(pl.Series([1, 2, 3, 4])).alias("lit_series"),
    # 系列長が異なるためエラーになる
    # pl.lit(pl.Series([1, 2, 3, 4, 5])).alias("lit_series"),
)
```

▶ 出力イメージ

shape: (4, 6)

A	B	lit_list	lit_tuple	lit_numpy	lit_series
i64	str	list[i64]	list[i64]	i64	i64
1	"a"	[1, 2, … 4]	[1, 2, 3]	1	1
2	"b"	[1, 2, … 4]	[1, 2, 3]	2	2
3	"c"	[1, 2, … 4]	[1, 2, 3]	3	3
4	"d"	[1, 2, … 4]	[1, 2, 3]	4	4

▶ pandas での実装例

```
# ship_name 列を作成し、"titanic" という値を代入
df["ship_name"] = "titanic"
df.head()
```

　pandas データフレームで上記の記述をすることで、"titanic" を単一要素として持つ列 "ship_name" を追加できます。系列でない値であってもブロードキャストされ、追加先のデータフレーム長を持った pandas シリーズとして扱われます。Polars とは異なり、系列長の異なる系列リテラルを指定することはできません。

note ランダムな要素を持つ列を追加する

　新規列として、より複雑な要素を持つ列を追加する場合について考えます。例えば、要素として0〜1の値をランダムに持つ列を追加する場合はどうすればよいでしょうか。

▶ Polars での実装例

```
# ランダムな要素を持つ列の追加
df = df.with_columns(
    pl.Series("random", np.random.rand(df.height))
)

df.head()
```

　`with_columns` に `polars.Series` を渡し、その第 1 引数には列名、第 2 引数には `numpy.random.rand` を指定します。`numpy.random.rand` は引数で渡された長さを持ち、0 〜 1 の一様分布からのランダムなサンプルを要素に持つ配列を作成します。今回は、引数として追加先のデータフレーム長である `df.height` を渡しています。

▶ pandas での実装例

```
# ランダムな要素を持つ列の追加
df["random"] = np.random.rand(len(df))

df.head()
```

　Polars 同様、`numpy.random.rand` を利用し、追加先のデータフレーム長を持つランダム配列を、`random` 列として新規作成します。

Recipe 29　既存列を用いて新規列を作成する | 159

Recipe 30 条件に応じた値の代入

 ## 30.1 アイデア

タイタニック号の乗客は、子どもと大人で生存確率が違うようだ。子どもと大人との違いを分析しやすくするために、age の値が 20 未満であれば "child"、それ以外の場合は "adult" という値を設定した新たな列を作成したい。

使用するデータ

タイタニック号の乗客データ　ファイル名：titanic.csv

before

年齢が 20 歳未満の場合は child、それ以外の場合は adult を入れる新しい列を作りたい

pclass	survived	name	sex	age	sibsp	parch	…	body	home.dest
i64	i64	str	str	f64	i64	i64	…	i64	str
1	1	Allen, Miss. E…	female	29.0	0	0	…	null	St Louis, MO
1	1	Allison, Maste…	male	0.92	1	2	…	null	Montreal, PQ /…
1	0	Allison, Miss.…	female	2.0	1	2	…	null	Montreal, PQ /…
1	0	Allison, Mr. H…	male	30.0	1	2	…	135	Montreal, PQ /…
1	0	Allison, Mrs. …	female	25.0	1	2	…	null	Montreal, PQ /…

after

新しい列を追加

pclass	survived	name	sex	age	sibsp	parch	…	body	home.dest	age_group
i64	i64	str	str	f64	i64	i64	…	i64	str	str
1	1	Allen, Miss. E…	female	29.0	0	0	…	null	St Louis, MO	adult
1	1	Allison, Maste…	male	0.92	1	2	…	null	Montreal, PQ /…	child
1	0	Allison, Miss.…	female	2.0	1	2	…	null	Montreal, PQ /…	child
1	0	Allison, Mr. H…	male	30.0	1	2	…	135	Montreal, PQ /…	adult
1	0	Allison, Mrs. …	female	25.0	1	2	…	null	Montreal, PQ /…	adult

条件に応じて新しい値を設定するデータの操作は、データ分析ではしばしば行います。例えば今回のアイデアのように年齢をもとに新たに列を作成するほか、複数の列の情報を組み合わせて新たな列を作ることもよくあります。例えば年齢と性別の組み合わせから、「女の子」「男の子」「大人の女性」「大人の男性」のように新たなカテゴリを要素として持った列を作ることもできます。機械学習モデルを作成するときは、特徴量を単独の列で情報を与えるよりも、列の情報を組み合わせることで機械学習アルゴリズムがデータを解釈しやすくなり、精度の改善につながることがあります。

条件に応じた値を持つ新たな列を作るにはどうすればよいでしょうか。

30.2 Polarsでの実装例

```
# age が 20 未満の行に child を代入し、それ以外の行には adult を代入する
df = (
    df
    .with_columns(
        pl.when(pl.col("age") < 20)
        .then(pl.lit("child")) # age が 20 未満の場合の値
        .otherwise(pl.lit("adult")) # age が 20 以上の場合の値
        .alias("age_group") # 列名は age_group に設定
    )
)
df.head()
```

Polarsでは、polars.when(条件).then("col1").otherwise("col2")と記述することで「条件に合致した場合はcol1列の値を、そうでない場合はcol2列の値を代入」する操作ができます。今回は列の値ではなく"child", "adult"といった定数を代入したいため、litを用いてリテラルを指定しています[注1]。

この実装例では、ageの値が20未満の値であるかを判定し、条件に合致した場合は"child"を、そうでない場合[注2]は"adult"を新しく作成したage_group列に代入する処理をしています。

30.3 pandasでの実装例

```
# age が 20 未満の行に child を代入し、それ以外の行には adult を代入する
df["age_group"] = "adult"
df.loc[df["age"] < 20, "age_group"] = "child"
df.head()
```

まず、前準備としてすべての値が"adult"である新規列age_groupを追加しておきます。この列

注1 文字列リテラルを指定するときのみlitを使う必要があるため注意が必要です。その他のリテラルは、then(1)やthen([1, 2, 3])のようにそのまま代入する値として指定できます。
注2 この方針では「ageが20未満」以外が"adult"の条件であるため、ageが欠損値の場合もこのカテゴリに含まれてしまう点に注意しましょう。

に対し「age が 20 未満の行の値を "child" に置き換える」という操作を行うことを考えます。

pandas では、loc インデクサを使うことで特定条件に合致したデータに対して処理できます。この場合、loc では第 1 引数に処理対象の行が True それ以外が False であるブールインデックスを、第 2 引数に処理対象の列名を渡します。

実装例では、第 1 引数の df["age"] < 20 で「age が 20 未満であれば True それ以外は False」であるブールインデックスを指定しています。そして、第 2 引数には処理対象の列名である age_group を指定しています。これにより「age が 20 未満の行に "child" を代入する」処理が実現します。

 ## 30.4 Tips

● より複雑な条件に応じた値の代入

次に、より複雑な条件に応じて値を代入したいケースについて考えます。以下のような条件を考えてみましょう。

age の値が

- 20 未満の場合は "child" を代入
- 20 以上 60 未満の場合は "adult" を代入
- それ以外の場合は "senior" を代入

▶ Polars での実装例

```
# age 列が 20 未満の行に child を代入、20 以上 60 未満の行には adult を代入する
# それ以外の行には senior を代入する
df = (
    df
    .with_columns(
        pl.when(pl.col("age") < 20)
        .then(pl.lit("child")) # age が 20 未満の場合の値
        .when(pl.col("age") < 60)
        .then(pl.lit("adult")) # age が 20 以上 60 未満の場合の値
        .otherwise(pl.lit("senior")) # いずれの条件にも合致しなかった場合の値
        .alias("age_group")
    )
)
df.head()
```

Polars では polars.when(条件 1).then(a).when(条件 2).then(b).otherwise(c) のように when(条件).then(値) をつなげて書くことで条件と代入する値を追加できます。このとき、先頭の when(条件) から順に評価され、条件に合致しなかったデータが次の when(条件) の評価対象になります。

この例の場合、最初に書かれている when(pl.col("age") < 20) が先に評価され「20 未満」という

条件に合致したら "child" を代入します。次の when(pl.col("age") < 60) は、「20 未満」という条件に合致しなかった行が評価の対象となるため、「20 以上 60 未満」の条件に合致する行に "adult" が代入されます。そしていずれの条件にも合致しなかった行に "senior" が代入されます。

▶ **pandas での実装例**

```
# age 列が 20 未満の行に child を代入、20 以上 60 未満の行には adult を代入する
# それ以外の行には senior を代入する
df["age_group"] = "senior"
df.loc[df["age"] < 20, "age_group"] = "child"
df.loc[~(df["age"] < 20) & (df["age"] >= 60), "age_group"] = "adult"
df.head()
```

pandas では、Polars のように条件を追加していくことができず、代入する処理を独立して書く必要があります。そのため df["age"] < 20 に合致する行に "child" を代入した後に、~(df["age"] < 20) & (df["age"] < 60) のように「20 以上 60 未満」の行に "adult" を代入する処理を個別に記述しています。実装例では「20 以上」という条件を ~(df["age"] < 20) のように敢えて記述しています。「20 未満」の否定は「20 以上」とシンプルですが、複雑な条件の否定を記述する場合は ~(条件) と書くとわかりやすくなることがあるため紹介しました。もちろん df["age"] >= 20 としても問題ありません。

● apply と lambda を用いた条件記述

```
# age が 20 未満の行に child を代入し、それ以外の行には adult を代入する
df["age_group"] = df.apply(
    lambda x: "child" if x["age"] < 20 else "adult",
    axis=1
)
```

pandas データフレームの apply メソッドでは、ユーザー定義関数（UDF）や無名関数 lambda の処理を適用できます。実装例では lambda で条件分岐処理を定義しています。引数の axis ではメソッドを適用する方向を指定でき、axis=0 でデータフレームの列方向に、axis=1 でデータフレームの行方向に処理を実行します。apply メソッドの詳細については **Recipe 31** で改めて説明します。

上記の実装例は lambda で 1 つの条件に応じて代入する値を指定する方法ですが、lambda で複数の条件を記述することもできます。条件文の else の後ろに条件文を続けて書くことで、1 つ目の条件に該当しなかったデータに適用する条件を記述できます。

```
# age 列が 20 未満の行に child を代入し、20 以上 60 未満の行には adult を代入する
# それ以外の行には senior を代入する
df["age_group"] = df.apply(
    lambda x: "child" if x["age"] < 20 else ("adult" if x["age"] < 60 else "senior"),
    axis=1
)
```

● アンチパターン

pandas データフレームの操作において、以下のような記述方法は Chained Indexing と呼ばれる非推奨の記法であり、SettingWithCopyWarning という警告が出ます。

```
df["age_group"] = "adult"
df["age_group"][df["age"] < 20] = "child" # Chained Indexing
```

▶ 出力される警告

```
SettingWithCopyWarning:
A value is trying to be set on a copy of a slice from a DataFrame
```

Chained Indexing とは [], loc[], iloc[] などの [] を含む処理を続けて行うことです。この例では、df["age_group"] でデータフレームから age_group 列を抽出する処理と、その後の [df["age"] < 20] で age 列が 20 未満の行を抽出する処理の部分で [] を用いた処理が連続しています。pandas データフレームは [] で列を抽出すると、df が持つデータの参照（ビュー）を返す場合とデータのコピーを返す場合があり、pandas ではどちらか決まったものを返すことを保証していません。データのコピーが返された場合は、コピーの [df["age"] < 20] の条件に該当するデータに対して child を代入することになり、元の df に対しては更新が行われません。このように意図しない結果になってしまうこともあり、バグを生む原因になりますので Chained Indexing の使用は避けましょう。

Recipe 31 列へのユーザー定義関数の適用

 31.1 アイデア

データを見ると、"name" 列には、Mr., Mrs., Ms., Master., Miss., Dr. のような敬称が多く含まれていることに気づいた。この敬称を特徴量として抜き出し、新しい列として追加したい。

● **使用するデータ**

タイタニック号の乗客データ　ファイル名：titanic.csv

before

敬称を取り出して、新しい特徴量にしたい

pclass	survived	name	sex	age	sibsp	parch	…	home.dest
i64	i64	str	str	f64	i64	i64	…	str
1	1	"Allen, Miss. E…	"female"	29.0	0	0	…	"St Louis, MO"
1	1	"Allison, Maste…	"male"	0.92	1	2	…	"Montreal, PQ /…
1	0	"Allison, Miss. …	"female"	2.0	1	2	…	"Montreal, PQ /…
1	0	"Allison, Mr. H…	"male"	30.0	1	2	…	"Montreal, PQ /…
1	0	"Allison, Mrs. …	"female"	25.0	1	2	…	"Montreal, PQ /…
1	1	"Anderson, Mr. …	"male"	48.0	0	0	…	"New York, NY"
1	1	"Andrews, Miss.…	"female"	63.0	1	0	…	"Hudson, NY"
1	0	"Andrews, Mr. T…	"male"	39.0	0	0	…	"Belfast, NI"
1	1	"Appleton, Mrs.…	"female"	53.0	2	0	…	"Bayside, Queen…
1	0	"Artagaveytia, …	"male"	71.0	0	0	…	"Montevideo, Ur…
1	0	"Astor, Col. Jo…	"male"	47.0	1	0	…	"New York, NY"
1	1	"Astor, Mrs. Jo…	"female"	18.0	1	0	…	"New York, NY"
⋮	⋮	⋮	⋮	⋮	⋮	⋮	⋮	⋮

after

pclass	survived	name	sex	age	sibsp	parch	...	home.dest	honorifics
i64	i64	str	str	f64	i64	i64	...	str	str
1	1	"Allen, Miss. E…"	"female"	29.0	0	0	...	"St Louis, MO"	"Miss."
1	1	"Allison, Maste…"	"male"	0.92	1	2	...	"Montreal, PQ /…"	"Master."
1	0	"Allison, Miss.…"	"female"	2.0	1	2	...	"Montreal, PQ /…"	"Miss."
1	0	"Allison, Mr. H…"	"male"	30.0	1	2	...	"Montreal, PQ /…"	"Mr."
1	0	"Allison, Mrs.…"	"female"	25.0	1	2	...	"Montreal, PQ /…"	"Mrs"
1	1	"Anderson, Mr.…"	"male"	48.0	0	0	...	"New York, NY"	"Mr."
1	1	"Andrews, Miss.…"	"female"	63.0	1	0	...	"Hudson, NY"	"Miss."
1	0	"Andrews, Mr. T…"	"male"	39.0	0	0	...	"Belfast, NI"	"Mr."
1	1	"Appleton, Mrs.…"	"female"	53.0	2	0	...	"Bayside, Queen…"	"Mrs"
1	0	"Artagaveytia,…"	"male"	71.0	0	0	...	"Montevideo, Ur…"	"Mr."
1	0	"Astor, Col. Jo…"	"male"	47.0	1	0	...	"New York, NY"	null
1	1	"Astor, Mrs. Jo…"	"female"	18.0	1	0	...	"New York, NY"	"Mrs"
⋮	⋮	⋮	⋮	⋮	⋮	⋮	⋮	⋮	⋮

新しい列を追加

name 列には、敬称が多く含まれています。Mr., Mrs., Ms., Master., Miss., Dr.[注1] のような敬称を抜き出せられれば、既婚・未婚の女性、未成年の男性・女性、医者・博士号取得者のような情報を持つ特徴量を新規に作成できそうです。未成年については age 列からも作成可能ですが、既婚・未婚や、医者・博士号取得者については新たな情報となり、予測に有用な可能性があります。

どうすれば name 列から敬称を抜き出すことができるでしょうか。

31.2 Polars での実装例

```python
# ユーザー定義関数を利用し、name 列から敬称を抜き出す
import re
from typing import Optional

def extract_honorifics(text: str) -> Optional[str]:
    if match_result := re.search("Mr\.|Mrs\.|Ms\.|Master\.|Miss\.|Dr\.", text):
        return match_result.group(0)
    else:
        return None

df_with_honorifics = df.with_columns(
    pl.col("name").map_elements(extract_honorifics, return_dtype=pl.String)
.alias("honorifics")
)
df_with_honorifics.head()
```

注1 Mr. は男性の一般的な呼び方です。Mrs., Ms. はそれぞれ既婚女性、未婚女性に使う敬称です。Master., Miss. はそれぞれ男の子、女の子に対して用いる敬称です。ただし厳密に区分されているわけではなく、あくまで慣習としてそのように使われることが多い点に注意しましょう。Dr. は医者や博士号取得者に対して用いられる敬称です。

Polars エクスプレッションの `map_elements` を利用し、敬称の抽出を実現しています。`map_elements` は、列の各要素に関数[注2] を適用させるエクスプレッションです。実装例では敬称を抽出する ユーザー定義関数（UDF）として `extract_honorifics`[注3] を定義し、列に適用しています。このとき、`return_dtype` で返却される列のデータ型を指定します（指定しないと MapWithoutReturnDtype Warning が発生します）。その後、`alias` を用いることで新規列 honorifics を追加しています。

定義した UDF に関して説明します。引数として渡したテキスト内に、Mr., Mrs., Ms., Master., Miss., Dr. が登場したら、該当部分を抽出し、該当しなかった場合は None を返す処理を行っています。実装には、正規表現の処理を行う標準ライブラリ re を用いています。

re の関数 search は、指定したパターン（今回は "Mr\.|Mrs\.|Ms\.|Master\.|Miss\.|Dr\."）が文字列にあるかを調べて、マッチしたら re.Match オブジェクトを返します。re.Match に対して、引数が 0 の group メソッドを呼び出すと、マッチした文字列全体を取得できます。何もマッチしなかった場合は None が返されます。

パターン "Mr\.|Mrs\.|Ms\.|Master\.|Miss\.|Dr\." は、シンプルな正規表現であり、"|" を用いて並列に並べた文字列のうち、いずれかに一致する文字列を検索します。"." は正規表現で任意の 1 文字を意味しますが、今回は "." をその文字自体として扱いたいため、エスケープ（"\." とする）させています。 Recipe 25 では ", Dr" という文字列を含むかどうかを利用しましたが、本レシピでは別の正規表現を利用してみました。

敬称という意味では、ほかにも存在する可能性がありますが、今回は Mr., Mrs., Ms., Master., Miss., Dr. を取り出す実装にしています[注4]。また、敬称ではなく、氏名が Master. や Miss. の場合、誤って抽出してしまう可能性がある点に注意してください。

どのパターンにもマッチしない場合、今回の実装で UDF は None を返します。この None は "other" などの文字列を返しても問題ありません。

Optional や、":=" については、本題から外れるため Tips に記載します。

● エクスプレッションを用いた文字列の抽出

実装例では UDF を用いた方法を紹介しましたが、str アクセサの extract を用いることで正規表現での文字列抽出をシンプルに実装できます。re ライブラリと同様、extract の第 2 引数に 0 を指定することでマッチした文字列全体を取得できます。

```python
# エクスプレッションを利用し、name 列から敬称を抜き出す
df_with_honorifics = df.with_columns(
    pl.col("name")
    .str.extract("Mr\.|Mrs\.|Ms\.|Master\.|Miss\.|Dr\.", 0)
    .alias("honorifics")
)
df_with_honorifics.head()
```

[注2] sum, len などの Python 組み込み関数や、NumPy や SciPy など外部ライブラリの関数、def でユーザーが定義した関数（UDF）など。
[注3] honorifics は敬称や敬語という意味です。
[注4] 実際、ごく少数しか存在しない敬称もありますが、今回は省略しています。敬称をすべて抽出する方法もありますので、挑戦してみてください。

Recipe 31　列へのユーザー定義関数の適用 | 167

31.3 pandas での実装例

```python
# ユーザー定義関数を利用し、name 列から敬称を抜き出す
import re
from typing import Optional

def extract_honorifics(text: str) -> Optional[str]:
    if match_result := re.search("Mr\.|Mrs\.|Ms\.|Master\.|Miss\.|Dr\.", text):
        return match_result.group(0)
    else:
        return None

df["honorifics"] = df["name"].apply(extract_honorifics)
df.head()
```

pandas シリーズの apply メソッドにより、Polars と同様に列の各要素に関数を適用可能です。

また、map メソッドを使った実装も可能です。apply メソッドと map メソッドの違いについては Tips で説明します。

```python
# ユーザー定義関数を利用し、name 列から敬称を抜き出す
df["honorifics"] = df["name"].map(extract_honorifics)
df.head()
```

map メソッドには、na_action という引数が存在します。デフォルトの引数は None ですが、"ignore" を指定すると、元の値が NaN だった場合は該当行の処理をスキップし NaN をそのまま返す挙動になります。

```python
# ユーザー定義関数を利用し、name 列から敬称を抜き出す
df["honorifics"] = df["name"].map(extract_honorifics, na_action="ignore")
df.head()
```

今回は name 列に欠損値が存在しないため必要ありませんが、もし NaN があった場合、extract_honorifics 内の re.search 関数は NaN を受けとれないため、TypeError: expected string or bytes-like object と出力されます。そのような場合に na_action="ignore" を追加するとエラーを回避できますが、元の値が NaN の場合はそのまま NaN を代入する、という処理が意図したものであるかは確認が必要です。

31.4 Tips

● Polars における `map_element` の処理速度

Polars が pandas と比較して処理が速いのは、ライブラリの内部処理が高速な Rust で実行され、か

つ並列処理されるからです。しかし Polars の `map_element` を通して UDF を扱う場合、内部処理が Rust ではなく Python で実行され、並列処理も行われないため処理速度が遅くなります。そのため、可能な限りエクスプレッションで記述しましょう。

エクスプレッションの種類を知らないうちは `map_element` が便利で使いがちですが、行いたい処理がエクスプレッションとして実装されていることも多いです。`map_element` を使う前に一度公式ドキュメントで調べてみましょう。

● pandas における apply と map の違い

pandas ライブラリの apply と map メソッドは、データフレームやシリーズに関数を適用するときによく使用されますが、いくつかの違いがあります。

apply

apply は、pandas のデータフレームとシリーズのどちらにも利用することができます。レシピ内でシリーズへの適用については紹介しました。データフレームに適用するときには、列・行のどちらに対して関数を適用するかを指定する必要があります。例えば、列方向と行方向に NumPy の sum を適用したい場合は下記のようにします。

```python
df.apply(np.sum, axis=0)  # 列ごとの合計
df.apply(np.sum, axis=1)  # 行ごとの合計
```

また、apply メソッドをデータフレームに利用すると、引数にはデータフレームの各行が渡されます。この結果、データフレームの複数列を処理する関数を書くことができます。

```python
# pandas の apply を用いて、複数列の計算を行う
df = pd.DataFrame({"x": [1, 2, 3, 4], "y": [5, 6, 7, 8]})

def plus(row):
    return row["x"] + row["y"]

df["result"] = df.apply(plus, axis=1)
df
```

▶出力イメージ

	x	y	result
0	1	5	6
1	2	6	8
2	3	7	10
3	4	8	12

map

map は、pandas シリーズのみに用いることができます。また、本レシピで紹介したとおり、na_action="ignore" を追加することで、要素が NaN の場合に NaN を返す挙動にできます。

さらに、map には関数のほかに、dict を引数に渡すこともできます。dict を引数に渡す場合、キーに対応するバリューに値を変換できます。キーに存在しない要素は NaN に変換されます。

```python
# pandas の map を用いて、dict を用いた新規列の作成を行う
df = pd.DataFrame({"x": ["a", "b", "c", "d", "e"]})

change_map = {"a": 1, "b": 2, "c": 3, "d": 4}

df["result"] = df["x"].map(change_map)
df
```

▶ 出力イメージ

	x	result
0	a	1.0
1	b	2.0
2	c	3.0
3	d	4.0
4	e	NaN

「この値はこの値に変換する」のようなシンプルな変換処理であれば UDF を実装しなくても dict で実現できます。関数呼び出しのオーバーヘッドがない分処理が高速になるため、うまく使い分けましょう。

● 型ヒント Optional

Optional は、Python の型ヒントの一種です。まず、型ヒントについて説明します。

型ヒント

型ヒントは、関数やクラスを作成したときのメソッドの入力・出力（引数・返り値）の型を示すために記載します。実装は def 関数名(引数: 引数の型ヒント) -> 返り値の型ヒント: という形式になります。今回取り上げた extract_honorifics は以下のようなコードでした。引数 text は str 型のみをとり、返り値は Optional[str] の型を示す実装になっています。

```python
def extract_honorifics(text: str) -> Optional[str]:
    if match_result := re.search("Mr\.|Mrs\.|Ms\.|Master\.|Miss\.|Dr\.", text):
        return match_result.group(0)
    else:
        return None
```

Optional の意味

Optional は「None をとりうる」ことを意味し、例えば Optional[str] と書いた場合には「str 型、もしくは None をとる」という意味になります。

ちなみに、本書では Python 3.9.16 の利用を想定していますが、バージョン 3.10 からは Optional[str] を str | None のように記載でき、より直感的な書き方ができるようになっています。

なぜ型ヒントを書くのか

「自分で書いたのだから型のヒントなんて必要ない」と考える方もいるかもしれませんが、自分で書いたコードでも、時間をおいて見返すとどのような処理を書いたか忘れてしまいます。そのようなときに関数やクラスのメソッドに型ヒントが書いてあると、どのようなデータ型を受けとり、何を返すのかが一目瞭然で、可読性の向上につながります。

さらに、他人がコードを見る・使うような状況では、型ヒントによってその機能の仕様を理解するための時間を削減できます。

また、型ヒントを書くと、Python の静的型チェッカー mypy[注5] を利用できるようになります。mypy を利用すると、記載されている型ヒントと実際のコードによる型が一致するか、入力・出力の型が利用できないメソッドを利用していないか、などをチェックできバグを減らせます。

一度だけコードを記載し二度と見なおすことはない、という書き捨てのコードであれば型ヒントはなくても問題ありませんが、何度も見返したり、他人が確認・利用したりするようなコードにおいては、型ヒントを積極的に書くのがよいでしょう[注6]。

● 代入式

代入式とは、式の代入と評価を一度に行うことができる記載方法のことです。従来、値の評価と代入には 2 行のコードが必要でしたが、代入式を使うと 1 行で済むようになります。

":=" は代入式の機能を提供するための演算子です。見た目がセイウチの目と牙に似ているため、セイウチ演算子という愛称でも知られています。Python 3.8 から導入されました。

```python
# 代入式を利用しない例
def extract_honorifics(text: str) -> Optional[str]:
    result = re.search("Mr\.|Mrs\.|Ms\.|Master\.|Miss\.|Dr\.", text) # 代入
    if result: # 評価
        return result.group(0)
    else:
        return None

# 代入式を利用した例
def extract_honorifics(text: str) -> Optional[str]:
    if result := re.search("Mr\.|Mrs\.|Ms\.|Master\.|Miss\.|Dr\.", text): # 代入 & 評価
```

注5　https://github.com/python/mypy
注6　Java や C 言語など多くのプログラミング言語では、そもそも型を指定しないと変数を宣言できません。このような言語を静的型付け言語といい、Python は実行時に型が解釈・決定される動的型付け言語に属します。

```
        return result.group(0)
    else:
        return None
```

　代入式を利用しない例においては、代入と評価をそれぞれ1行ずつに分けて記載する必要があります。

　代入の処理では、result に、re.search によるマッチの結果が存在する場合は re.Match オブジェクトを入れ、マッチしなかった場合は、None を入れる処理を行います。

　次に、評価の処理では result にオブジェクト（今回の実装では re.Match オブジェクト）が入っているときは True、None が入っているときは False の判定をします。これは bool(re.Match オブジェクト)の結果が True になるのに対し bool(None) の結果が False になるためです。このように値を返さなかった場合の結果が if 文で False と判定される仕様を活用して if 何らかの処理結果: のように直接オブジェクトを評価する実装はよく登場します。

　このように、代入式を利用することで、上記で説明した代入と評価の操作をまとめて1行でシンプルに記載できます。

データフレームの列名を一括変更

32.1 アイデア

分析したいデータをデータフレームとして読み込んだら列名が「旅客クラス 生存状況 名前 …」のように日本語表記であった。分析の都合上列名を英語表記に一括変更したい。

● 使用するデータ

タイタニック号の乗客データ（日本語列名）　ファイル名：`titanic_column_ja.csv`

before

概要把握には助かるが、分析時には何かと不便！

shape: (1_309, 14)

旅客クラス	生存状況	氏名	性別	年齢	兄弟配偶者数	親子数	チケット番号	…	自宅または目的地
i64	i64	str	str	f64	i64	i64	str	…	str
1	1	"Allen, Miss. E…	"female"	29.0	0	0	"24160"	…	"St Louis, MO"
1	1	"Allison, Maste…	"male"	0.92	1	2	"113781"	…	"Montreal, PQ /…
1	0	"Allison, Miss.…	"female"	2.0	1	2	"113781"	…	"Montreal, PQ /…
1	0	"Allison, Mr. H…	"male"	30.0	1	2	"113781"	…	"Montreal, PQ /…
1	0	"Allison, Mrs.…	"female"	25.0	1	2	"113781"	…	"Montreal, PQ /
1	1	"Anderson, Mr. …	"male"	48.0	0	0	"19952"	…	"New York, NY"
1	1	"Andrews, Miss.…	"female"	63.0	1	0	"13502"	…	"Hudson, NY"
1	0	"Andrews, Mr. T…	"male"	39.0	0	0	"112050"	…	"Belfast, NI"
1	1	"Appleton, Mrs.…	"female"	53.0	2	0	"11769"	…	"Bayside, Queen…
1	0	"Artagaveytia, …	"male"	71.0	0	0	"PC 17609"	…	"Montevideo, Ur…
1	0	"Astor, Col. Jo…	"male"	47.0	1	0	"PC 17757"	…	"New York, NY"
1	1	"Astor, Mrs. Jo…	"female"	18.0	1	0	"PC 17757"	…	"New York, NY"
⋮	⋮	⋮	⋮	⋮	⋮	⋮	⋮	⋮	⋮

after

shape: (1309, 14)　　　　　　　　　　　　　　　　　　　　　　　列名を一括で変更

pclass	survived	name	sex	age	sibsp	parch	ticket	…	home.dest
i64	i64	str	str	f64	i64	i64	str	…	str
1	1	"Allen, Miss. E…	"female"	29.0	0	0	"24160"	…	"St Louis, MO"
1	1	"Allison, Maste…	"male"	0.92	1	2	"113781"	…	"Montreal, PQ /…
1	0	"Allison, Miss.…	"female"	2.0	1	2	"113781"	…	"Montreal, PQ /…
1	0	"Allison, Mr. H…	"male"	30.0	1	2	"113781"	…	"Montreal, PQ /…
1	0	"Allison, Mrs. …	"female"	25.0	1	2	"113781"	…	"Montreal, PQ /…
1	1	"Anderson, Mr. …	"male"	48.0	0	0	"19952"	…	"New York, NY"
1	1	"Andrews, Miss.…	"female"	63.0	1	0	"13502"	…	"Hudson, NY"
1	0	"Andrews, Mr. T…	"male"	39.0	0	0	"112050"	…	"Belfast, NI"
1	1	"Appleton, Mrs.…	"female"	53.0	2	0	"11769"	…	"Bayside, Queen…
1	0	"Artagaveytia, …	"male"	71.0	0	0	"PC 17609"	…	"Montevideo, Ur…
1	0	"Astor, Col. Jo…	"male"	47.0	1	0	"PC 17757"	…	"New York, NY"
1	1	"Astor, Mrs. Jo…	"female"	18.0	1	0	"PC 17757"	…	"New York, NY"
︙	︙	︙	︙	︙	︙	︙	︙	︙	︙

　列名に日本語が用いられているデータは、日本語ユーザーにとっては直感的な理解に役立ちます。実際、今回のデータの日本語の列名を見てみると、いままでの英語表記よりも「なんとなくこういうデータかな？」という概要が把握しやすいのではないでしょうか。

　概要が把握しやすい一方で、日本語などの全角文字を列名に使用すると、列の参照をしたいときなどにキーボードの入力切り替えをしなければならず面倒です。また、それによって全角スペースを入力してしまうというバグも生まれやすくなります。さらに、環境によっては文字化けすることもあります。

　「列名は必ず英語表記にすべきである」とまでの主張はしませんが「できれば英語表記にする」ことを意識しておくのがおすすめです。

　列名を一括変更するにはどうすればよいでしょうか。

32.2　Polars での実装例

```python
# 列名の一括変更
df.columns = [
    "pclass",
    "survived",
    "name",
    "sex",
    "age",
    "sibsp",
    "parch",
```

```
        "ticket",
        "fare",
        "cabin",
        "embarked",
        "boat",
        "body",
        "home.dest"
    ]
df.head()
```

Polars データフレームの columns プロパティに直接列名のリストを代入することで、データフレームの列名を一括で変更できます。Python の list に限らず tuple や NumPy の ndarray、pandas や Polars の Series なども渡すことができますが、set や DataFrame は渡すことができません。

また、渡したリストの長さが元のデータフレームの列数と一致しない場合、エラーになります。

列名の順番は渡したリストの順番がそのまま反映されるため、意図した順番になっているかはしっかり確認する必要があります。

32.3 pandas での実装例

```
# 列名の一括変更
df.columns = [
    "pclass",
    "survived",
    "name",
    "sex",
    "age",
    "sibsp",
    "parch",
    "ticket",
    "fare",
    "cabin",
    "embarked",
    "boat",
    "body",
    "home.dest"
]
df.head()
```

pandas でもまったく同じように列名の一括変更が行えます。pandas において列名は「列に付与された Index」ですから、この処理は「列に新しい Index をくっつける処理」ともいえます。

注意点としては、pandas では Polars と異なり Python の set や、pandas や Polars の DataFrame を渡せます。DataFrame を渡すと意図しない形に列名が変更されるのですぐに違和感に気づきますが、問題は set を渡した場合です。実行してみると「列名がバラバラの順番になっていること」に気がつきます。

Recipe 32 データフレームの列名を一括変更 | 175

これは Python の set が**ハッシュテーブル**というデータ構造で実装されており、順序の一貫性を保証しないという設計のためです。

set を使って重複削除したデータを列名として設定したいような場合では、列名の順序が想定と異なってしまうため、注意が必要です。

📔note ハッシュテーブル

今回はバグの発生源として紹介したハッシュテーブルですが、性質をしっかり押さえれば非常に便利なデータ構造です。Python では set や dict はハッシュテーブルをもとに実装されています。

データサイエンスの現場で set は「重複要素の削除」や「データの集合の表現」に使われるケースをよく見かけますが、ハッシュテーブルの使い道はそれだけではありません。ここではハッシュテーブルの特長の 1 つである高速な存在判定について紹介します。

高速な存在判定

ハッシュテーブルは、キーに対応する**ハッシュ値**を計算し、そのハッシュ値をインデックスとして使用してデータを格納します。このため、**検索・挿入・削除**などの操作が非常に高速になります。例えば要素数のとても多いリスト large_list に対してある要素 element は入っているかの判定をたくさん（n_loop 回）行うケースを考えましょう。

```python
# element が large_list に入っているかを n_loop 回調べる
val_count = 0

for _ in range(n_loop): # 調べる回数も多い
    element = get_element() # 調べる対象の要素の取得はすぐできるという設定

    if element in large_list:
        val_count += 1

print(val_count)
```

if element in large_list: に注目してください。list に対して in 演算子を使うことで「large_list の中に element は入っているか」を判定できますが、内部では**線形探索**[注1]というアルゴリズムが動いており、判定にリストの要素数を N として $O(N)$ かかってしまいます[注2]。調べる回数を Q とすると、この処理全体の計算量は $O(QN)$ であると評価できます。このケースは、リストの長さも長く、調べる回数も多いという設定のため、計算が非常に**遅くなってしまう**可能性があります[注3]。

注1　線形探索は、先頭から 1 つずつ「これは探しているキーと等しいか」を調べるアルゴリズムです。シンプルな検索アルゴリズムですが効率のよい方法とはいえません。

注2　計算量の評価に $O(N)$ のようなオーダー記法（ランダウの記号）を用いることがあります。詳しい定義は省略しますが、ある処理の計算量が $O(N)$ であるということは「計算量の支配項（変数が十分大きくなったときに最も影響の大きい項）がデータ数 N に比例、もしくはそれ以下に抑えられる」ことを意味します。ここでは単に「データ数が倍になれば計算量も倍になる処理である」という認識で問題ありません。

注3　並列化などの条件を無視すると、Python では $Q \times N$ の値が 10^7 あたりを超えると処理に数秒以上かかる印象です。これは例えばリストの要素数が 1000 程度、調べる回数が 10000 回程度でも到達するスケールであり、それぞれ 10 倍、100 倍になると処理時間は数百秒、数万秒と増大します。

176 ｜ 特訓 4 日目　データの加工

そこで large_list を set に変換し、存在判定を高速化します。

```
# element が large_set に入っているかを n_loop 回調べる
large_set = set(large_list) # list を set に変換
val_count = 0

for _ in range(n_loop):
    element = get_element()

    if element in large_set: # set に対する in は非常に高速
        val_count += 1

print(val_count)
```

set はハッシュテーブルの仕組みにより、存在判定を $O(1)$ で行えます。そのため、この変換により、in の判定が $O(1)$ となり、全体の処理の計算量が $O(Q)$ と、高速になります。ちなみに辞書 dict に対する in は「要素が、dict のキーの中に入っているか」を判定できますがこちらも同様に $O(1)$ で判定可能です。

ハッシュ関数

ハッシュテーブルは、ハッシュ関数を使用してキーからハッシュ値を生成します。ハッシュ関数とは、あるデータ（入力）を固定長のハッシュ値（出力）に変換する関数であり、性質は以下のとおりです。

- 同じ入力に対しては、常に同じハッシュ値を生成する。
- 異なる入力に対しては、異なるハッシュ値を生成することが望ましい（ただし、実際には衝突[注4] が起こることがある）。
- 入力データのサイズに関係なく、固定長のハッシュ値を生成する。
- 高速に計算できる。

ハッシュ関数のこれらの性質を用いることで、ハッシュテーブルが実現されます。

注4　異なる入力に対し、同じハッシュ値が生成されてしまうことをハッシュ値の衝突と呼びます。

Recipe 33 データフレームの特定の列名を変更

 ## 33.1　アイデア

　タイタニック号の乗客データの、外部データセットが手に入った。データは多いに越したことはないので早速既存データとマージしようとしてみたがうまくいかない。どうやら一部の列名の表記が異なるらしく、`parch` が `relatives`、`boat` が `lifeboat` になっているようだ[注1]。これを既存の名前に合わせたい。

● 使用するデータ

　タイタニック号の乗客データの外部データセット　ファイル名：`titanic_ex.csv`

before

shape: (200, 14)

新たに得られたデータの表記が異なる　→　元のデータに合わせたい

pclass	survived	…	sibsp	relatives	ticket	fare	cabin	embarked	lifeboat	body	…
i64	i64	…	i64	i64	str	f64	str	str	str	i64	…
1	1	…	0	0	"24160"	211.3375	"B5"	"S"	"2"	null	…
1	1	…	1	2	"113781"	151.55	"C22 C26"	"S"	"11"	null	…
1	0	…	1	2	"113781"	151.55	"C22 C26"	"S"	null	null	…
1	0	…	1	2	"113781"	151.55	"C22 C26"	"S"	null	135	…
1	0	…	1	2	"113781"	151.55	"C22 C26"	"S"	null	null	…
1	1	…	0	0	"19952"	26.55	"E12"	"S"	"3"	null	…
1	1	…	1	0	"13502"	77.9583	"D7"	"S"	"10"	null	…
1	0	…	0	0	"112050"	0.0	"A36"	"S"	null	null	…
1	1	…	2	0	"11769"	51.4792	"C101"	"S"	"D"	null	…
1	0	…	0	0	"PC 17609"	49.5042	null	"C"	null	22	…
1	0	…	1	0	"PC 17757"	227.525	"C62 C64"	"C"	null	124	…

注1　この設定はフィクションです。

| 1 | 1 | ⋯ | 1 | 0 | "PC 17757" | 227.525 | "C62 C64" | "C" | "4" | null | ⋯ |
| ⋮ | ⋮ | ⋮ | ⋮ | ⋮ | ⋮ | ⋮ | ⋮ | ⋮ | ⋮ | ⋮ | ⋮ |

after

shape: (200, 14)　元に戻った

pclass	survived	⋯	sibsp	parch	ticket	fare	cabin	embarked	boat	body	⋯
i64	i64	⋯	i64	i64	str	f64	str	str	str	i64	⋯
1	1	⋯	0	0	"24160"	211.3375	"B5"	"S"	"2"	null	⋯
1	1	⋯	1	2	"113781"	151.55	"C22 C26"	"S"	"11"	null	⋯
1	0	⋯	1	2	"113781"	151.55	"C22 C26"	"S"	null	null	⋯
1	0	⋯	1	2	"113781"	151.55	"C22 C26"	"S"	null	135	⋯
1	0	⋯	1	2	"113781"	151.55	"C22 C26"	"S"	null	null	⋯
1	1	⋯	0	0	"19952"	26.55	"E12"	"S"	"3"	null	⋯
1	1	⋯	1	0	"13502"	77.9583	"D7"	"S"	"10"	null	⋯
1	0	⋯	0	0	"112050"	0.0	"A36"	"S"	null	null	⋯
1	1	⋯	2	0	"11769"	51.4792	"C101"	"S"	"D"	null	⋯
1	0	⋯	0	0	"PC 17609"	49.5042	null	"C"	null	22	⋯
1	0	⋯	1	0	"PC 17757"	227.525	"C62 C64"	"C"	null	124	⋯
1	1	⋯	1	0	"PC 17757"	227.525	"C62 C64"	"C"	"4"	null	⋯
⋮	⋮	⋮	⋮	⋮	⋮	⋮	⋮	⋮	⋮	⋮	⋮

　Kaggleなどのデータ分析コンペティションにおいてホストから提供されたデータ以外に「外部データセット」を使用できることがあります。そのときにやるべきことの1つに「データ間の整合を確認する」があります。外部データを矛盾なく元のデータと統合させるためには基本的に適切な前処理が必要であり、前処理を怠るとデータのマージがうまくいかないこともあります[注2]。

　今回は「同じタイタニック号の乗客データであるが、一部の列名が異なる」という設定で、元のデータへ統合するために列名を修正したいというストーリーです。

　特定の列名を変更するにはどうすればよいでしょうか。

33.2　Polarsでの実装例

```
# 特定列名の変更
df_renamed = df.rename({"relatives": "parch", "lifeboat": "boat"})
df_renamed.head()
```

　Polarsデータフレームの`rename`メソッドを使うことで特定列名を変更できます。変更対象の列名

注2　コンペティションに限らず、データサイエンスの現場でも、同じ形式のはずのデータが「ちょっと異なる」ことはよくあります。本レシピのように列名を修正すればよいだけだったらまだ軽いほうで、整合性をとるためにヘビーな分析が必要になるかもしれません。

をキー、変更後の列名をバリューに持つ辞書 { 変更前 : 変更後 } を引数に渡します。Recipe 32 に登場した「列名の一括変更」のアプローチでももちろん変更可能ですが、今回の例のように変更箇所が一部である場合は、順番を変えてしまう心配のない rename のほうがおすすめです。

33.3 pandas での実装例

```
# 特定列名の変更
df_renamed = df.rename(columns={"relatives": "parch", "lifeboat": "boat"})
df_renamed.head()
```

pandas データフレームにも rename メソッドは存在しますが、引数で columns= を明示する必要があり、少し異なるので注意してください。これは rename が pandas データフレームの Index オブジェクトをつけ替えるメソッドであり、Index オブジェクトは行と列どちらにも付与できるためです。columns= を指定しない場合、デフォルトで行方向に対する処理になります。

デフォルト動作の注意点として、以下のコードを実行してみましょう。

```
# 特定列名の変更をしたい
df_renamed = df.rename(
    {"relatives": "parch", "lifeboat": "boat"}
) # columns を指定していない

df_renamed.head()
```

▶ 出力結果

pclass	survived	…	sibsp	relatives	ticket	fare	cabin	embarked	lifeboat	body	…
i64	i64	…	i64	i64	str	f64	str	str	str	i64	…
1	1	…	0	0	"24160"	211.3375	"B5"	"S"	"2"	null	…
1	1	…	1	2	"113781"	151.55	"C22 C26"	"S"	"11"	null	…
1	0	…	1	2	"113781"	151.55	"C22 C26"	"S"	null	null	…
1	0	…	1	2	"113781"	151.55	"C22 C26"	"S"	null	135	…
1	0	…	1	2	"113781"	151.55	"C22 C26"	"S"	null	null	…

特にエラーにはなりませんが**出力結果は変わりません**。これはデフォルトである行方向に処理がされたものの行の Index に relatives や lifeboat がないためです。本来ならばエラーなどで教えてほしいところですが、rename の引数 errors のデフォルト値が "ignore" であり、エラーが無視されてしまっています。

```
# 特定列名の変更をしたい
df_renamed = df.rename({"relatives": "parch", "lifeboat": "boat"}, errors="raise")
df_renamed.head()
```

そこで、errors を "raise" とすることで、KeyError: "['relatives', 'lifeboat'] not found in axis" を返してくれます。しかし、そもそもここを安全に書く几帳面な人は columns= の指定忘れに気づきそうです。

pandas データフレームに対して rename するときは、「columns の指定をすること」もしくは「ちゃんと列名が変更されたかを確認すること」を忘れないようにしましょう。

Recipe 34 欠損値の補完

34.1 アイデア

age 列には欠損値が 263 個存在するようだ。データを有効活用するために欠損値を補完したい。年齢の分布に偏りがある可能性が高いため、欠損値を補完する代表値としては「中央値」を用いたい。

● 使用するデータ

タイタニック号の乗客データ　ファイル名：titanic.csv

before

null を代表値（今回は中央値）で補完したい

pclass	survived	name	sex	age	sibsp	parch	ticket	…	home.dest
i64	i64	str	str	f64	i64	i64	str	…	str
1	1	"Allen, Miss. E…"	"female"	29.0	0	0	"24160"	…	"St Louis, MO"
1	1	"Allison, Maste…"	"male"	0.92	1	2	"113781"	…	"Montreal, PQ /…"
1	0	"Allison, Miss.…"	"female"	2.0	1	2	"113781"	…	"Montreal, PQ /…"
1	0	"Allison, Mr. H…"	"male"	30.0	1	2	"113781"	…	"Montreal, PQ /…"
1	0	"Allison, Mrs.…"	"female"	25.0	1	2	"113781"	…	"Montreal, PQ /…"
1	1	"Anderson, Mr.…"	"male"	48.0	0	0	"19952"	…	"New York, NY"
1	1	"Andrews, Miss.…"	"female"	63.0	1	0	"13502"	…	"Hudson, NY"
1	0	"Andrews, Mr. T…"	"male"	39.0	0	0	"112050"	…	"Belfast, NI"
1	1	"Appleton, Mrs.…"	"female"	53.0	2	0	"11769"	…	"Bayside, Queen…"
1	0	"Artagaveytia,…"	"male"	71.0	0	0	"PC 17609"	…	"Montevideo, Ur…"
1	0	"Astor, Col. Jo…"	"male"	47.0	1	0	"PC 17757"	…	"New York, NY"
⋮	⋮	⋮	⋮	⋮	⋮	⋮	⋮	⋮	⋮
3	0	"Wiseman, Mr. P…"	"male"	null	0	0	"A/4. 34244"	…	null
3	0	"Wittevrongel,…"	"male"	36.0	0	0	"345771"	…	null
3	0	"Yasbeck, Mr. A…"	"male"	27.0	1	0	"2659"	…	null

3	1	"Yasbeck, Mrs. ···	"female"	15.0	1	0	"2659"	···	null
3	0	"Youseff, Mr. G···	"male"	45.5	0	0	"2628"	···	null
3	0	"Yousif, Mr. Wa···	"male"	null	0	0	"2647"	···	null
3	0	"Yousseff, Mr. ···	"male"	null	0	0	"2627"	···	null
3	0	"Zabour, Miss. ···	"female"	14.5	1	0	"2665"	···	null
3	0	"Zabour, Miss. ···	"female"	null	1	0	"2665"	···	null
3	0	"Zakarian, Mr. ···	"male"	26.5	0	0	"2656"	···	null
3	0	"Zakarian, Mr. ···	"male"	27.0	0	0	"2670"	···	null
3	0	"Zimmerman, Mr.···	"male"	29.0	0	0	"315082"	···	null

after

shape: (1309, 14)

pclass	survived	name	sex	age	sibsp	parch	ticket	···	home.dest
i64	i64	str	str	f64	i64	i64	str	···	str
1	1	"Allen, Miss. E···	"female"	29.0	0	0	"24160"	···	"St Louis, MO"
1	1	"Allison, Maste···	"male"	0.92	1	2	"113781"	···	"Montreal, PQ /···
1	0	"Allison, Miss.···	"female"	2.0	1	2	"113781"	···	"Montreal, PQ /···
1	0	"Allison, Mr. H···	"male"	30.0	1	2	"113781"	···	"Montreal, PQ /···
1	0	"Allison, Mrs. ···	"female"	25.0	1	2	"113781"	···	"Montreal, PQ /···
1	1	"Anderson, Mr. ···	"male"	48.0	0	0	"19952"	···	"New York, NY"
1	1	"Andrews, Miss.···	"female"	63.0	1	0	"13502"	···	"Hudson, NY"
1	0	"Andrews, Mr. T···	"male"	39.0	0	0	"112050"	···	"Belfast, NI"
1	1	"Appleton, Mrs.···	"female"	53.0	2	0	"11769"	···	"Bayside, Queen···
1	0	"Artagaveytia, ···	"male"	71.0	0	0	"PC 17609"	···	"Montevideo, Ur···
1	0	"Astor, Col. Jo···	"male"	47.0	1	0	"PC 17757"	···	"New York, NY"
⋮	⋮	⋮	中央値28.0で補完できた！	⋮			⋮	⋮	⋮
3	0	"Wiseman, Mr. P···	"male"	28.0	0	0	"A/4. 34244"	···	null
3	0	"Wittevrongel, ···	"male"	36.0	0	0	"345771"	···	null
3	0	"Yasbeck, Mr. A···	"male"	27.0	1	0	"2659"	···	null
3	1	"Yasbeck, Mrs. ···	"female"	15.0	1	0	"2659"	···	null
3	0	"Youseff, Mr. G···	"male"	45.5	0	0	"2628"	···	null
3	0	"Yousif, Mr. Wa···	"male"	28.0	0	0	"2647"	···	null
3	0	"Yousseff, Mr. ···	"male"	28.0	0	0	"2627"	···	null
3	0	"Zabour, Miss. ···	"female"	14.5	1	0	"2665"	···	null
3	0	"Zabour, Miss. ···	"female"	28.0	1	0	"2665"	···	null
3	0	"Zakarian, Mr. ···	"male"	26.5	0	0	"2656"	···	null
3	0	"Zakarian, Mr. ···	"male"	27.0	0	0	"2670"	···	null
3	0	"Zimmerman, Mr.···	"male"	29.0	0	0	"315082"	···	null

以前のレシピ（ Recipe 22 ）では、特定列で欠損値を持つレコードを除外（欠損値を含むレコードを削除）する方法を採用しましたが、その方法を用いると、age 列の欠損数である 263 レコードが除外されてしまいます。除外されたデータにも age の列以外には値が存在するため、分析対象から外してしまうのはもったいないです。こうしたデータを有効活用する方法の 1 つとして「代表値による欠損値の補完」があります。適切な代表値を選ぶ必要がありますが、データが除外されないため、有益な情報を得られる可能性があります。

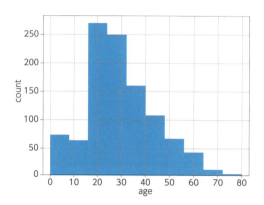

今回は age 列の分布が図のように偏りを持っているため、外れ値の影響を受けにくい中央値を代表値として選び、その値で欠損値を補完することにします[注1]。

欠損値を中央値で補完するにはどうすればよいでしょうか。

34.2　Polars での実装例

```python
# age 列の欠損値を age 列の中央値で補完
df_age_filled = (
    df
    .with_columns(
        pl.col("age").fill_null(pl.col("age").median())
    )
)

df_age_filled.head()
```

Polars エクスプレッションの `fill_null` を使うことで、指定された列の欠損値 null を引数で渡した値に補完できます。今回は代表値を中央値とするため、その列の中央値を返すエクスプレッションの `median` を使いました。

`pl.col("age").fill_null(30.0)` のように定数を渡せばその値で補完されます。

[注1]　実はこの方法でも厳密にはデータにバイアスを導入してしまいます。詳しくは Column にて解説します。

また、平均値、最大値、最小値などでの置き換えは `fill_null` の引数 `strategy` にキーワードを指定することでも実装できます。

```python
# age 列の欠損値を age 列の平均値で補完
df_age_filled = (
    df
    .with_columns(
        pl.col("age").fill_null(strategy="mean")  # 平均値で補完
    )
)

df_age_filled.head()
```

引数 `strategy` にはほかに以下のような値を指定できます。`forward` や `backward` といったキーワードは前後の値を用いた補完ですから、前後関係に意味のある時系列データなどが対象になります。

strategy	説明
`"forward"`	1つ後ろ（時系列でいうと過去）のレコードの値を用いて「前（時系列でいうと未来）へ」補完される（先頭が欠損値であるなど、1つ後ろのレコードが存在しない場合は**補完されない**）
`"backward"`	1つ前のレコードの値を用いて「後ろへ」補完される（末尾が欠損値であるなど、1つ前のレコードが存在しない場合は**補完されない**）
`"min"`	そのシリーズの最小値で補完される
`"max"`	そのシリーズの最大値で補完される
`"mean"`	そのシリーズの平均値で補完される
`"zero"`	整数型の 0 や浮動小数点数型の 0.0 で補完される
`"one"`	整数型の 1 や浮動小数点数型の 1.0 で補完される

34.3　pandas での実装例

```python
# age 列の欠損値を age 列の中央値で補完
df["age"] = df["age"].fillna(df["age"].median())
df.head()
```

pandas シリーズの `fillna` を使うことで、指定された列の欠損値 `NaN` を引数で渡した値に補完できます。ある列の中央値を指定するには pandas シリーズの `median` メソッドを使います。

この記述方法では `df` が直接操作されるため、元の `df` を保持するには以下のように処理の最初に `copy` を行い、明示的に `df` を残しておく必要があります。

```python
# age 列の欠損値を age 列の中央値で補完
df_age_filled = df.copy()  # データフレームをコピー
df_age_filled["age"] = df_age_filled["age"].fillna(df_age_filled["age"].median())
```

`fillna` の引数 `method` に以下キーワードを渡すことで補完方法を指定できます。

method	説明
`"ffill"`	1つ後ろのレコードが「前へ」補完される（先頭が欠損値であるなど、1つ後ろのレコードが存在しない場合は**補完されない**）
`"bfill / backfill"`	1つ前のレコードから「後ろへ」補完される（末尾が欠損値であるなど、1つ前のレコードが存在しない場合は**補完されない**）

 ## 34.4 Tips

● NaN での補完

Recipe 21 の Column に登場した Polars と pandas における欠損値の取り扱いの違いについて、Polars の null は、null == null が True になる以外は null を返す仕様のため、値の評価結果に bit 反転などを行ったときの動作が pandas の NaN と異なりました。実装の方針として pandas と同様の結果にしたいとき、例えば pl.col("age") >= 20 などとしたときの欠損値への評価結果を null ではなく False にしたいときは null を NaN で置き換えます。そのときは fill_null の引数に float("nan") や numpy.nan を渡します。

```python
# age 列の欠損値を NaN で補完
df_age_filled = (
    df
    .with_columns(
        pl.col("age").fill_null(float("nan")) # NaN で補完
    )
)

df_age_filled.head()
```

 中央値

　中央値の演算結果は、一般的な実装において浮動小数点数型で返却されます。そのため、元のデータ型が整数型の場合でも浮動小数点数型にキャストされてしまう点に注意しましょう。

　中央値はデータを昇順または降順に並べたときに中央に位置する値です。そのため奇数の長さの整数列に対しては「5 要素のうちの 3 番目のデータ」のように特定できます。一方、データが偶数個の場合は、真ん中の 2 つの値の平均が中央値となります。この 2 つの値が整数でも、その平均値は小数になる可能性があります。例えば、[1, 2, 3, 4] というデータの中央値は 2 と 3 の平均である 2.5 となります。

　このように、中央値の計算結果は整数ではなく小数（浮動小数点数）になる可能性があるため、一般的な実装では中央値の返り値が浮動小数点数型となっています。

欠損値の消去、補完によるバイアスの導入

　本レシピでは欠損値を持つレコードを削除する方法のデメリットとして「除外されるデータがもったいない」点を紹介しましたが、それ以外にもデメリットは存在します。

　データがランダムに欠損しているとは限らず、欠損値の分布が特定のパターンを持つ場合、そのパターンの情報が失われ、バイアスが導入される可能性があります。例えばタイタニック号の乗客データの age において、欠損値は「年齢が取得できなかったデータ」です。これには例えば「亡くなっていて身元が不明のため年齢の情報が得られなかった」というデータが含まれる可能性があります。

　実際に、pandas を用いてデータ全体での生存と死亡の比率と、年齢が欠損値のデータの中での生存と死亡の比率を比べてみましょう。

データ全体

```python
# データ全体での生存と死亡の比率
df["survived"].value_counts(normalize=True)
```

▶出力

```
survived
0    0.618029
1    0.381971
Name: proportion, dtype: float64
```

年齢が欠損値のデータ

```python
# 年齢が欠損値のデータでの生存と死亡の比率
df[df["age"].isna()]["survived"].value_counts(normalize=True)
```

▶出力

```
survived
0    0.722433
1    0.277567
Name: proportion, dtype: float64
```

　年齢が欠損値のデータでは死亡率が 72.2% とデータ全体の場合に比べて死亡率が高くなっています。つまり、age が欠損値であるようなデータの分布はデータ全体の分布と異なるため、そのまま欠損値のデータを除外することによって元のデータの分布にバイアスを与えてしまう可能性があります。

　欠損値の補完も欠損値の消去と同様に、適切でない代表値を選んでしまうことで、データにバイアスを導入してしまう可能性があります。

　例えば、アンケートの回答データがあり、項目に所得に関する情報も含まれているとします。し

かし、所得はセンシティブな情報であるため、回答者の一部がこの質問に答えることを拒否した結果、所得データに欠損値が生じている状況です。

　ここで、欠損値を全体の平均所得や中央所得で補完すると、データにバイアスを導入してしまう可能性があります。例えば、報告しなかった人々の所得の分布に偏りがあり、平均的な所得よりもかなり低い、またはかなり高い所得を持つような可能性が考えられるからです。

　このような問題に対処するためには、欠損の原因を理解し、その原因に基づいて欠損値を補完することが重要です。例えば、所得の報告を避ける可能性が高い特定のグループ（例えば、非常に低所得者または非常に高所得者）が存在する場合、それぞれのグループに対して異なる補完戦略を適用することが考えられます。さらに、複数の変数を用いて欠損値を予測する多変量補完方法（例えば、回帰補完[注2]、K-最近傍法[注3]、マルチプルインプテーション[注4]など）を使用することも有効です。

　そしてそもそも「欠損値をそのまま欠損値として扱う」方法がよい結果になることもあります。よく使われる LightGBM など決定木系のアルゴリズムでは、欠損値のままの入力をサポートしていますし、ニューラルネットワークなど直接欠損値を入力できないアルゴリズムに関しては、その列の「最小値より小さい値」「最大値より大きい値」など、それが欠損値のカテゴリであることを示すような値で補完することで、うまく欠損値を扱えるケースも多いです。

注2　利用可能なほかの変数を使って欠損しているデータを予測する回帰モデルを利用する手法。
注3　欠損値データに最も近い K 個のデータポイント（通常、ユークリッド距離などの距離尺度を用いる）を見つけ、これらの平均値や中央値で欠損を補完する手法。
注4　多重代入法。欠損値を補完したデータセットを複数作成し、結果を統合することで統計的に欠損のあるデータの推測を行う手法。

Recipe 35　NumPy 配列への変換

 35.1　アイデア

データフレームの数値型の列に対し、NumPy の数値計算機能を活用したい。いくつかの機能を使いたいため、あらかじめデータフレームを NumPy 配列（`numpy.ndarray` 型）に変換したい。

● 使用するデータ

タイタニック号の乗客データ　ファイル名：`titanic.csv`

before

数値型（i64 もしくは f64）の列を抽出し、NumPy 配列に変換したい

pclass	survived	…	sex	age	sibsp	parch	ticket	fare	…	home.dest
i64	i64	…	str	f64	i64	i64	str	f64	…	str
1	1	…	"female"	29.0	0	0	"24160"	211.3375	…	"St Louis, MO"
1	1	…	"male"	0.92	1	2	"113781"	151.55	…	"Montreal, PQ /…
1	0	…	"female"	2.0	1	2	"113781"	151.55	…	"Montreal, PQ /…
1	0	…	"male"	30.0	1	2	"113781"	151.55	…	"Montreal, PQ /…
1	0	…	"female"	25.0	1	2	"113781"	151.55	…	"Montreal, PQ /…
1	1	…	"male"	48.0	0	0	"19952"	26.55	…	"New York, NY"
1	1	…	"female"	63.0	1	0	"13502"	77.9583	…	"Hudson, NY"
1	0	…	"male"	39.0	0	0	"112050"	0.0	…	"Belfast, NI"
1	1	…	"female"	53.0	2	0	"11769"	51.4792	…	"Bayside, Queen…
1	0	…	"male"	71.0	0	0	"PC 17609"	49.5042	…	"Montevideo, Ur…
1	0	…	"male"	47.0	1	0	"PC 17757"	227.525	…	"New York, NY"
1	1	…	"female"	18.0	1	0	"PC 17757"	227.525	…	"New York, NY"
⋮	⋮	…	⋮	⋮	⋮	⋮	⋮	⋮	…	⋮

after

```
array([[ 1.     , 1.     , 29.    , ..., 0.    , 211.3375,     nan],
       [ 1.     , 1.     , 0.92   , ..., 2.    , 151.55  ,     nan],
       [ 1.     , 0.     , 2.     , ..., 2.    , 151.55  ,     nan],
       ...,
       [ 3.     , 0.     , 26.5   , ..., 0.    ,   7.225 , 304.  ],
       [ 3.     , 0.     , 27.    , ..., 0.    ,   7.225 ,     nan],
       [ 3.     , 0.     , 29.    , ..., 0.    ,   7.875 ,     nan]])
```

　NumPy は、Python で数値計算を効率的に行うためのライブラリです。NumPy は**多次元配列オブジェクト**（numpy.ndarray、以下 **NumPy 配列**）と、それを数値計算処理するための多くの機能を提供しています。

　NumPy は C 言語や Fortran で実装されています。低レベルなプログラミング言語は直接ハードウェアにアクセスできるため計算速度が高速です。また、ベクトル化された操作[注5]や効率的なデータ構造[注6]も NumPy の高速な処理に寄与しています。そのため、膨大な数値データの前処理を行いたいときなどには事前に NumPy 配列にデータを変換しておくことにより、処理時間の短縮が期待できます。

　他の NumPy のユースケースとしては、豊富な数値計算機能が挙げられます。Polars や pandas にも数値計算の機能は多数実装されていますが、NumPy 特有の機能も存在します。「NumPy の特定の関数を使いたいため、データフレームを NumPy 配列に変換したい」という状況はデータサイエンスの現場でよくあります。また、NumPy の関数に限らず SciPy などのデータ分析でよく使われるライブラリには、データフレームは引数として渡せないが、NumPy 配列は渡せる場合も存在します。

　データフレームやシリーズを NumPy 配列に変換するにはどうすればよいでしょうか。

35.2　Polars での実装例

```
# データフレームから数値型の列を抽出し、NumPy 配列に変換
array_from_df = df.select(
    pl.col([pl.Int64, pl.Float64])
).to_numpy()

array_from_df
```

　Polars データフレームの `to_numpy` メソッドを使うことで、データフレームを NumPy 配列に変換できます。本レシピでは数値型の列に対して変換を行っているため、`select` 式の返り値であるデータフレームに対してメソッドを実行していますが、`df.to_numpy()` のようにデータフレーム全体を NumPy 配列に変換することもできます。

注5　NumPy は、配列全体に対する操作を一度に行うことができます。これは、Python の for ループを使って各要素を個別に処理するよりも高速です。これをベクトル化と呼びます。
注6　NumPy 配列は、メモリ上に連続的に配置されるため、キャッシュ効率が非常に高いです。

```python
# データフレーム全体を NumPy 配列に変換
df.to_numpy()
```

▶ 出力イメージ

```
array([[1, 1, 'Allen, Miss. Elisabeth Walton', ..., '2', nan,
        'St Louis, MO'],
       [1, 1, 'Allison, Master. Hudson Trevor', ..., '11', nan,
        'Montreal, PQ / Chesterville, ON'],
       [1, 0, 'Allison, Miss. Helen Loraine', ..., None, nan,
        'Montreal, PQ / Chesterville, ON'],
       ...,
       [3, 0, 'Zakarian, Mr. Mapriededer', ..., None, 304.0, None],
       [3, 0, 'Zakarian, Mr. Ortin', ..., None, nan, None],
       [3, 0, 'Zimmerman, Mr. Leo', ..., None, nan, None]], dtype=object)
```

文字列データも含まれるため、numpy.ndarray のデータ型が object 型にキャストされています。

35.3 pandas での実装例

```python
# データフレームから数値型の列を抽出し、NumPy 配列に変換
array_from_df = df.select_dtypes(include=["int", "float"]).to_numpy()
array_from_df
```

pandas でも同様にデータフレームの to_numpy メソッドを使うことで、データフレームを NumPy 配列に変換できます。

35.4 Tips

● シリーズ型の変換

データフレームに限らず、Polars や pandas シリーズも to_numpy が使えます。例えば、特定の列を抜き出して別のライブラリの関数に入力して前処理を行う、といったユースケースが考えられます。

▶ Polars での実装例

```python
# age 列のシリーズを NumPy 配列に変換
array_from_df = df.get_column("age").to_numpy()
array_from_df
```

▶ pandas での実装例

```python
# age 列のシリーズを NumPy 配列に変換
array_from_df = df["age"].to_numpy()
array_from_df
```

note pandas の values プロパティ

pandas データフレームには、to_numpy メソッドと同様な動作をする values プロパティも提供されています。

```
# データフレームから数値型の列を抽出し、NumPy 配列に変換
array_from_df = df.select_dtypes(include=["int", "float"]).values
array_from_df # to_numpy と同じ出力
```

しかし、pandas 0.24.0 以降では、values ではなく to_numpy の使用が推奨されています。to_numpy を使うメリットには次のようなものがあります。

- to_numpy は引数で欠損値の処理方法を指定できるほか、データ型を変換するかどうかも指定でき、より柔軟な変換が可能です。
- to_numpy はメソッド名から明確に「NumPy 配列へ変換する」という実装者の意図を読みととることができ、コードの可読性の面で優れているといえます。

Recipe 36 データのビニング

 36.1　アイデア

　年齢は重要な特徴である可能性が高い、例えば乳幼児は優先的に救助されただろう、老人も優先の対象だったかもしれない。そこで、「乳幼児」「少年」「青年」「中年」「老人」というカテゴリ変数を作って各データを割り当てたい。何歳でカテゴリを区切るのが適切かはわからないので、ひとまず「各カテゴリが同じ量になるように」5つのカテゴリに分割したものを、新規列として追加したい。

● 使用するデータ

タイタニック号の乗客データ　ファイル名：titanic.csv

before

> 年齢をカテゴリに区切りたい

pclass	survived	name	sex	age	sibsp	parch	...	home.dest
i64	i64	str	str	f64	i64	i64	...	str
1	1	"Allen, Miss. E…	"female"	29.0	0	0	...	"St Louis, MO"
1	1	"Allison, Maste…	"male"	0.92	1	2	...	"Montreal, PQ /…
1	0	"Allison, Miss.…	"female"	2.0	1	2	...	"Montreal, PQ /…
1	0	"Allison, Mr. H…	"male"	30.0	1	2	...	"Montreal, PQ /…
1	0	"Allison, Mrs. …	"female"	25.0	1	2	...	"Montreal, PQ /…
1	1	"Anderson, Mr. …	"male"	48.0	0	0	...	"New York, NY"
1	1	"Andrews, Miss.…	"female"	63.0	1	0	...	"Hudson, NY"
1	0	"Andrews, Mr. T…	"male"	39.0	0	0	...	"Belfast, NI"
1	1	"Appleton, Mrs.…	"female"	53.0	2	0	...	"Bayside, Queen…
1	0	"Artagaveytia, …	"male"	71.0	0	0	...	"Montevideo, Ur…
1	0	"Astor, Col. Jo…	"male"	47.0	1	0	...	"New York, NY"
1	1	"Astor, Mrs. Jo…	"female"	18.0	1	0	...	"New York, NY"
⋮	⋮	⋮	⋮	⋮	⋮	⋮		⋮

年齢のカテゴリを追加

after

pclass	survived	name	sex	age	sibsp	parch	⋯	home.dest	age_group
i64	i64	str	str	f64	i64	i64	⋯	str	cat
1	1	"Allen, Miss. E⋯"	"female"	29.0	0	0	⋯	"St Louis, MO"	"C"
1	1	"Allison, Maste⋯"	"male"	0.92	1	2	⋯	"Montreal, PQ /⋯"	"A"
1	0	"Allison, Miss.⋯"	"female"	2.0	1	2	⋯	"Montreal, PQ /⋯"	"A"
1	0	"Allison, Mr. H⋯"	"male"	30.0	1	2	⋯	"Montreal, PQ /⋯"	"C"
1	0	"Allison, Mrs. ⋯"	"female"	25.0	1	2	⋯	"Montreal, PQ /⋯"	"B"
1	1	"Anderson, Mr. ⋯"	"male"	48.0	0	0	⋯	"New York, NY"	"E"
1	1	"Andrews, Miss.⋯"	"female"	63.0	1	0	⋯	"Hudson, NY"	"E"
1	0	"Andrews, Mr. T⋯"	"male"	39.0	0	0	⋯	"Belfast, NI"	"D"
1	1	"Appleton, Mrs.⋯"	"female"	53.0	2	0	⋯	"Bayside, Queen⋯"	"E"
1	0	"Artagaveytia, ⋯"	"male"	71.0	0	0	⋯	"Montevideo, Ur⋯"	"E"
1	0	"Astor, Col. Jo⋯"	"male"	47.0	1	0	⋯	"New York, NY"	"E"
1	0	"Astor, Mrs. Jo⋯"	"female"	18.0	1	0	⋯	"New York, NY"	"A"
⋮	⋮	⋮	⋮	⋮	⋮	⋮	⋮	⋮	⋮

　年齢などの数値データ（量的データ）は特定の値を境に特別な特徴を持つことがあります。例えば日本では年齢が 18 歳を境に未成年から成人となり、法的な権限や責任が大きく変化します。また、65 歳を超えると一般的には退職年齢と見なされ、社会における立場が変化します。

　そこで、この情報を活用することで、18 歳未満や 65 歳以上のデータにそれぞれ「未成年」「高齢者」フラグをアサインし、新しい特徴量とすることを考えます。これを実現するには「年齢が 18 歳未満であれば未成年」のように特定の値を境にデータを区切り、ラベルをつければよいです。このように、連続的な数値データを離散的なカテゴリに分割することを**ビニング**といいます。ビニングは特徴量エンジニアリングの過程だけでなく EDA の場面でも、データの分布を把握する上で活躍します。

　ただし、適切な区間（ビン）の区切り方は、そのデータが持つ背景や、分析目的によって一般に異なるため、慎重に精査する必要があります。

　今回のタイタニック号のケースではどうでしょう。当時の時代背景や、関連するさまざまな情報を調査し、「これだ！」というビンの区切り方が見つかるかもしれませんが、なかなか大変ですしうまくいくとも限りません。そこで今回は、各ビンのデータ数がおおよそ等しい数になるように区間を決めるために、**分位数ベース**（quantile-based）[注1] なビニング手法を採用します。

注1　分位数（quantiles）とパーセンタイルは実質的に同じものという認識で問題ありません。

194 ｜ 特訓 4 日目　データの加工

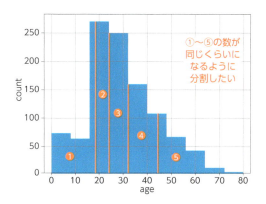

そのようなビニングを age 列に適用し、新規列として追加するにはどうすればよいでしょうか。

36.2 Polars での実装例

```
# age 列を各ビンのデータ数がおおよそ等しくなるように分割し、"A" ～ "E" のラベルをつける
df_qcut = df.with_columns(
    pl.col("age")
    .qcut(
        quantiles=[0.2, 0.4, 0.6, 0.8],  # 分位数の指定
        labels=["A", "B", "C", "D", "E"],  # 各ビンにラベルをつける
    )
    .alias("age_group")
)

df_qcut.head()
```

Polars エクスプレッションの qcut を使うことで分位数ベースなビニングを行えます。引数 quantiles に分位数をリストで渡し「その分位数でデータをカットする」というようなイメージです。今回行いたい操作は「各ビンのデータ数がおおよそ等しくなるように 5 つに分割する」であるため、各ビンがデータ全体の約 20% を含むように設定しています。分位数としては、「分割したい数 − 1」である 4 つの値を渡すことに注意してください。また、分位数を明示的に渡すので、それぞれのビンに入るデータ数が等しいとは限らない分割も表現できます。

quantiles は位置引数[1]のためキーワード (quantiles=) を省略可能であり、quantiles=[0.2, 0.4, 0.6, 0.8] を、[0.2, 0.4, 0.6, 0.8] としても動作します。今回は可読性のため明示的に記述しています。

さらに、引数 labels にラベルのリストを渡すことで、各ビンにラベルをつけられます。今回は各ビンへ小さいほうから "A" ～ "E" とラベルをつけ、新しいカテゴリ変数の特徴量として追加します[2]。

注 1 位置引数は「その関数 (やメソッド) を実行する上で必要な引数」のようなもので、必ず順番を守って引数へ渡す必要があり、キーワード (quantiles= など) が省略できます。一方でキーワード引数は「その関数 (やメソッド) を実行する上での省略可能なオプション」のようなものであり、引数へ渡すときに必ずキーワードを指定する必要があります。

注 2 新たに追加された特徴量はカテゴリ変数のため、学習の特徴量として用いる前に One-Hot Encoding や Label Encoding といった適切な前処理を行う必要があります。前処理については Recipe53 で詳しく説明します。

labels を指定しない場合、"(-inf, 19.0]"[注3] のようにビン値がそのままアサインされます。

本当に意図どおりにデータが分割されたか確認するために、以下の実装を用いてそれぞれの区間のデータの割合を確認してみましょう。

```python
# 各ビンにどれだけデータが含まれるかを確認
(
    df_qcut
    .select(
        pl.col("age_group").drop_nulls() # null を除外する
    )
    .to_series()
    .value_counts(sort=True)
    .with_columns(
        (pl.col("count") / pl.sum("count")).alias("rate")
    )
)
```

まず、先ほど作成した age_group 列の中から、drop_nulls を用いて null を除外したものを select しています。次に、value_counts を使って、age_group 列の要素数を計算します。このとき、要素数は count という名前で新規列として追加されています。sort=True とすることで、count 列が大きい順にデータフレームを並べ替えています。最後に with_columns 式を用いて、count 列を、その合計数となる pl.sum("count") で割り、計算した割合を rate 列として新規に追加しています[注4]。

▶ 出力イメージ

age_group	count	rate
cat	u32	f64
"A"	225	0.215105
"B"	218	0.208413
"D"	217	0.207457
"E"	195	0.186424
"C"	191	0.1826

出力内容から、データの割合を確認します。今回のケースだと、age が「"A" のデータが全データのおおよそ 20%」「"B" になるデータがおおよそ 20%」…となります。qcut はビンに含まれるデータ数ベースでビニングを行うメソッドですので、各区間のサイズがおおよそ等しくなることも押さえておきましょう。

なお、「おおよそ等しい」という説明を繰り返している理由は、この年齢というデータの特徴にあります。age 列のデータのほとんどは端数のない、整数でも表せるデータです（一部 1 歳未満の場合の月齢や端数の .5 を持つデータがあります）。整数は離散的であるため、このデータは最初から「微

注3　丸カッコ () は開区間（〜より大きい、〜未満）、角カッコ [] は閉区間（〜以上、〜以下）を表します。
注4　value_counts(normalize=True) としても割合は求められますが、要素数 count とあわせて 1 つのデータフレームにするために、このような実装にしています。

196 | 特訓 4 日目　データの加工

妙にビニングされている」データともいえます。そのため、同じ年齢のデータが複数存在する場合、それらのデータを同じビンに割り当てざるを得ず、結果として区間ごとの**ビンの境界が少しずれる**ことになります。

実際に、出力イメージの count 列、rate 列を見ると、おおよそ等しい数・割合に分割されていますが、同数ではないことがわかります。

 **pandas での実装例**

```python
# age 列を各ビンのデータ数がおおよそ等しくなるように分割し、"A" 〜 "E" のラベルをつける
age_group = pd.qcut(  # qcut 関数でビニングを行う
    x=df["age"],  # age 列を Series として抽出して引数に渡す
    q=5,  # 分割数を指定
    labels=["A", "B", "C", "D", "E"],  # 各ビンにラベルをつける
)

# 結果を元のデータフレームに age_group という列名で追加
df["age_group"] = age_group

df.head()
```

pandas の qcut 関数を利用します。第 1 引数には処理したいシリーズを、第 2 引数には何等分にしたいか、を渡します。Polars と異なりこの場合は 5 を渡すだけで目的の処理を行ってくれます。

なお、Polars と同様、以下のように明示的に分位数を渡すこともできます。ただし、0.0 や 1.0 の「端」を渡す必要がある点に注意をしましょう。この実装は 5 を渡したときと同じ結果になります。

```python
# age 列を各ビンのデータ数がおおよそ等しくなるように分割
pd.qcut(df["age"], [0.0, 0.2, 0.4, 0.6, 0.8, 1.0])
```

> **note ビン幅を等しくするビニング**
>
> 本レシピでは「各ビンの**データ数**が等しくなるビニング」について取り扱いましたが、「各ビンの**幅**が等しくなるビニング」も存在します。このようなビニングは、ヒストグラムの作成やデータの分布を直感的に理解する場合などによく使われます。例えば年齢の例ではビン幅を 10 歳とすることで「10 代」「20 代」という直観的なビンに分割できます。
>
> しかしながら、データに偏りがある場合は、分割後の各ビンのデータ数が大きく異なってしまうことがあります。

▶ Polars

```
# age 列を 10 歳ごとに分割し、"A" ～ "J" のラベルをつける
breaks = range(10, 100, 10)  # ビン幅をあらかじめ定義：[10, 20, 30, ..., 90]
labels = ["A", "B", "C", "D", "E", "F", "G", "H", "I", "J"]  # ラベルをあらかじめ定義

# ビン幅が等しくなるビニングを age_group という列名で追加
df = df.with_columns(
    pl.col("age")
    .cut(  # cut メソッドでビニングを行う
        breaks=breaks,  # 事前に定義した breaks を渡す
        labels=labels,  # 事前に定義した labels を渡す
    )
    .alias("age_group")
)

df.head()
```

Polars エクスプレッションの cut を使うことで、ビン幅が等しくなるビニングを実現できます。0 から 10 歳ごとのビンを作成し、データがどのビンに入るかを新たな列としてデータフレームに追加しています。引数 breaks にはビン幅のリストを入れています。また、引数 labels には、breaks のビン幅に対応したラベル名のリストを入れています。幅が等しくなるビニング、という紹介でしたが、breaks には任意幅の区間を渡すことも可能です。

▶ 出力イメージ

shape: (5, 15)									
pclass	survived	name	sex	age	sibsp	parch	⋯	home.dest	age_group
i64	i64	str	str	f64	i64	i64	⋯	str	cat
1	1	"Allen, Miss. E⋯	"female"	29.0	0	0	⋯	"St Louis, MO"	"C"
1	1	"Allison, Maste⋯	"male"	0.92	1	2	⋯	"Montreal, PQ /⋯	"A"
1	0	"Allison, Miss.⋯	"female"	2.0	1	2	⋯	"Montreal, PQ /⋯	"A"
1	0	"Allison, Mr. H⋯	"male"	30.0	1	2	⋯	"Montreal, PQ /⋯	"C"
1	0	"Allison, Mrs. ⋯	"female"	25.0	1	2	⋯	"Montreal, PQ /⋯	"C"

それぞれのビンのデータ数を比べてみると偏りが生じていることがわかります。

▶ Polars

```
# 各ビンのデータ数を確認
(
    df
    .select(
        pl.col("age_group").drop_nulls()
    )
    .to_series()
    .value_counts(sort=True)
)
```

▶ 出力イメージ

age_group	count
cat	u32
"C"	361
"D"	210
"B"	162
"E"	132
"A"	86
"F"	62
"G"	27
"H"	6

shape: (8, 2)

▶ pandas

```python
# age 列を 10 歳ごとに分割し、"A" ～ "J" のラベルをつける
bins = range(0, 110, 10) # ビン幅をあらかじめ定義 : [0, 10, 20, 30, ..., 90, 100]
labels = ["A", "B", "C", "D", "E", "F", "G", "H", "I", "J"] # ラベルをあらかじめ定義

age_group = pd.cut( # cut 関数でビニングを行う
    x=df["age"], # age 列を Series として抽出して引数に渡す
    bins=bins, # 事前に定義した bins を渡す
    labels=labels, # 事前に定義した labels を渡す
)

# 結果を元のデータフレームに age_group という列名で追加
df["age_group"] = age_group

df.head()
```

pandas の cut 関数を使うことで Polars と同様な処理が行えます。qcut 関数と同様にビン幅の指定時に 0 や 100 の「端」を渡す必要がある点に注意しましょう。

Recipe 36　データのビニング | 199

Recipe 37 重複行の削除

 ## 37.1 アイデア

会社主催でセミナーを実施した。アンケートからざっくりと参加者の属性を集計するため、選択式である「業界」と「職種」の組み合わせのうち、回答に存在する組み合わせ一覧を作成したい。

● 使用するデータ

セミナーのアンケートデータ　ファイル名：`seminar_survey.csv`

before

shape: (60, 4)

2列の組み合わせで「回答に存在するもの」のリストを作りたい

Respondent ID	Industry	Occupation	Seminar Rating
i64	str	str	i64
1	"IT"	"Others"	2
2	"IT"	"Machine Learni…	2
3	"Education"	"Others"	5
4	"Finance"	"Data Scientist…	5
5	"Finance"	"Frontend Engin…	3
6	"Finance"	"Researcher"	5
7	"IT"	"Frontend Engin…	4
8	"Medical"	"Project Manage…	5
9	"IT"	"Others"	4
10	"Medical"	"Researcher"	3
11	"Manufacturing"	"Machine Learni…	2
12	"IT"	"Researcher"	2
⋮	⋮	⋮	⋮

重複は削除したい

after

shape: (27, 2)	
Industry	Occupation
str	str
"Education"	"Data Scientist…
"Education"	"Machine Learni…
"Education"	"Others"
"Education"	"Project Manage…
"Finance"	"Backend Engine…
"Finance"	"Data Scientist…
"Finance"	"Frontend Engin…
"Finance"	"Machine Learni…
"Finance"	"Project Manage…
"Finance"	"Researcher"
"IT"	"Frontend Engin…
"IT"	"Machine Learni…
︙	︙

2列の組み合わせから重複を削除

　Recipe 07 では、単一の列に対して「その列にはどんな要素があるか」を調べましたが、今回は複数の列に対して「組み合わせとしてどんなものが存在するか」を調べてみましょう。セミナーのアンケートから業界 "Industry" と職種 "Occupation" の情報が得られているので、その組み合わせから重複行を削除することで一覧を作ることができそうです。

　重複行を削除したくなるケースはほかにもあります。例えばデータが作成されてから読み込まれるまでの過程で起こったバグなどにより、意図しない重複行が現れる可能性があります。このようなバグによるデータ重複は、分布にバイアスを導入してしまったり、データの不整合を発生させたりするなど、分析に不都合になることも多いため、よっぽどのことがない限り[注5]、削除したほうがよいでしょう。

　データの重複を削除するにはどうすればよいでしょうか。

37.2　Polars での実装例

```
# "Industry" と "Occupation" の組み合わせから重複行を削除
df_selected = (
    df
    .select(
        pl.col("Industry"),
        pl.col("Occupation"),
```

注5　重複行が発生する頻度など、バグや重複そのものを解析したいときや、一定頻度のバグを許容するシステムで、重複データを含めてデータ全体と解釈したい場合など。

```
    )
    .unique()
    .sort(["Industry", "Occupation"])
)

df_selected.head()
```

Recipe 07 と Recipe 12 を組み合わせることで、今回のやりたいことは実現できます。まず select によって業界 "Industry" と職種 "Occupation" の 2 つの列を持ったデータフレームを抽出し、次の処理に渡します。ほしいのは「業界と職種の組み合わせ一覧」ですから、回答者 ID "Respondent ID" や、セミナーの評価 "Seminar Rating" 列は含めなくてよいでしょう。

次に Polars データフレームの unique メソッドにより、前段の処理結果のデータフレームから重複行を削除します。Recipe 07 では unique を Polars シリーズ型のメソッドとして**単一列**の重複削除を行えるという紹介をしましたが、データフレームの場合は「値の組み合わせとして重複がある場合、削除」という処理になります。前段で select を行ったことにより行ごとのユニークな値である "Respondent ID" がなくなり、重複が発生したということです。

最後に、値を整理し読みやすくするために、sort メソッドを使ってそれぞれの列を昇順にソートしています。ソートを行わなくても本来の目的は達成されていますが、業界と職種の組み合わせ一覧を（人間向けに）作っているということを考えると、このような気配りは大事です。sort メソッドについて復習したい方は Recipe 12 を参照してください。

37.3 pandas での実装例

```
# "Industry" と "Occupation" の組み合わせから重複行を削除
df_selected = (
    df[["Industry", "Occupation"]]
    .drop_duplicates()
    .sort_values(["Industry", "Occupation"])
)

df_selected.head()
```

pandas でも処理の流れは同様です。まず df[["Industry", "Occupation"]] で業界と職種のみのデータフレームを抽出します。

pandas データフレームの drop_duplicates を使うことで、データフレームの重複行を削除できます。後は Polars での実装と同様にそれぞれの列を昇順にソートします。

今回 pandas の実装例では Polars のようにメソッドチェーンを意識した記述としました。Python の記述ルールではカッコ (){}[] 内であれば自由に改行できるため[注1]、見やすい形にプログラムを整形できます。ただし、どのような記述が見やすいかは人によって異なるため、ルールを守った記述であれ

注1　文字列を区切る改行はできません。

ば、各個人の好き嫌いの領域であることも否めません[注2]。

いろいろなコードを読んだり、書いたりすることで「自分のコーディングスタイル」を確立していきましょう。

37.4　Tips

● すべての値が重複している行の削除

本レシピの実装にも登場しているので気づいたかもしれませんが、レシピ冒頭で紹介した「バグによる重複行を削除したい」場合も確認しておきましょう。

以下のような重複行を持ったデータを考えます。

before

shape: (4, 4)

col1	col2	col3	col4
i64	i64	i64	i64
3	1	2	3
1	5	6	5
4	9	5	8
3	1	2	3

← データの重複

after

shape: (3, 4)

col1	col2	col3	col4
i64	i64	i64	i64
3	1	2	3
1	5	6	5
4	9	5	8

どちらも、以下のようにシンプルに記述できます。

▶ Polars

```
# 重複行の削除
df_drop_duplicates = df.unique()

df_drop_duplicates.head()
```

注2　実際、PythonのコーディングÂ規約であるPEP8内では、メソッドチェーンについて言及されていません。

▶ pandas

```
# 重複行の削除
df_drop_duplicated = df.drop_duplicates()

df_drop_duplicated.head()
```

● 一部の列だけを見て重複行を削除する

今回の実装では業界と職種の組み合わせに着目するために他の列を drop しました。このケースの
やりたいことにマッチしていたため問題はありませんが、「他の列を残したまま」一部の列の組み合
わせを重複削除する方法も存在します。

▶ Polars

```
# 特定列に着目して重複削除
df_unique = df.unique(subset=["Industry", "Occupation"])

df_unique
```

unique メソッドの引数 subset に着目する列名を渡すことにより、他の列を残したまま業界と職種
の組み合わせの重複を削除できます。ただし、重複した行のうち削除される行は保証されないため注
意が必要です。プログラムを何度か実行することで、削除される行の ID が毎回異なることを確認で
きます。

▶ 出力イメージ

shape: (27, 4)

この組み合わせにのみ着目 → 重複は削除されている

Respondent ID	Industry	Occupation	Seminar Rating
重複行のうちどの行が削除されるかは保証されない	str	str	i64
	"IT"	"Machine Learni…	2
5	"Finance"	"Frontend Engin…	3
11	"Manufacturing"	"Machine Learni…	2
12	"IT"	"Researcher"	2
19	"IT"	"Project Manage…	2
21	"Finance"	"Backend Engine…	5
25	"Manufacturing"	"Project Manage…	5
27	"Education"	"Machine Learni…	5
30	"Manufacturing"	"Researcher"	1
31	"Education"	"Project Manage…	1
40	"Education"	"Data Scientist…	1
42	"Medical"	"Others"	5
⋮	⋮	⋮	⋮

結果を毎回同じにしたい場合は unique の引数 keep に first（最初の重複行を残す）last（最後の重複行を残す）を渡します。

　また、引数 maintain_order に True を指定することで元のデータの順番が保持されます。

▸ Polars

```
# 特定列に着目して重複削除
df_unique = df.unique(subset=["Industry", "Occupation"], maintain_order=True)

df_unique
```

▸ pandas

```
# 特定列に着目して重複削除
df_unique = df.drop_duplicates(subset=["Industry", "Occupation"])

df_unique
```

　pandas の drop_duplicates にも引数 subset がサポートされています。出力は毎回同じであり、削除される行は保証されます。

▸ 出力イメージ

	Respondent ID	Industry	Occupation	Seminar Rating
0	1	IT	Others	2
1	2	IT	Machine Learning Engineer	2
2	3	Education	Others	5
3	4	Finance	Data Scientist	5
4	5	Finance	Frontend Engineer	3
5	6	Finance	Researcher	5
6	7	IT	Frontend Engineer	4
7	8	Medical	Project Manager	5
9	10	Medical	Researcher	3
10	11	Manufacturing	Machine Learning Engineer	2
11	12	IT	Researcher	2
14	15	Finance	Project Manager	1

Recipe 37　重複行の削除 | 205

Recipe 38 データフレームの連結

 ## 38.1 アイデア

タイタニック号の乗客データについて、新たな乗客のデータセットと、既存の乗客に対する身長・体重のデータセットが手に入った。既存のデータセットに新規データセットを結合しデータを拡張したい。

● 使用するデータ

タイタニック号の乗客データ　ファイル名：titanic.csv
タイタニック号の新たな乗客のデータ　ファイル名：titanic_ex.csv
タイタニック号の既存の乗客に対する身長・体重のデータ　ファイル名：titanic_ex_col.csv

before

pclass	survived	name	sex	age	sibsp	parch	...	home.dest
i64	i64	str	str	f64	i64	i64	...	str
1	1	"Allen, Miss. E…"	"female"	29.0	0	0	...	"St Louis, MO"
1	1	"Allison, Maste…"	"male"	0.92	1	2	...	"Montreal, PQ /…"
1	0	"Allison, Miss.…"	"female"	2.0	1	2	...	"Montreal, PQ /…"
1	0	"Allison, Mr. H…"	"male"	30.0	1	2	...	"Montreal, PQ /…"
1	0	"Allison, Mrs.…"	"female"	25.0	1	2	...	"Montreal, PQ /…"
︙	︙	︙	︙	︙	︙	︙	︙	︙
3	0	"Zabour, Miss.…"	"female"	14.5	1	0	...	null
3	0	"Zabour, Miss.…"	"female"	null	1	0	...	null
3	0	"Zakarian, Mr.…"	"male"	26.5	0	0	...	null
3	0	"Zakarian, Mr.…"	"male"	27.0	0	0	...	null
3	0	"Zimmerman, Mr.…"	"male"	29.0	0	0	...	null

追加したい

追加したい

after（新たな乗客のデータセットの結合）

pclass	survived	name	sex	age	sibsp	parch	...	home.dest
i64	i64	str	str	f64	i64	i64	...	str
1	1	"Allen, Miss. E⋯	"female"	29.0	0	0	...	"St Louis, MO"
1	1	"Allison, Maste⋯	"male"	0.92	1	2	...	"Montreal, PQ /⋯
1	0	"Allison, Miss.⋯	"female"	2.0	1	2	...	"Montreal, PQ /⋯
1	0	"Allison, Mr. H⋯	"male"	30.0	1	2	...	"Montreal, PQ /⋯
1	0	"Allison, Mrs. ⋯	"female"	25.0	1	2	...	"Montreal, PQ /⋯
⋮	⋮	⋮	⋮	⋮	⋮	⋮	⋮	⋮
1	1	"Lines, Mrs. Er⋯	"female"	51.0	0	1	...	"Paris, France"
1	0	"Long, Mr. Milt⋯	"male"	29.0	0	0	...	"Springfield, M⋯
1	1	"Longley, Miss.⋯	"female"	21.0	0	0	...	"Hudson, NY"
1	0	"Loring, Mr. Jo⋯	"male"	30.0	0	0	...	"London / New Y⋯
1	1	"Lurette, Miss.⋯	"female"	58.0	0	0	...	null
1	1	"Madill, Miss. ⋯	"female"	15.0	0	1	...	"St Louis, MO"
1	0	"Maguire, Mr. J⋯	"male"	30.0	0	0	...	"Brockton, MA"
1	1	"Maioni, Miss. ⋯	"female"	16.0	0	0	...	null
1	1	"Marechal, Mr. ⋯	"male"	null	0	0	...	"Paris, France"
1	0	"Marvin, Mr. Da⋯	"male"	19.0	1	0	...	"New York, NY"
1	1	"Marvin, Mrs. D⋯	"female"	18.0	1	0	...	"New York, NY"
1	1	"Mayne, Mlle. B⋯	"female"	24.0	0	0	...	"Belgium Montr⋯

追加

after（既存の乗客に対する身長・体重のデータセットの結合）

追加

pclass	survived	name	sex	age	sibsp	...	home.dest	height	weight
i64	i64	str	str	f64	i64	...	str	i64	i64
1	1	"Allen, Miss. E⋯	"female"	29.0	0	...	"St Louis, MO"	157	62
1	1	"Allison, Maste⋯	"male"	0.92	1	...	"Montreal, PQ /⋯	156	60
1	0	"Allison, Miss.⋯	"female"	2.0	1	...	"Montreal, PQ /⋯	185	60
1	0	"Allison, Mr. H⋯	"male"	30.0	1	...	"Montreal, PQ /⋯	175	64
1	0	"Allison, Mrs. ⋯	"female"	25.0	1	...	"Montreal, PQ /⋯	171	60
⋮	⋮	⋮	⋮	⋮	⋮	⋮	⋮	⋮	⋮
3	0	"Zabour, Miss. ⋯	"female"	14.5	1	...	null	169	64
3	0	"Zabour, Miss. ⋯	"female"	null	1	...	null	166	59
3	0	"Zakarian, Mr. ⋯	"male"	26.5	0	...	null	172	54
3	0	"Zakarian, Mr. ⋯	"male"	27.0	0	...	null	181	59
3	0	"Zimmerman, Mr.⋯	"male"	29.0	0	...	null	158	62

　新たな乗客のデータセットと、既存の乗客に対する身長・体重のデータセットが手に入りました。新たな乗客のデータセットは、既存のデータセットに対し行方向に結合することで拡張することがで

きそうです。また、既存の乗客に対する身長・体重のデータセットは、列方向に結合することで、拡張が可能だと考えられます[注1]。

今回のように、複数のデータを行方向で連結したい場面があります。例えば、1 時間ごとに生成される気象データが各 CSV ファイルに保存されている場合、それらのデータを 1 つにまとめることで気象データの推移が把握できるようになります。また、異なる部署（例えば、販売部、マーケティング部など）から得られる報告データがそれぞれ CSV ファイルに分かれている場合、それらを結合することで部署間のデータの比較が容易になります。

さらに、列方向に連結したい場面も存在します。例えば、商品の情報が存在するデータフレームについて、後から商品に対する顧客の評価スコアが手に入った場合、評価スコアを列方向に連結することで、評価が高い商品の傾向を把握できます。

データを行・列方向で連結するためにはどうすればよいでしょうか。

38.2 Polars での実装例

```
# df（元のデータ）と df_ex（新たな乗客のデータ）を行方向に結合
df_concatenated = pl.concat([df, df_ex])
df_concatenated.head()
```

Polars の関数 concat によって行方向に連結できます。連結したいデータフレームは [df1, df2, df3, ...] の形式で concat に渡します（3 つ以上のデータフレームも同時に連結できます）。

連結するデータフレームは、列名・列数を事前に一致させておく必要があります。例えば、片方のデータにのみ column1 列、もう片方のデータにのみ column2 列が存在する場合、ShapeError: unable to vstack, column names don't match: "column1" and "column2" と出力されます。

また、引数 how に horizontal を指定することで、列方向への連結も可能です。元のデータと追加データの行数が一致しない場合、行数が少ないデータの不足分の行が null で自動補完されるため注意しましょう。

なお、結合の操作は Recipe 10 の note でも紹介しています。

```
# df（元のデータ）と df_ex_col（既存の乗客に対する身長・体重のデータ）を列方向に結合
df_concatenated = pl.concat([df, df_ex_col], how="horizontal")
df_concatenated.head()
```

注1　行方向、列方向片方のみを拡張することを想定しており、行方向で既存データセットを拡張した後に、さらに列方向で拡張することは想定していないデータセットです。また、列方向への拡張はデータの順番が元のデータと一致していないとそのまま連結はできません。元のデータと順番が一致していないが、ID のような、元のデータのどの行とひもづくかを判別できるキーが存在する場合は Recipe39 で登場する join, merge メソッドを用いましょう。

208 ｜ 特訓 4 日目　データの加工

38.3 pandas での実装例

```
# df（元のデータ）と df_ex（新たな乗客のデータ）を行方向に結合
df_concatenated = pd.concat([df, df_ex])
df_concatenated.head()
```

pandas の関数 `concat` によって実現可能です。連結するデータフレームはリストの形式などで渡します。

連結するデータフレームは、列名・列数を事前に一致させておく必要があります。Polars の場合、列名が一致しない場合はエラーを出力しましたが、pandas の場合、列名が一致しなくてもエラーが出力されず、該当部分が NaN として連結されることに注意しましょう。例えば、元のデータである df のみに `parch` 列、`boat` 列が存在し、追加データである df_ex のみに、`relatives` 列、`lifeboat` 列が存在する状況を考えましょう。df と df_ex を行方向に連結すると、下図のように**存在しない**部分の要素に NaN が入ります。

	pclass	⋯	sex	age	sibsp	parch	⋯	boat	body	home.dest	relatives	lifeboat
0	1	⋯	"female"	29.0	0	0	⋯	"2"	NaN	"St Louis, MO"	NaN	NaN
1	1	⋯	"male"	0.92	1	2	⋯	"11"	NaN	"Montreal, PQ /⋯	NaN	NaN
2	1	⋯	"female"	2.0	1	2	⋯	null	NaN	"Montreal, PQ /⋯	NaN	NaN
3	1	⋯	"male"	30.0	1	2	⋯	null	135.0	"Montreal, PQ /⋯	NaN	NaN
4	1	⋯	"female"	25.0	1	2	⋯	null	NaN	"Montreal, PQ /⋯	NaN	NaN
⋮	⋮	⋮	⋮	⋮	⋮	⋮	⋮	⋮	⋮	⋮	⋮	⋮
195	1	⋯	"female"	16.0	0	NaN	⋯	NaN	NaN	NaN	0.0	8
196	1	⋯	"male"	NaN	0	NaN	⋯	NaN	NaN	"Paris, France"	0.0	7
197	1	⋯	"male"	19.0	1	NaN	⋯	NaN	NaN	"New York, NY"	0.0	NaN
198	1	⋯	"female"	18.0	1	NaN	⋯	NaN	NaN	"New York, NY"	0.0	10
199	1	⋯	"female"	24.0	0	NaN	⋯	NaN	NaN	"Belgium M ⋯	0.0	6

また、このデータフレームの行インデックスに注目してください。元のデータ（1309 行）と新たな乗客のデータ（200 行）を縦に連結しているため連結後の行インデックスは

0, 1, 2, ..., 1307, 1308, 0, 1, 2, ..., 198, 199

のように、元の行インデックスが保持されてしまいます。そのため、バグを生まないためには `reset_index` を用いて、インデックスを再作成しましょう。

また、引数 `axis` に 1 を指定することで、列方向への連結も可能です（デフォルトは 0 で行方向を

指定します）。

```
# df（元のデータ）と df_ex_col（既存の乗客に対する身長・体重のデータ）を列方向に結合
df_concatenated = pd.concat((df, df_ex_col), axis=1)
df_concatenated.head()
```

> ### 📝note データフレームのリチャンク
>
> Polars の関数 concat には、rechunk という引数が存在します。この引数は、データフレームを1つの新しいチャンクにコピーするかを指定するものであり、デフォルトは True になります。今回は、この引数を少し深掘りしてみましょう。
>
> まずチャンクという言葉の意味を確認しましょう。チャンクとは、大きなデータセットを小さいデータに分割する処理について、分割された要素のことを呼びます。
>
> rechunk が False だと、データフレームの各列がメモリ上で複数個のチャンクになっている状態で連結されます。rechunk が True だと、連結のときに、複数個のチャンクをメモリ上で1つの新しいチャンクにまとめる操作が実施されます。リチャンクは重い処理ですが、この処理による将来的なデータ操作の高速化が期待できます。
>
> コードを通して確認してみましょう。まず、連結することを想定したデータフレームを2つ用意します。
>
> ```
> # データフレームを用意する
> df1 = pl.DataFrame({
>     "A": [1, 2, 3]
> })
>
> df2 = pl.DataFrame({
>     "A": [4, 5, 6]
> })
> ```
>
> 次に、df1 と df2 を concat します。このとき、リチャンクを行ったデータフレームと行っていないデータフレームの2つを用意します。
>
> ```
> # rechunk=False
> concatenated_without_rechunk = pl.concat([df1, df2], rechunk=False)
>
> # rechunk=True（デフォルト）
> concatenated_with_rechunk = pl.concat([df1, df2])
> ```
>
> Polars シリーズ型のメソッド get_chunks を利用し、チャンクをいくつ持っているかを確認します。すると、リチャンクを行っていないものは2と出力され、リチャンクを行ったものは1と表示されます。

210 | 特訓4日目 データの加工

```
# rechunk=False の場合
print(len(concatenated_without_rechunk["A"].get_chunks())) # チャンク数：2

# rechunk=True の場合
print(len(concatenated_with_rechunk["A"].get_chunks())) # チャンク数：1
```

　get_chunks は、Polars シリーズ型のチャンクを返すメソッドです。rechunk を行っていない concatenated_without_rechunk は、列 A を 2 つのチャンクから呼び出しています。rechunk を行った concatenated_with_rechunk は、列 A を 1 つのチャンクから呼び出しており、rechunk が行われていることを確認できます。

　最後に、リチャンクによってどれくらい操作が高速になるかを確認してみましょう。以下の実装例のように、リチャンクあり・なしでそれぞれ 10000 データフレームを連結したものに対し「pclass ごとの平均年齢」「embarked ごとの平均年齢」を計算した結果です（over を用いた集計処理については Recipe 41 で扱います）。

```
# リチャンクなし
df_10000_chunk = pl.concat([df for _ in range(10000)], rechunk=False)

df_10000_chunk.select(
    pl.col("age").mean().over("pclass").alias("pclass_age"),
    pl.col("age").mean().over("embarked").alias("embarked_age"),
)
# > 1.71 s ± 658 ms per loop (mean ± std. dev. of 7 runs, 1 loop each)

# リチャンクあり
df_1_chunk = pl.concat([df for _ in range(10000)], rechunk=True)

df_1_chunk.select(
    pl.col("age").mean().over("pclass").alias("pclass_age"),
    pl.col("age").mean().over("embarked").alias("embarked_age"),
)
# > 1.28 s ± 199 ms per loop (mean ± std. dev. of 7 runs, 1 loop each)
```

　リチャンクなしが約 1.71 秒であるのに対し、リチャンクありだと 1.28 秒と操作の高速化が確認できました。

Recipe 39 データフレームの結合

 ## 39.1 アイデア

　ある図書館の貸出履歴データを分析している。「貸出頻度が高く人気の著者」を調べたいが、著者の情報は書籍データという別のテーブルで管理されている。2 つのテーブルを結合して特定期間で最も貸出頻度が高かった著者を調べたい。具体的には「2023 年 6 月に最も本が貸し出された著者の上位 5 人」を出力したい。

● 使用するデータ

書籍データ　ファイル名：books.csv
貸出履歴データ　ファイル名：loan_records.csv

before

貸出履歴

shape: (300, 4)

record_id	book_id	borrower_name	borrow_date
i64	i64	str	str
1	90	"Frank Collins"	"2023-04-01"
2	67	"Joseph White"	"2023-04-01"
3	19	"Barbara Jackso…"	"2023-04-01"
4	20	"Scott Allen"	"2023-04-01"
…	…	…	…
10	39	"Thomas Garcia"	"2023-04-05"
11	82	"Laura Evans"	"2023-04-05"
12	1	"Linda Moore"	"2023-04-06"
…	…	…	…

貸出履歴に「著者」の情報がない
→ 2 つのテーブルを結合したい

書籍

shape: (100, 3)

book_id	title	author
i64	str	str
1	"Chronicles of …"	"Liam Eastman"
2	"Dreams of Forg…"	"Isabella Rainw…"
3	"Sins of the An…"	"Emma Stonewall…"
4	"The Enchanted …"	"Liam Eastman"
…	…	…
10	"Journey Beyond…"	"Liam Eastman"
11	"Guardians of D…"	"Emily Greenfie…"
12	"The Lost Exped…"	"Noah Southland…"
…	…	…

書籍データに対応

after

書籍テーブルを book.id をキーとして貸出履歴テーブルに結合

shape: (300, 6)

record_id	book_id	borrower_name	borrow_date	title	author
i64	i64	str	str	str	str
1	90	"Frank Collins"	"2023-04-01"	"Echoes of Tomo…"	"Ethan Moonshad…"
2	67	"Joseph White"	"2023-04-01"	"Guardians of D…"	"Liam Eastman"
3	19	"Barbara Jackso…"	"2023-04-01"	"Legends of the…"	"Benjamin Goldl…"
4	20	"Scott Allen"	"2023-04-01"	"Masters of the…"	"Jacob Whiteclo…"
5	96	"Billy Richards…"	"2023-04-03"	"Legends of the…"	"Charlotte Star…"
6	71	"Mary Johnson"	"2023-04-03"	"Sins of the An…"	"Henry Ironvale…"
7	52	"Carlos Watson"	"2023-04-04"	"Journey Beyond…"	"Lucas Pinewood…"
8	33	"Gregory Hill"	"2023-04-04"	"Chronicles of …"	"Jacob Whiteclo…"
9	40	"Larry Phillips…"	"2023-04-05"	"Dreams of Forg…"	"Harper Windval…"
10	39	"Thomas Garcia"	"2023-04-05"	"Tales from the…"	"Isabella Rainw…"
11	82	"Laura Evans"	"2023-04-05"	"The Enchanted…"	"Sophia Westwoo…"
12	1	"Linda Moore"	"2023-04-06"	"Chronicles of …"	"Liam Eastman"
⋮	⋮	⋮	⋮	⋮	⋮

貸出履歴テーブル　キー

書籍テーブル

日付でフィルタ + 値をカウント

shape: (5, 2)

author	counts
str	u32
"Sophia Westwoo…"	7
"Emily Greenfie…"	5
"Liam Eastman"	5
"Olivia Highmou…"	5
"Noah Southland…"	5

　一般的な業務データを管理する仕組みは **リレーショナルデータベース**（relational database，**RDB**）として設計されることが多く、データの冗長性は正規化され、複数のテーブルで管理されます。正規化によってデータの一貫性が確保され、データの更新や削除といった操作も効率的になります[注1]。

　一方で今回のケースのようにデータを分析したり、機械学習モデルを構築したりする場合には、複数のテーブルを統合する必要があります。このような複数のテーブルを組み合わせ、1つのテーブル

注1　例えば今回のデータで2つのテーブルが統合されており、貸出履歴に本のタイトルや著者の情報が含まれていたとしましょう。誤字などが判明し著者名を更新したいときには、貸出履歴に登場する著者名をすべて更新する必要があります。一方でテーブルが分けられていると、修正箇所は書籍テーブルの著者名列の1つのデータで済みます。

Recipe 39　データフレームの結合　213

にする操作を**結合** (join) といいます。

　今回のテーブルの列を見てみると、book_id が共通していることがわかります。貸出履歴にはタイトルや著者といった書籍の情報はありませんが、book_id によって1つの貸出履歴と1つの本の情報がひもづきます。このようにテーブルとテーブルを結びつける役割を持つ列のことを**キー**といいます。

　結合には用途に応じて以下のような方法が存在します。

- **内部結合** (inner join)：2つのテーブルに共通するキーのみを保持する結合方法です。共通のキーが存在しない行は結果から除外されます。
- **左外部結合** (left outer join)：左側のテーブル（ベースとするテーブル）のキーをすべて残します。右側のテーブル（結合するテーブル）に該当のキーが存在しない場合、その列には欠損値が入ります。
- **右外部結合** (right outer join)：右側のテーブル（結合するテーブル）のキーをすべて残します。左側のテーブル（ベースとするテーブル）に該当のキーが存在しない場合、その列には欠損値が入ります。
- **完全外部結合** (full outer join)：2つのテーブルのすべてのキーを保持する結合方法です。共通のキーが存在しない場合、該当の列には欠損値が入ります。

　キーの共通にはどのようなケースが存在するでしょうか。貸出履歴テーブルと書籍テーブルでbook_id について考えてみましょう。まず過去に一度も貸し出されていない書籍がいくつかあるとします。その場合、書籍テーブルにはあるけれど貸出履歴テーブルにはないような book_id が存在することになります。

　逆に貸出履歴テーブルにはあるが、書籍テーブルにはないような book_id は存在するでしょうか。書籍テーブルが「その図書館で貸出できる書籍」を管理するテーブルであることを考えれば、ミスでもない限りそのようなことは起こらないでしょう。

　このように結合に用いるキーの要素が毎回一致するとは限らないため「ベースとするテーブルにはあるけれど結合するテーブルにはないようなデータをどうするか」などについて指定する必要がある、ということです。ざっくりいえば「どちらにもある要素のみ残すのが内部結合」「どちらも残すのが完全外部結合」「どちらかだけ全部残すのが左右外部結合」というようなイメージです。

　それでは、今回のケースではどの結合方法を採用すればよいでしょうか。今回知りたいのは「貸し

出された書籍の著者」に関するデータであるため、過去に一度も貸し出されなかった書籍のデータは必要ありません。貸出履歴テーブルをベースに書籍テーブルを結合することで著者の情報を集計したいですから、右側のテーブル（結合するテーブル：今回は書籍テーブル）のキーを残す右外部結合、完全外部結合は不適切です。すなわち、選択すべきは内部結合か、左外部結合になります。

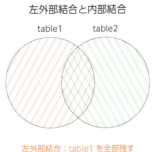

今回のケースでは貸出履歴テーブルにはあるが、書籍テーブルにはないような `book_id` が存在しないため、両者の結合結果は同じになります。

結合処理以外にも日付によるフィルタリングや集計処理など盛りだくさんです。目的の分析を行うにはどうすればよいでしょうか。

 Polars での実装例

```python
# 2023 年 6 月に最も貸し出された著者の上位 5 人を表示
from datetime import date

top5_authors_june = (
    loan_records_df
    .join( # データフレームの結合
        books_df, on="book_id", how="inner"
    )
    .with_columns( # borrow_date の Datetime 型への変換
        pl.col("borrow_date").str.to_datetime("%Y-%m-%d")
    )
    .filter( # 2023 年 6 月のデータを抽出
        pl.col("borrow_date").is_between(date(2023, 6, 1), date(2023, 6, 30))
    )
    .get_column("author")
    .value_counts(sort=True) # 頻度を集計し、降順にソート
    .head(5) # 先頭から 5 件を抽出
)
```

```
top5_authors_june
```

　Polars データフレームの join メソッドを使うことで 2 つのデータフレームを結合できます。引数 on にはキーに用いる列名を、how には結合方法を渡します。今回は内部結合を選択するため "inner" を渡しました。その他の結合方法を指定する場合は以下の値を用います。

結合方法	引数として渡す値
内部結合	"inner"（デフォルト）
左外部結合	"left"
右外部結合[注2]	"right"
完全外部結合	"outer"

　次に str アクセサの to_datetime を用いて文字列型の borrow_date を Polars の Datetime 型に変換します。Datetime 型を用いることで後段の filter 処理のように「いつからいつまで」「いつ以降」といった日付の指定を簡単に行えます。フォーマットの指定（"%Y-%m-%d" の部分）やその他の詳しい日時の取り扱いについては後のレシピ（Recipe 44）で紹介します。

　後は集計したい "author" 列を get_column メソッドで抽出し、sort オプションを有効にした value_counts の出力を先頭から 5 件取り出すことで、目的の分析結果を得られました。

39.3　pandas での実装例

```python
# 2023 年 6 月に最も貸し出された著者の上位 5 人を表示
from datetime import date

# データフレームの結合
df_merged = loan_records_df.merge(books_df, on="book_id", how="inner")

# borrow_date の Datetime 型への変換
df_merged["borrow_date"] = pd.to_datetime(df_merged["borrow_date"])

top5_authors_june = (
    df_merged.query(
        "'2023-06-01' <= borrow_date <= '2023-06-30'"
    )["author"]# 2023 年 6 月のデータを抽出
    .value_counts() # 頻度を集計し、降順にソート（デフォルト）
    .head(5) # 先頭から 5 件を抽出
)
top5_authors_june
```

　pandas データフレームの merge メソッドで 2 つのデータフレームを結合できます。渡せる引数も Polars と同様です。

注 2　Polars version1.0.0 から追加されました。

結合方法	引数として渡す値
内部結合	"inner"（デフォルト）
左外部結合	"left"
右外部結合	"right"
完全外部結合	"outer"

Recipe 40 列の集計結果を計算

40.1 アイデア

タイタニック号の乗客データについて、タイタニック号が沈没するときの救助現場の状況を考えると、男性よりも女性のほうが優先的に救命された可能性がある。性別ごとの生存率を計算することでこの仮説を検証したい。

● 使用するデータ

タイタニック号の乗客データ　ファイル名：`titanic.csv`

before　性別ごとに生存率の違いはあるだろうか

pclass	survived	name	sex	age	sibsp	parch	ticket	⋯	home.dest
i64	i64	str	str	f64	i64	i64	str	⋯	str
1	1	"Allen, Miss. E⋯	"female"	29.0	0	0	"24160"	⋯	"St Louis, MO"
1	1	"Allison, Maste⋯	"male"	0.92	1	2	"113781"	⋯	"Montreal, PQ /⋯
1	0	"Allison, Miss.⋯	"female"	2.0	1	2	"113781"	⋯	"Montreal, PQ /⋯
1	0	"Allison, Mr. H⋯	"male"	30.0	1	2	"113781"	⋯	"Montreal, PQ /⋯
1	0	"Allison, Mrs. ⋯	"female"	25.0	1	2	"113781"	⋯	"Montreal, PQ /⋯
1	1	"Anderson, Mr. ⋯	"male"	48.0	0	0	"19952"	⋯	"New York, NY"
1	1	"Andrews, Miss.⋯	"female"	63.0	1	0	"13502"	⋯	"Hudson, NY"
1	0	"Andrews, Mr. T⋯	"male"	39.0	0	0	"112050"	⋯	"Belfast, NI"
1	1	"Appleton, Mrs.⋯	"female"	53.0	2	0	"11769"	⋯	"Bayside, Queen⋯
1	0	"Artagaveytia, ⋯	"male"	71.0	0	0	"PC 17609"	⋯	"Montevideo, Ur⋯
1	0	"Astor, Col. Jo⋯	"male"	47.0	1	0	"PC 17757"	⋯	"New York, NY"
1	1	"Astor, Mrs. Jo⋯	"female"	18.0	1	0	"PC 17757"	⋯	"New York, NY"
⋮	⋮	⋮	⋮	⋮	⋮	⋮	⋮	⋮	⋮

after

sex	survival_rate
male	?
female	?

計算したい

　各性別の生存率を調べるためには、データセット内での各性別の人数とそのうちの生存者数を把握する必要があります。この情報をもとに、各性別の生存率を計算できます。

　データの集計には多くの手法がありますが、一般的にはデータを「性別」でグループ化し、各グループでの生存率を求めます。

　この手法は、他の属性（例えば、乗客のクラスや年齢層など）に基づいて同様に分析することで、どの属性が生存に影響を与えていたのかを理解することに役立ちます。さらに、タイタニック号の沈没事故における生存者にどのような偏りが存在したのか、また、その偏りが何を意味するのかを詳細に理解することにつながります。

　性別ごとの生存率を計算するためにはどうすればよいでしょうか。

 ## 40.2 Polars での実装例

```
# 性別ごとの生存率を計算する
df.group_by("sex").agg(
    pl.col("survived").mean().alias("survival_rate")
)
```

　Polars の group_by 式を用いて、sex ごとの survived の平均を求めます。group_by は、データフレーム内の 1 つまたは複数の列の値に基づいて行をグループ化します。これにより、グループごとの集計操作を簡単に行えます。

　agg 式は、特定の列に対して 1 つ以上の集計操作を行えます。今回の例では、sex でグループ化されたオブジェクトに対し agg を適用しています。agg 内では、pl.col("survived").mean().alias("survival_rate") というエクスプレッションを用いています。

　この実装例では、survived 列の平均値を sex ごとに計算して、新しい列 survival_rate として出力します。

　survived の平均を求めると、生存率がなぜ計算可能かについては Tips で補足します。

▶ 出力イメージ

sex	survival_rate
str	f64
"male"	0.190985
"female"	0.727468

Recipe 40　列の集計結果を計算　219

出力結果より、女性（female）の生存率は高いとわかります。よって、「男性よりも女性のほうが優先的に救命された」可能性が十分考えられることが集計処理により明らかにできました。

また、出力結果の sex の要素の順序は現在ランダムに決まっています。「出力イメージ」では先に male、次に female の順序となっていますが、数回実行すると female, male の順番で出力されることもあります。これは、本レシピのように集計結果を確認したいだけの状況だと困りませんが、実行結果を用いてさらに計算するような、再現性が必要な場合においては予期せぬバグを引き起こす可能性があります。

順序を固定するためには、group_by の引数 maintain_order を True にします。ただし、処理は遅くなります。

```python
# sex の順序を固定して、性別ごとの生存率を計算する
df.group_by("sex", maintain_order=True).agg(
    pl.col("survived").mean().alias("survival_rate")
)
```

40.3 pandas での実装例

```python
# 性別ごとの生存率を計算する
df.groupby("sex")["survived"].mean()
```

pandas でも groupby メソッドを使って性別ごとにデータをグループ化し、mean メソッドを使って生存率を計算できます。

pandas の場合、groupby メソッドでグループ化されたオブジェクト（DataFrameGroupBy オブジェクト）から、survived 列を [] を用いて指定することで、survived 列に限定して平均を求められます[注1]。

また、Recipe 09 にて紹介した agg メソッドでも求められます。この場合、返り値は pandas データフレームになります。

```python
# 性別ごとの生存率を計算する
df.groupby("sex").agg({"survived": "mean"})
```

survived 列を [] を用いて指定した後に、agg メソッドを用いることも可能です。この場合、返り値は pandas シリーズになります。

```python
# 性別ごとの生存率を計算する
df.groupby("sex")["survived"].agg("mean")
```

注1　DataFrameGroupBy オブジェクトに [] で列を指定することで SeriesGroupBy オブジェクトが返却されます。ここでの mean は SeriesGroupBy オブジェクトのメソッドです。

40.4 Tips

本レシピでは、survived の平均を計算することで生存率を計算しています。「なぜ survived の平均が生存率になるのか」と疑問を持つ方もいると思うので、説明をします。

今回は簡易的に、乗客が 10 人いて、そのうち 6 人が生存した状況を考えます。これをリストで表すと、[1, 1, 0, 1, 0, 0, 1, 1, 0, 1] のようになります。

次に、生存率について考えます。生存率の定義は、「生存した人数 / 全乗客数」となります。今回の例では 6 / 10 = 0.60 が生存率となります。

次に、平均（算術平均）の計算方法について考えます。平均は、「データの値の総和 / データの数」で求められます。例えば 3 人の生徒がそれぞれテストで 70 点・80 点・90 点をとった場合を考えます。データは [70, 80, 90] となり、平均は 70 + 80 + 90 = 240（データの値の総和）を、3 人（データの数）で割った値、つまり 240 / 3 = 80 となります。

今回のデータ [1, 1, 0, 1, 0, 0, 1, 1, 0, 1] について平均をとると、

$$
\begin{aligned}
平均 &= データの値の総和 \,/\, データの数 \\
&= (1 + 1 + 0 + 1 + 0 + 0 + 1 + 1 + 0 + 1) \,/\, 10 \\
&= 6 \,/\, 10 \\
&= 生存した人数 \,/\, 全乗客数 \\
&= 生存率
\end{aligned}
$$

となり、平均の結果が生存率と一致します。これは、以下の 2 点の前提があるため成立します。

- データに 1 と 0 しか存在せず、生存した人が 1 で表現されているため、「データの値の総和」と「生存した人数」が一致する。
- データの数と全乗客数が一致している。

データに 1 と 0 以外が存在したり、生存した人が 1 で表現されていなかったり、データの数と全乗客数が一致しない場合は、平均と生存率が一致しないため注意してください。

41 列の集計結果を新規列として追加

 ## 41.1 アイデア

　タイタニック号の乗客データについて「ある人の年齢が乗客のクラス（pclass）ごとの平均年齢からどれくらい離れているか」は、生存したかどうかを予測するのに有効だと考えた。そのため「年齢とその人の属する pclass の平均年齢との差」を計算し、新規列として追加したい。

● 使用するデータ

タイタニック号の乗客データ　ファイル名：titanic.csv

before　ある人が特定グループ（pclass）内で若いのか、高齢なのか

pclass	survived	name	sex	age	sibsp	…	home.dest
i64	i64	str	str	f64	i64	…	str
1	1	"Allen, Miss. E…	"female"	29.0	0	…	"St Louis, MO"
1	1	"Allison, Maste…	"male"	0.92	1	…	"Montreal, PQ /…
1	0	"Allison, Miss.…	"female"	2.0	1	…	"Montreal, PQ /…
1	0	"Allison, Mr. H…	"male"	30.0	1	…	"Montreal, PQ /…
1	0	"Allison, Mrs.…	"female"	25.0	1	…	"Montreal, PQ /…
1	1	"Anderson, Mr.…	"male"	48.0	0	…	"New York, NY"
1	1	"Andrews, Miss.…	"female"	63.0	1	…	"Hudson, NY"
1	0	"Andrews, Mr. T…	"male"	39.0	0	…	"Belfast, NI"
1	1	"Appleton, Mrs.…	"female"	53.0	2	…	"Bayside, Queen…
1	0	"Artagaveytia,…	"male"	71.0	0	…	"Montevideo, Ur…
1	0	"Astor, Col. Jo…	"male"	47.0	1	…	"New York, NY"
1	1	"Astor, Mrs. Jo…	"female"	18.0	1	…	"New York, NY"
⋮	⋮	⋮	⋮	⋮	⋮	⋮	⋮

after

> ある人の年齢とその人が属する pclass の平均年齢との差を計算

pclass	survived	name	sex	age	sibsp	···	home.dest	age_diff_from_mean_per_pclass
i64	i64	str	str	f64	i64	···	str	f64
1	1	"Allen, Miss. E···"	"female"	29.0	0	···	"St Louis, MO"	-10.15993
1	1	"Allison, Maste···"	"male"	0.92	1	···	"Montreal, PQ /···"	-38.23993
1	0	"Allison, Miss.···"	"female"	2.0	1	···	"Montreal, PQ /···"	-37.15993
1	0	"Allison, Mr. H···"	"male"	30.0	1	···	"Montreal, PQ /···"	-9.15993
1	0	"Allison, Mrs. ···"	"female"	25.0	1	···	"Montreal, PQ /···"	-14.15993
1	1	"Anderson, Mr. ···"	"male"	48.0	0	···	"New York, NY"	8.84007
1	1	"Andrews, Miss.···"	"female"	63.0	1	···	"Hudson, NY"	23.84007
1	0	"Andrews, Mr. T···"	"male"	39.0	0	···	"Belfast, NI"	-0.15993
1	1	"Appleton, Mrs.···"	"female"	53.0	2	···	"Bayside, Queen···"	13.84007
1	0	"Artagaveytia, ···"	"male"	71.0	0	···	"Montevideo, Ur···"	31.84007
1	0	"Astor, Col. Jo···"	"male"	47.0	1	···	"New York, NY"	7.84007
1	1	"Astor, Mrs. Jo···"	"female"	18.0	1	···	"New York, NY"	-21.15993
⋮	⋮	⋮	⋮	⋮	⋮	⋮	⋮	⋮

　タイタニック号のデータを用いた予測では、生存したか（survived）を目的変数とすることが一般的です。乗客のクラス（pclass: 1 が 1 等、2 が 2 等、3 が 3 等クラス）はそれ単体でも有力な特徴量であると考えられますが、これをさらに他の特徴量と組み合わせることで、新たな特徴量を作る方法を考えてみましょう。

　今回のアイデアでは、pclass ごとの平均年齢からその人の年齢がどのくらい離れているかという情報を新たに追加しますが、これは「そのクラスに属する人のうち、相対的に若いか高齢か」を示す新たな情報となり、生存率の予測に寄与する可能性があります。例えば、クラスによって平均年齢が異なる場合、同じ年齢でもその人の「所属クラスにおいてどれくらい高齢か」が異なる可能性があり、救助時の扱われ方に影響があるかもしれません。

　また、EDA の観点では、各 pclass において乗客年齢の中央傾向がどのようなものかを示すことで、そのクラスが高齢者向け・若者向けなのかといった情報が明らかになる可能性があります。

　ある人の年齢と、その人が属する pclass の平均年齢との差分を新規列として追加するためにはどうすればよいでしょうか。

41.2 Polars での実装例

```python
# その人の年齢と、その人が属する pclass の平均年齢との差分を求める
df = df.with_columns(
    (pl.col("age") - pl.col("age").mean().over("pclass"))
    .alias("age_diff_from_mean_per_pclass")
)
```

```
df.head()
```

with_columns 式を用いて、ある人の age と、その人が属する pclass の平均年齢との差分を求めます。over は、引数として与えた列ごとに、自身よりも前に与えられたエクスプレッションの処理を行います。例えば、polars.col(列 A).mean().over(列 B) と書くと、列 B ごとに、列 A の平均を求めるエクスプレッションとなります。over は、下記 2 点に注意しましょう。

1. group_by 式は利用しないが、集計処理であること
2. エクスプレッションの処理内容を理解するとき、over の前に書かれたエクスプレッションの処理内容が変化すること

2. について補足します。前提として、エクスプレッションを理解するときには、左から右に処理を読めば、全体の処理内容を理解できることが多いです。例えば、pl.col("age").mean() というエクスプレッションがあるとき「age という列に対して、mean（平均）を求める」処理になります。さらに、pl.col("age").mean().alias("mean_age_per_pclass") というエクスプレッションは「age という列に対して、mean（平均）を求め、mean_age_per_pclass という列名に変更する」処理となります。

一方、over が加わった場合、つまり pl.col("age").mean().over("pclass") というエクスプレッションは「age という列に対して、pclass ごとの mean（平均）を求める」処理になります。このとき over の場合は、左から右に処理を追加するのではなく、mean の処理内容が変化していることに注意しましょう[注1]。

さらに、ある人の age と、その人が属する pclass および sex の平均年齢との差分を見ることで、同じ乗客のクラス、かつ性別内での乗客の特性を把握できる可能性があります。実装は下記のようになります。over の引数にリスト形式で列名 2 つを渡しています。

```
# その人の年齢と、その人が属する pclass および sex の平均年齢との差分を求める
df = df.with_columns(
    (pl.col("age") - pl.col("age").mean().over(["pclass", "sex"]))
    .alias("mean_age_per_pclass_sex")
)

df.head()
```

注 1　エクスプレッションの処理を、人間が理解するときに限定した話です。Polars 内部で実際に行われる処理は、エクスプレッション全体を考慮した上で、最適になる処理が行われます。

224 ｜ 特訓 5 日目　データの集計

▶ 出力イメージ

shape: (5, 15)									
pclass	survived	name	sex	age	sibsp	parch	…	home.dest	mean_age_per_pclass_sex
i64	i64	str	str	f64	i64	i64	…	str	f64
1	1	"Allen, Miss. E…	"female"	29.0	0	0	…	"St Louis, MO"	-8.037594
1	1	"Allison, Maste…	"male"	0.92	1	2	…	"Montreal, PQ /…	-40.109272
1	0	"Allison, Miss.…	"female"	2.0	1	2	…	"Montreal, PQ /…	-35.037594
1	0	"Allison, Mr. H…	"male"	30.0	1	2	…	"Montreal, PQ /…	-11.029272
1	0	"Allison, Mrs. …	"female"	25.0	1	2	…	"Montreal, PQ /…	-12.037594

 41.3　pandas での実装例

```
# その人の年齢と、その人が属する pclass の平均年齢との差分を求める
df["age_diff_from_mean_per_pclass"] = (
    df["age"] - df.groupby("pclass")["age"]
    .transform("mean")
)

df.head()
```

groupby メソッドを使用し、age 列から、pclass ごとの平均年齢の差分を計算して、age_diff_from_mean_per_pclass 列として追加しています。

transform メソッドの引数に "mean" を渡すと、各グループ（ここでは各 pclass）に対して平均値を求められます。この平均値は、元のデータフレームの各行に対応する形で返されます。

また、pclass, sex ごとの age の平均との差分を見る場合には、下記のように groupby の引数にリスト形式で列名 2 つを渡すことにより実現できます。

```
# その人の年齢と、その人が属する pclass および sex の平均年齢との差分を求める
df["age_diff_from_mean_per_pclass_sex"] = (
    df["age"] - df.groupby(["pclass", "sex"])["age"]
    .transform("mean")
)

df.head()
```

▶ 出力イメージ

pclass	survived	name	sex	age	sibsp	parch	…	home.dest	mean_age_per_pclass_sex
1	1	"Allen, Miss. E…"	"female"	29.0	0	0	…	"St Louis, MO"	-8.037594
1	1	"Allison, Maste…"	"male"	0.92	1	2	…	"Montreal, PQ /…"	-40.109272
1	0	"Allison, Miss.…"	"female"	2.0	1	2	…	"Montreal, PQ /…"	-35.037594
1	0	"Allison, Mr. H…"	"male"	30.0	1	2	…	"Montreal, PQ /…"	-11.029272
1	0	"Allison, Mrs. …"	"female"	25.0	1	2	…	"Montreal, PQ /…"	-12.037594

---

note `mapping_strategy`

Polars の over の引数 `mapping_strategy` について紹介します。`mapping_strategy` は over の集計結果をどう扱うかを指定します。引数の一覧を以下にまとめます。

引数	意味
`group_to_rows`	集計結果それぞれを、1 つの行に割り当てる。集計結果と行数は一致する必要がある。デフォルト。
`join`	集計した結果をリストとして、行に割り当てる。
`explode`	集計した結果を新しい行に分解する。

引数を指定をしない場合は、デフォルトで `group_to_rows` が適用されます。ここでは、`join` と `explode` について見ていきましょう。

join

職種と年収の情報を集めたデータフレームから、職種ごとの年収 Top3 を新規列として追加したいとします。まずはデータフレームを定義します。

```
df = pl.DataFrame(
    {
        "occupation": [
            "Sales",
            "DataScientist",
            "Engineer",
            "Sales",
            "Engineer",
            "Engineer",
            "Sales",
            "Engineer",
            "DataScientist",
            "Sales"
        ],
        "annual_income": [700, 550, 1000, 450, 500, 650, 550, 400, 600, 900],
    }
)
```

226 | 特訓 5 日目　データの集計

`join` を用いた例は下記となります。

```
df.with_columns(
    pl.col("annual_income")
    .sort_by(pl.col("annual_income"), descending=True)
    .head(3)
    .over("occupation", mapping_strategy="join")
    .alias("annual_income_top3"),
)
```

▶ 出力イメージ

occupation	annual_income	annual_income_top3
str	i64	list[i64]
"Sales"	700	[900, 700, 550]
"DataScientist"	550	[600, 550]
"Engineer"	1000	[1000, 650, 500]
"Sales"	450	[900, 700, 550]
"Engineer"	500	[1000, 650, 500]
"Engineer"	650	[1000, 650, 500]
"Sales"	550	[900, 700, 550]
"Engineer"	400	[1000, 650, 500]
"DataScientist"	600	[600, 550]
"Sales"	900	[900, 700, 550]

　上記の処理では、`with_columns` を利用し、エクスプレッションを用いて新規列を追加しています。エクスプレッションでは、`occupation` ごとに、`annual_income` で昇順に `sort` したデータに対して、`head(3)` をリストとして取得する処理を記載しています。

explode

　次に、職種ごとの年収 Top3 のデータを持ったデータフレームを生成したい状況を考えます。`explode` を用いた例は下記となります。

```
df.sort("occupation").select(
    pl.col("occupation").head(3).over("occupation", mapping_strategy="explode"),
    pl.col("annual_income")
    .sort_by(pl.col("annual_income"), descending=True)
    .head(3)
    .over("occupation", mapping_strategy="explode"),
)
```

Recipe 41　列の集計結果を新規列として追加　227

▶ 出力イメージ

occupation	annual_income
str	i64
"DataScientist"	600
"DataScientist"	550
"Engineer"	1000
"Engineer"	650
"Engineer"	500
"Sales"	900
"Sales"	700
"Sales"	550

　上記の処理では、まず、データフレームに対して occupation 列の sort を行い、文字列の順番で並べ替えています。次に select 式を用いて、次の 2 つのエクスプレッションを記述しています。

1. occupation ごとに、occupation の head(3) を新しい行に展開（explode）して取得する[注2]。
2. occupation ごとに、annual_income で昇順に sort したデータに対して、head(3) を新しい行に展開して取得する。

注2　1. については、生成後のデータフレームの annual_income 列がどの職種の年収を意味するかをわかるようにするために行っています。

Recipe 42　累積和を計算

42.1　アイデア

　ある EC サイトにおける 2023 年の利用金額データを分析している。顧客ごとに「1 月からある月までの合計利用金額」を調べたいが、データが「各月の利用金額」のため、金額の合計がわかりにくい。そこで顧客ごとに「年間の累積利用金額」を計算したい。

● 使用するデータ

顧客の月別利用金額データ　ファイル名：transactions.csv

before　　ある月までの累積利用金額がわかりにくい

shape: (240, 3)

year_month	customer_id	amount
str	i64	i64
"2023-01"	1	960
"2023-01"	2	6331
"2023-01"	3	1284
"2023-01"	4	1075
"2023-01"	5	746
"2023-01"	6	2712
"2023-01"	7	1685
"2023-01"	8	4397
"2023-01"	9	4987
"2023-01"	10	5563
"2023-01"	11	3661
"2023-01"	12	5947
⋮	⋮	⋮

after

shape: (240, 4)

year_month	customer_id	amount	cumulative_amount
datetime[μs]	i64	i64	i64
2023-01-01 00:00:00	1	960	960
2023-02-01 00:00:00	1	5490	6450
2023-03-01 00:00:00	1	5326	11776
2023-04-01 00:00:00	1	5291	17067
2023-05-01 00:00:00	1	3872	20939
2023-06-01 00:00:00	1	3192	24131
2023-07-01 00:00:00	1	5834	29965
2023-08-01 00:00:00	1	6365	36330
2023-09-01 00:00:00	1	566	36896
2023-10-01 00:00:00	1	5434	42330
2023-11-01 00:00:00	1	4526	46856
2023-12-01 00:00:00	1	5678	52534
︙	︙	︙	︙

ある顧客の特定月までの累積利用金額がひと目でわかる！

　時系列データを扱うとき、各時点までの値を集計し累積的な値を求める分析を行うことがあります。例えば、売上データを累積した合計（累積和）を求めることで「売上X円に到達したのは何か月目か」がひと目でわかるようになります。また、株価やスポーツの記録のような最大値が一定の意味を持つデータにおいて、その時点までの最大値（累積最大値）を求めることで、「最大値を更新したのはどのタイミングか」が読みとりやすくなります。

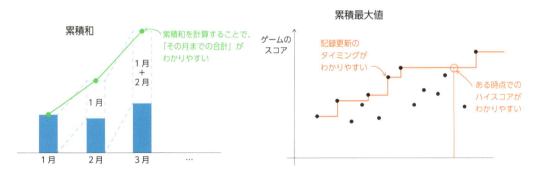

　時系列データ以外でも、顧客の年代ごとに利用者数の割合を算出し、若い年代からの累積和を求めることで「30歳以下の利用者の割合」のように特定の顧客が占める割合をわかりやすく把握できるようになります[注1]。
　では、今回のアイデアのように顧客ごとに各月時点での合計利用金額を求めるにはどうすればよいでしょうか。

注1　パレート分析に用いられるパレート図は累積和を可視化した例の1つです。

42.2 Polars での実装例

```
# year_month を str 型から Datetime 型に変換し、sort を行う
df = df.with_columns(
    pl.col("year_month")
    .str
    .to_datetime("%Y-%m")
).sort("year_month")

# customer_id ごとに amount の累積和を計算
df = df.with_columns(
    pl.col("amount").cum_sum().over("customer_id").alias("cumulative_amount")
)

df.sort(["customer_id", "year_month"])
```

まず、年月を表す year_month 列を使ってデータをソートしています。累積和はデータフレームの上から順に計算されるため、年初からの累積和を求める場合は年月が古いものから順番に並んでいる必要があります。累積和を求める場合は必ず意図した順番でソートされているか確認するようにしましょう。

各顧客の累積和を計算するには Recipe 41 で解説した over を使用します。今回は顧客ごとに集計をするので over の引数には顧客に振られた ID（customer_id）を指定しています。Recipe 41 は平均値の算出でしたので mean を使用していましたが、累積和の計算には cum_sum を使用します。pl.col("amount").cum_sum() とすることで利用金額（amount）の累積和が計算できます。

42.3 pandas での実装例

```
# year_month を str 型から Datetime 型に変換し、sort を行う
df["year_month"] = pd.to_datetime(df["year_month"])
df = df.sort_values("year_month")

# customer_id ごとに amount の累積和を計算
df["cumulative_amount"] = df.groupby("customer_id")["amount"].cumsum()

df.sort_values(["customer_id", "year_month"])
```

pandas でもデータフレームが年月の昇順になるように year_month 列でソートをします。ソートしたデータフレームに対して groupby("customer_id")["amount"] と記述することで、顧客（customer_id）ごとの利用金額（amount）を集計対象としています。累積和の計算は、df.groupby("customer_id")["amount"] の結果（SeriesGroupBy オブジェクト）に対して cumsum メソッドを使うことで得られます。

Recipe 42 累積和を計算 | 231

42.4 Tips

　累積和のように「ある時点までの累積演算結果」を求める処理の1つに**累積カウント**があります。累積カウントは「ある時点までのデータの数」を求める処理であり、各グループ内でのランキング作成やイベントごとの採番などに使用できます。例えば、クラスごとに学生のテストスコア（降順ソート済み）の累積カウントを求めることで「クラスごとの生徒のテスト順位」を作成したり、エラーログでエラー内容ごとの累積カウントを求めることで「そのエラーのうち当該エラーは何回目の発生か」を採番できたりします。

　この Tips では、customer_id ごとに累積カウントを行い、顧客ごとに時系列順の採番を行う実装を紹介します。

▶ Polars での実装例

```
# year_month を str 型から Datetime 型に変換し、sort を行う
df = df.with_columns(
    pl.col("year_month")
    .str
    .to_datetime("%Y-%m")
).sort("year_month")

# customer_id ごとに amount の累積カウントを計算
df_cumulative = df.with_columns(
    pl.col("amount").cum_count().over("customer_id").alias("cumulative_count")
)

df_cumulative.sort(["customer_id", "year_month"]).head()
```

　まず、時系列順に採番を行うため year_month 列の昇順にデータフレームをソートします。次に、cum_sum と同様 over で集計対象の列を指定します。今回は、集計対象として amount を指定しましたが、累積カウントは上から順番に番号を振るだけですから、集計対象の列は結果に影響しません。そのためここで指定する列は amount 以外でも結果は変わりません。累積カウントは cum_count を使用します。

▶ 出力イメージ

year_month	customer_id	amount	cumulative_count
datetime[μs]	i64	i64	u32
2023-01-01 00:00:00	1	960	0
2023-02-01 00:00:00	1	5490	1
2023-03-01 00:00:00	1	5326	2
2023-04-01 00:00:00	1	5291	3
2023-05-01 00:00:00	1	3872	4

232 特訓5日目　データの集計

▶ pandas での実装例

```
# 年月でソート
df["year_month"] = pd.to_datetime(df["year_month"])
df = df.sort_values("year_month")

# customer_id ごとに amount の累積カウントを計算
df["cumulative_count"] = df.groupby("customer_id")["amount"].cumcount()

# ["amount"] は省略できる
# df["cumulative_count"] = df.groupby("customer_id").cumcount()

df.sort_values(["customer_id", "year_month"])
```

pandas も cumsum と同様に記述できます。Polars の実装例でも言及したように、累積カウントの対象列は amount でなくてもかまいませんし、pandas の cumcount においては**集計対象の指定を省略することも可能**です。これは pandas では SeriesGroupBy オブジェクトだけでなく DataFrameGroupBy オブジェクトにも cumcount が実装されていることを意味します。

Recipe 43 複数列の集計結果を計算

43.1 アイデア

タイタニック号の乗客データにおいて、以前の分析から性別（sex）によって生存率に差があることが明らかになった。これを踏まえると、1等クラスの女性乗客は、3等クラスの男性乗客に比べて生存率がさらに高くなることが想定される。そこで、性別（sex）と乗客のクラス（pclass）の組み合わせごとに生存率を調べることで、これらが生存率にどのように影響するか詳しく分析したい。

● 使用するデータ

タイタニック号の乗客データ　ファイル名：titanic.csv

before　　性別と pclass の組み合わせごとに生存率の違いはあるだろうか

pclass	survived	name	sex	age	sibsp	parch	ticket	…	home.dest
i64	i64	str	str	f64	i64	i64	str	…	str
1	1	"Allen, Miss. E…	"female"	29.0	0	0	"24160"	…	"St Louis, MO"
1	1	"Allison, Maste…	"male"	0.92	1	2	"113781"	…	"Montreal, PQ /…
1	0	"Allison, Miss.…	"female"	2.0	1	2	"113781"	…	"Montreal, PQ /…
1	0	"Allison, Mr. H…	"male"	30.0	1	2	"113781"	…	"Montreal, PQ /…
1	0	"Allison, Mrs. …	"female"	25.0	1	2	"113781"	…	"Montreal, PQ /…
1	1	"Anderson, Mr. …	"male"	48.0	0	0	"19952"	…	"New York, NY"
1	1	"Andrews, Miss.…	"female"	63.0	1	0	"13502"	…	"Hudson, NY"
1	0	"Andrews, Mr. T…	"male"	39.0	0	0	"112050"	…	"Belfast, NI"
1	1	"Appleton, Mrs.…	"female"	53.0	2	0	"11769"	…	"Bayside, Queen…
1	0	"Artagaveytia, …	"male"	71.0	0	0	"PC 17609"	…	"Montevideo, Ur…
1	0	"Astor, Col. Jo…	"male"	47.0	1	0	"PC 17757"	…	"New York, NY"
1	1	"Astor, Mrs. Jo…	"female"	18.0	1	0	"PC 17757"	…	"New York, NY"
⋮	⋮	⋮	⋮	⋮	⋮	⋮	⋮	⋮	⋮

after

sex \ pclass	1	2	3
male	?	?	?
female	?	?	?

生存率を計算したい

Recipe 40 の分析から、性別ごとに生存率を確認すると、女性は男性よりも高い生存率を持つことが明らかになりました。今回はさらにデータの理解を深めるため、性別（sex）と乗客のクラス（pclass）別に生存率を計算することで、これらが生存率にどのような影響をもたらすのかを分析したいです。特に、1 等クラスの女性と 3 等クラスの男性の生存率には顕著な違いがあるのではないかと考えられ、この仮説が正しいかをデータから判断することが目標です。

では、どのようにすれば sex と pclass の組み合わせごとに生存率を計算できるでしょうか。

Polars での実装例

```python
# sex と pclass の組み合わせごとに生存率を計算する
df.pivot(
    values="survived",
    index="sex",
    on="pclass",
    aggregate_function="mean"
)
```

▶出力イメージ

sex	1	2	3
str	f64	f64	f64
"female"	0.965278	0.886792	0.490741
"male"	0.340782	0.146199	0.15213

Polars データフレームの pivot メソッドを用いて、sex と pclass の組み合わせごとに生存率（survived の平均）を計算し、それを新しいデータフレームとして取得しています。

pivot は、ピボットテーブルを作成する機能を提供するメソッドであり、polars.pivot(values= 集計対象の列, index= 組み合わせに使う列（行方向）, on= 組み合わせに使う列（列方向）, aggregate_function= 集計方法）のように記載します。今回は、行方向に sex、列方向に pclass を持ち、survived の平均（mean）を計算する実装をしました。

aggregate_function は "mean" 以外にも多くの集計方法が用意されています。

集計方法	意味
"first"	初めて登場したときの値
"sum"	合計

"max"	最大値
"min"	最小値
"mean"	平均値
"median"	中央値
"last"	最後に登場したときの値
"len"	要素数

　出力結果より、1 等クラスの女性（sex：female, pclass：1）の生存率は約 0.97 であり、3 等クラスの男性（sex：male, pclass：3）の生存率は約 0.15 のため、生存率に大きく差があることがわかりました。

　ここで、生存率を計算しましたが、各クラス × 各性別の乗客は何人いて、その中で何人生存したか気になるかもしれません。その場合には、aggregate_function の len と sum を用いて確認できます。

　まず、各クラス × 各性別の頻度集計（乗客が何人いるか）を len を用いて計算します。

```python
# sex と pclass 別に、乗客数を計算する
df.pivot(
    values="survived",
    index="sex",
    on="pclass",
    aggregate_function="len"
)
```

▶ 出力イメージ

sex	1	2	3
str	u32	u32	u32
"female"	144	106	216
"male"	179	171	493

　出力結果より、例えば、1 等クラスの女性（sex：female, pclass：1）は 144 人いることがわかりました。

　次に、各クラス × 各性別の生存者が何人いるかを sum を用いて計算します。

```python
# sex と pclass 別に、生存者の数を計算する
df.pivot(
    values="survived",
    index="sex",
    on="pclass",
    aggregate_function="sum"
)
```

▶ 出力イメージ

sex	1	2	3
str	i64	i64	i64
"female"	139	94	106
"male"	61	25	75

　出力イメージより、例えば、1 等クラスの女性（sex：female，pclass：1）の生存者は 139 人いることがわかりました。

　以上のことから、例えば、1 等クラスの女性（sex：female，pclass：1）の生存率約 0.97 については、139 / 144 という計算の結果であることがわかりました。他の各クラス × 各性別についても同様の方法で確認できます。

43.3　pandas での実装例

```
# sex と pclass 別に生存率を計算する
pd.pivot_table(
    df,
    values="survived",
    index="sex",
    columns="pclass",
    aggfunc="mean"
)
```

　pandas の pivot_table 関数を用いて実現可能です。第 1 引数にはデータフレームを渡します。values, index, columns については Polars と同様、集計対象の列、組み合わせに使う列（行方向および列方向）を指定します。aggfunc は、集計方法を指定しますが、デフォルトは平均を計算する "mean" のため今回の実装例では省略可能です（今回はわかりやすさのため明記しました）。

43.4　Tips

● pandas の pivot_table と crosstab の違い

　pandas で集約処理を行う関数として pivot_table のほかに crosstab が存在します。下記のように crosstab を用いると、sex 列と pclass 列の頻度集計を得られます。

```
# sex と pclass の頻度表を計算する
pd.crosstab(index=df["sex"], columns=df["pclass"])
```

Recipe 43　複数列の集計結果を計算　| 237

▶ 出力イメージ

pclass	1	2	3
sex			
female	144	106	216
male	179	171	493

これは pivot_table で aggfunc を count とした結果と一致します。

pivot_table と機能が似ている crosstab ですが、これら 2 つの違いを以下に示します。

	pivot_table	crosstab
利用するデータ	同じデータフレーム内の 2 列	2 つのシリーズや配列（異なるデータフレームやリストも可）
デフォルトの集計方法	平均	頻度
行 or 列への正規化	なし	あり

大きく異なるのは、crosstab が異なるデータフレームやリストなどを指定できる点です。そのため、pivot_table では同じデータフレーム内の 2 列を列名で指定する一方、crosstab ではデータをそのまま渡します。

また、crosstab は行や列への正規化が行えます。例えば行への正規化の場合は行方向の総和に対し、各要素が占める割合へと変換する処理であり、出力イメージの female 行では

```
144, 106, 216 → 0.309013, 0.227468, 0.463519
```

のように変換されます。

これらの違いから、異なる 2 つのデータを集計したい場合や、結果を正規化したい場合には crosstab を利用するとよいでしょう。それ以外は細かい違いはあるものの、crosstab の values や aggfunc の引数（pivot_table と同様、集計対象のデータや集計方法）を指定することで、どちらの関数でも同じような操作が可能です。

> ### 📓note Polars の pivot はeager API でのみ利用可能
>
> Polars には、eager と lazy の 2 つの動作モードが存在します。それぞれを **eager API**、**lazy API** と呼びます。eager API ではクエリは即座に実行されます。一方、lazy API ではクエリを必要になるまで実行しないことでクエリの最適化を行い、パフォーマンスの向上が期待できます。lazy API については Recipe 50 で詳しく説明します。
>
> lazy API におけるクエリ最適化のためには、常にデータ型や列名（Polars の処理体系ではスキーマと呼ばれる）を知っておく必要があります。しかし、pivot の出力スキーマである結果の列名は、データの要素に依存するため、クエリを実行せずにスキーマを決定することは不可能です。そのため、pivot は eager API でしか利用できません。
>
> もし、pivot と lazy API を併用したい場合は、一度 collect し、eager API として pivot を

利用する必要があります。本レシピの内容で具体的に考えてみましょう。クエリ内で、eager API と lazy API がどのように使い分けられているかわかりやすくするために、以下のような処理を pivot を行う前後にそれぞれ追加します。

- df から survived 列、sex 列、pclass 列を select する
- pivot による集計結果から列 1 の要素が 0.5 以上の行のみを filter する

lazy API を用いて実装すると以下のようになります。

```python
# pivot と lazy API を併用して、sex と pclass 別に生存率を計算し
# 列 1 の生存率が 0.5 以上の行を抽出する
lf = (
    df.lazy()
    .select(["survived", "sex", "pclass"])
    .collect() # pivot を使うためにいったん collect
    .pivot(
        values="survived",
        index="sex",
        on="pclass",
        aggregate_function="mean"
    ).lazy() # 再びレイジーフレームに変換
    .filter(
        pl.col("1") >= 0.5
    )
)
out = lf.collect()
print(out)
```

まず lazy を用いて lazy API による select 処理が行われ、collect によりそのポイントまでのクエリが最適化され実行されます。次に、pivot が eager API で実行されます。再び lazy を用いて、lazy API による処理が行われ、最後の filter 処理が行われます。

Recipe 43　複数列の集計結果を計算　**239**

note pivot と同様の処理を lazy API で実装する

　また、列方向の要素が固定の場合、pivot を使わずに同様の集計処理を行うことで、lazy API
によるクエリ最適化の恩恵を受ける方法もあります。

```python
# pivot と同様の集計処理を lazy API により実現する
aggregate_function = lambda col: col.mean()

(
    df.lazy()
    .group_by(pl.col("sex"))
    .agg(
        [
            aggregate_function(
                pl.col("survived").filter(pl.col("pclass") == value)
            ).alias(str(value))
            for value in [1, 2, 3]
        ]
    )
    .collect()
)
```

　複雑ですね。1つずつ見ていきましょう。

　まず、aggregate_function という変数名で、変数ごとの mean をとる lambda 関数を定義します。
次に、df に対し lazy メソッドを用いて lazy API の利用を開始した後、group_by を sex 列に適
用し、agg を用いています。これは、agg の引数にとる処理を sex 列の要素（male と female）ご
とに行うことを意味します。

　では、agg の引数にとる処理を見ていきましょう。まず全体はリスト内包表記で記載されてい
ます。リスト内包表記は [処理 for 変数 in 順番に呼び出されるもの] という形式で、for 文の処
理をリストを用いて表記できるものです。順番に呼び出される値は、[1, 2, 3] というリストに
なります。これは、pclass 列の要素であり、1, 2, 3 以外の要素は入らない前提を今回のコード
ではおいています。順番に呼び出された値は、value という変数名で、aggregate_function(pl.
col("survived").filter(pl.col("pclass") == value)) という処理へと与えられます。このエク
スプレッションでは、survived 列のうち、pclass 列の要素が value のもののみを aggregate_
function の引数として渡す、つまり mean をとることを意味しています。よって、agg の引数にと
る処理は、pclass 列の要素 [1, 2, 3] に対し、要素に対応する survived 列の平均を計算する処
理であることがわかりました。

　この agg の引数にとる処理を、group_by を用いて sex 列の要素である male と female ごとに
行うことで、male, female それぞれに対し、pclass 列の要素 [1, 2, 3] ごとの survived 列の平
均が計算されます。最後に collect をすることで、データフレームとして具体化しています。

　実行してみると、計算結果は pivot を用いて得た計算結果と一致し、pivot を用いずに同様の集
計処理が実現されていることがわかります。

240 ｜ 特訓5日目　データの集計

Recipe 44 日時データから年と月を取得する

 ## 44.1 アイデア

飛行機における日時と乗客数のデータから、月別の合計乗客数の推移を計算したい。年や月の列があれば、それらの組み合わせごとに集計操作を行えばよさそうだ。そこで、日時列から年と月を取得したい。

● 使用するデータ

飛行機における乗客数データ　ファイル名：passenger.csv

before　　文字列から年や月を抽出したい

timestamp	passenger
str	i64
"2021-04-01 00:00:00"	394
"2021-04-01 03:00:00"	362
"2021-04-01 06:00:00"	401
"2021-04-01 09:00:00"	445
"2021-04-01 12:00:00"	357
"2021-04-01 15:00:00"	357
"2021-04-01 18:00:00"	448
"2021-04-01 21:00:00"	407
"2021-04-02 00:00:00"	322
"2021-04-02 03:00:00"	373
"2021-04-02 06:00:00"	323
"2021-04-02 09:00:00"	322
⋮	⋮

Recipe 44　日時データから年と月を取得する　241

after

timestamp から年と月を抽出

timestamp	passenger	year	month
datetime[μs]	i64	i32	i8
2021-04-01 00:00:00	394	2021	4
2021-04-01 03:00:00	362	2021	4
2021-04-01 06:00:00	401	2021	4
2021-04-01 09:00:00	445	2021	4
2021-04-01 12:00:00	357	2021	4
2021-04-01 15:00:00	357	2021	4
2021-04-01 18:00:00	448	2021	4
2021-04-01 21:00:00	407	2021	4
2021-04-02 00:00:00	322	2021	4
2021-04-02 03:00:00	373	2021	4
2021-04-02 06:00:00	323	2021	4
2021-04-02 09:00:00	322	2021	4
⋮	⋮	⋮	⋮

　本レシピからは、時系列データを扱っていきます。時系列データとは、時間の経過とともに観測されたデータのことであり、これまで扱ったテーブルデータと基本的に同様の分析が行えます。しかし、データの順番が重要な意味を持つため、データの順番が変わってしまう処理を行うと意図した分析結果にならないことがあります。例えば、未来や過去のデータを利用する処理や、移動平均のような処理は、データが時間に沿って並んでいることを前提にしています。

　今回利用するデータには日時（日付と時刻）が記載された timestamp 列と、その時間に飛行機の乗客が何人いたかを示す passenger 列が存在します。このようなデータでは、日時が記載された列から年・月の情報を抽出し、年列・月列を作ると、さまざまな分析に活用できます。例えばそれらを group_by で集計することで、月単位でどのように乗客数が変動しているかを確認できますし、単に◯月という情報が特徴量として機能することもあります。

　ここで、"2021-04-01 00:00:00" という文字列データからそのデータが 2021 年の 4 月のものである、という情報を抽出するには、Recipe **31** で紹介した正規表現を活用する方法が思い浮かぶかもしれません。しかし、Polars や pandas には日時型を扱う便利なデータ型が提供されているため、ここからの時系列データの処理レシピではそれらの日時型を活用して処理を行っていきます。

　それでは、Polars や pandas の日時型を使って日時データから年・月の情報を取得するにはどうすればよいでしょうか。

44.2 Polars での実装例

```
# timestamp 列を文字列型から Datetime 型に変換
df = df.with_columns(
    pl.col("timestamp").str.to_datetime("%Y-%m-%d %H:%M:%S")
)

# 年と月を取得
df = df.with_columns(
    pl.col("timestamp").dt.year().alias("year"),
    pl.col("timestamp").dt.month().alias("month"),
)

df.head()
```

str アクセサの to_datetime を用いて、文字列型で入っている日時データを、Polars の Datetime 型へと変更します。Datetime 型は日時データ用のデータ型であり、dt アクセサを用いることで、日時データを処理するためのさまざまなメソッド（エクスプレッション）を利用できるようになります。また、"%Y-%m-%d %H:%M:%S" は、日付と時間のフォーマット文字列であり、日時データがどのようなフォーマットで表現されているかを to_datetime に伝えます。このフォーマットに基づいて文字列解析・変換を行うことで、データを日時情報として管理できるようになります。また、dt アクセサで使えるメソッドは Tips で、フォーマット文字列については note にて詳しく説明します。

次に、dt アクセサの year と month を使うことで、Datetime 型の値から年と月をそれぞれ抽出します。それぞれは数値型のデータとして取得されます。

ここで、各処理が 2 つの with_columns で別々に記述されている点に注意してください。以下のように同じ with_columns で処理を行うことはできません。

```
# 年と月を取得（エラーになる）
df = df.with_columns(
    pl.col("timestamp").str.to_datetime("%Y-%m-%d %H:%M:%S"), # 1. 型の変換
    pl.col("timestamp").dt.year().alias("year"), # 2-1. timestamp 列から年を取得
    pl.col("timestamp").dt.month().alias("month"), # 2-2. timestamp 列から月を取得
)
```

これは、1. 型の変換 で変換後の列を 2-1 および 2-2 で使っているためです。with_columns 内の各エクスプレッションは並列に実行されるため、一度作成した列（もしくは変換した列）を別の処理で使う場合には、一度 with_columns のカッコを閉じ、改めて with_columns を用いて処理を記述する必要があります。

44.3 pandas での実装例

```
# timestamp 列を文字列型から Datetime 型に変換
df["timestamp"] = pd.to_datetime(df["timestamp"])

# 年と月を取得
df["year"] = df["timestamp"].dt.year
df["month"] = df["timestamp"].dt.month

df.head()
```

pandas の to_datetime 関数を用いて、文字列型で入っている日時データを、pandas の datetime64[ns] 型へと変更しています。Polars とはデータ型の名称が異なりますが、同じように日時を扱うさまざまなメソッドを dt アクセサの形で提供します。この dt アクセサを用いて year と month プロパティから年と月を取得し、新規列として追加しています。

44.4 Tips

● dt アクセサを使って取得可能な時間一覧

dt アクセサを用いて取得可能な時間情報にはさまざまなものがあります。Polars はエクスプレッションを用いて時間情報が取得されているのに対し、pandas は基本的にプロパティの形式で取得されるため、Polars ではカッコ () が必要であり pandas では不要なことに注意してください。以下に一部を紹介します。

取得したい時間情報	Polars	pandas	取得結果 （2021-4-1 00:00:00 に対して適用した場合）
日付	date()	date	2021-04-01
年	year()	year	2021
月	month()	month	4
日	day()	day	1
時間	time()	time	00:00:00
時	hour()	hour	0
分	minute()	minute	0
秒	second()	second	0
曜日を数字で表したもの	weekday() （月曜日を 1、日曜日を 7）	weekday （月曜日を 0、日曜日を 6）	Polars: 4 pandas: 3 （2021/4/1 は木曜日）

ISO 週番号 [注1]	week()	isocalendar().week	13
四半期（1～3月：1, 4～6月：2, 7～9月：3, 10～12月：4）	quarter()	quarter	2
年始からの経過日数	ordinal_day()	dayofyear	91
UNIX エポック（1970-1-1 00:00:00）からの経過秒数	epoch()	_ [注2]	1617235200000000

● Polars における日時情報を表すデータ型

今回は、2021-04-01 00:00:00 のように、日付と時刻の情報の両方を含めて Datetime 型へと変換するため、Polars のエクスプレッション to_datetime を用いました。2021-04-01 のように日付情報のみを変換したい場合には to_date を、00:00:00 のように時刻情報のみを変換したい場合には to_time を利用できます。出力されるデータ型はそれぞれ Date 型、Time 型となります。本レシピで扱った Datetime 型も含めて、以下に例を示します。

▸ Polars

```python
# timestamp を str 型から Datetime 型、Date 型、Time 型に変換
df = df.select(
    # 元の文字列
    pl.col("timestamp"),

    # Datetime 型に変換
    pl.col("timestamp")
    .str.to_datetime("%Y-%m-%d %H:%M:%S")
    .alias("timestamp_by_to_datetime"),

    # Date 型に変換
    pl.col("timestamp")
    .str.to_date("%Y-%m-%d %H:%M:%S")
    .alias("timestamp_by_to_date"),

    # Time 型に変換
    pl.col("timestamp").str.to_time("%Y-%m-%d %H:%M:%S")
    .alias("timestamp_by_to_time")
)

df.head()
```

注1　国際標準化機構（ISO、International Organization for Standardization）が発行する日付と時刻の表記に関する国際規格「ISO 8601」で規定されている週番号のことです。週の始まりは月曜日で、その年の最初の木曜日（1月4日）を含む週を第1週と考え割り当てられます。

注2　pandas には UNIX エポック（1970-1-1 00:00:00）からの経過秒数を計算するメソッドは直接用意されていませんが、次のような実装により計算可能です。(df["timestamp"] - pd.Timestamp("1970-01-01")) // pd.Timedelta("1s")

Recipe 44　日時データから年と月を取得する | 245

▶ 出力イメージ

timestamp	timestamp_by_to_datetime	timestamp_by_to_date	timestamp_by_to_time
str	datetime[μs]	date	time
"2021-04-01 00:00:00"	2021-04-01 00:00:00	2021-04-01	00:00:00
"2021-04-01 03:00:00"	2021-04-01 03:00:00	2021-04-01	03:00:00
"2021-04-01 06:00:00"	2021-04-01 06:00:00	2021-04-01	06:00:00
"2021-04-01 09:00:00"	2021-04-01 09:00:00	2021-04-01	09:00:00
"2021-04-01 12:00:00"	2021-04-01 12:00:00	2021-04-01	12:00:00

pandas には日付のみ、時刻のみを表すデータ型は存在しません。

📓note 日付と時間のフォーマット文字列

　本レシピで利用したデータは 2021-04-01 00:00:00 のような時間の形式でした。しかし時間の表現は多種多様です。2021-04-01 00:00:00 という時刻を表現するだけでも、下記のようなバリエーションが考えられます。

- 2021 年 4 月 1 日 0 時 0 分 0 秒
- April 1, 2021 00:00:00
- 01/04/2021 00:00:00
- Thursday, 1-Apr-2021 00:00:00

　そのような場合には、日付と時間のフォーマット文字列を変更することで、日時型への変換が可能になります[注3]。日付と時間のフォーマット文字列とは、日付と時間の形式を指定するための文字列であり、%Y や %m のような特殊文字（書式指定子）を年や月に対応させます。以下に示すような特殊文字がよく用いられます。

特殊文字	意味	例
%Y	年	2001
%m	月	07
%d	日	08
%H	時間	00
%M	分	34
%S	秒	60
%A	曜日の名前（フルネーム）	Sunday
%a	曜日の名前（略称、3 文字）	Sun

注3　行っていることは「文字列型から Datetime 型へのデータ型の変換」ですが、データ型の変換を行うエクスプレッション cast を用いて Datetime 型へ変換することはできません。

246 　特訓 6 日目　時系列データの処理

| %B | 月の名前（フルネーム） | July |
| %b | 月の名前（略称、3文字） | Jul |

これらを用いると、さまざまな時刻の表現に対応できます。例えば以下のように、フォーマット文字列と日付・時間の表現を対応させられます。

フォーマット文字列	対応可能な文字列の例
"%Y 年 %m 月 %d 日 %H 時 %M 分 %S 秒 "	2021 年 4 月 1 日 0 時 0 分 0 秒
"%B %d, %Y %H:%M:%S"	April 1, 2021 00:00:00
"%d/%m/%Y %H:%M:%S"	01/04/2021 00:00:00
"%A, %d-%b-%Y %H:%M:%S"	Thursday, 1-Apr-2021 00:00:00

また、日本のデータの場合、西暦ではなく和暦で記載されているデータも多く存在します。そのような場合、和暦を西暦に変換したのち、日時データ用のデータ型に変換することが必要になります。例えば、令和 3 年 4 月 1 日 を 2021 年 4 月 1 日 に変換する前処理を行うことで、フォーマット文字列を適用できるようになります[注4]。和暦を西暦に変換する Python プログラムは、Web 上で検索すると簡単に見つけることができます。

📖note 読み込み時に日時情報を表すデータ型に変換する

時間情報を読み込み時に自動で parse（解析）し、日時情報を表すデータ型に変換可能です。まずは Polars での例を見てみましょう。

▶ Polars

```
# 時間情報をあらかじめ parse してデータを読み込む
df = pl.read_csv("../input/passenger.csv", try_parse_dates=True)
df.head()
```

レシピでは、timestamp 列を String 型から Datetime 型に変換していましたが、上記の方法であれば、読み込み時に自動で datetime 型に変換してくれます。

国際的に標準な表記[注5] であれば基本的にうまく読み込めますが、データ中にうまく parse できない日時データが入っている場合には null が入ってしまいます。例えば、下記のような CSV ファイル strange_timestamp.csv が存在するとします。

注4　完全に余談ですが、令和 X 年が西暦何年かを計算するときには、令和をれいわ（018）と数字に変換し、頭に 2 をつけ足した数字 2018 に X を足すと変換できます。例えば、令和 3 年は、れいわ（018）3 年 = 2018 + 3 = 西暦 2021 年となります。覚えておくと変換がすぐにできてちょっと便利です。
注5　「ISO 8601」で規定された表記。

Recipe 44　日時データから年と月を取得する　247

```
timestamp,passenger
2021-01-01,100
01-02-2021,200
2021/01/03,300
```

　上記 CSV ファイルを `try_parse_dates` を用いて読み込むと、`ComputeError` が発生します。これは 01-02-2021 という表記が Polars のサポートする標準的な時間表記に含まれないためです。

　正しく parse が行われているか注意をして利用しましょう。

　次に、pandas の例を見てみます。

▶ pandas

```
# 時間情報をあらかじめ parse してデータを読み込む
df = pd.read_csv("../input/passenger.csv", parse_dates=["timestamp"])
```

　引数 `parse_dates` に、datetime64[ns] 型に変換したい列番号を指定することで、読み込み時に自動でデータ型の変換を行ってくれます。

　pandas では、うまく parse できなかった場合、該当の列が object 型のまま読み込まれます。先ほどと同様、`strange_timestamp.csv` で試してみます。

```
# 時間情報をあらかじめ parse してデータを読み込む
df = pd.read_csv("../input/strange_timestamp.csv", parse_dates=["timestamp"])

display(df.head())
print(df.dtypes)
```

▶ 出力イメージ

timestamp	passenger
2021-01-01	100
01-02-2021	200
2021/01/03	300

```
timestamp    object
passenger     int64
dtype: object
```

　このような場合には、日時データの形式を標準的なものに整える前処理を施し、日時データのデータ型で読み込めるようにする必要があります。

note Python の `datetime` における aware と naive

Python の標準ライブラリ `datetime` は、日付や時刻を操作するためのクラスを提供しています。例えば、2021 年 4 月 1 日 0 時 0 分 0 秒の情報を持つ `datetime` クラス[注6] のオブジェクトを作成するには以下のようになります。

```python
from datetime import datetime

print(datetime(2021, 4, 1, 0, 0, 0)) # -> 2021-04-01 00:00:00
```

Polars, pandas ともに、日時データのデータ型の各要素は、`datetime` ライブラリを用いて生成されたオブジェクトやそれらを継承[注7] したものです。

`datetime` ライブラリの `datetime` クラス（日時）や `time` クラス（時刻）には、タイムゾーンについての情報を格納する `tzinfo` というプロパティが存在します。日時のオブジェクトは、この `tzinfo` プロパティを持っているかどうかによって aware もしくは naive に分類されます。

種類	tzinfo	特徴
aware	保持している	- タイムゾーン情報を持っている - UTC（協定世界時）[注8] との時差を明確に持っている - タイムゾーンに依存する計算や変換が可能である
naive	保持していない	- 単に「年、月、日、時、分、秒」などの値を保持している - 時差やサマータイムについては考慮されていない - どの時間帯の時間であるかが明示されていないため、タイムゾーンに依存する計算には適していない

先ほど紹介した 2021 年 4 月 1 日 0 時 0 分 0 秒の情報を持つ `datetime` クラスに `tzinfo` のプロパティを保持させ、aware なオブジェクトにするには以下のようにします。

```python
from datetime import datetime, timezone, timedelta

print(datetime(2021, 4, 1, 0, 0, 0, tzinfo=timezone(timedelta(hours=9))))
# -> 2021-04-01 00:00:00+09:00
```

`tzinfo` として、時間差を表す `timedelta` オブジェクトを渡した `timezone` オブジェクトを指定しています。時間差には、JST（日本標準時）[注9] である +9 時間の差分を指定しています。ここで、naive なオブジェクトの出力は 2021-04-01 00:00:00 であったことに対し、aware なオブジェクト

注6　モジュール名とクラスがどちらも `datetime` のため注意しましょう。
注7　新しいクラスが既存のクラスのプロパティやメソッドを引き継ぐこと。例えば、pandas の `Timestamp` 型は、Python の標準ライブラリ `datetime` の `datetime` 型を継承した型です。
注8　UTC は Universal Time Coordinated（協定世界時）の略です。世界で基準とされており、精度の高い原子時計と天体観測に基づいて決められた時間のことです。
注9　JST は Japan Standard Time（日本標準時）の略です。UTC を 9 時間（東経 135 度分の時差）進めた時刻のことです。

Recipe 44　日時データから年と月を取得する | 249

では +09:00 という表記が加わっていることがわかります。

　aware なデータでないと困る場面について考えてみましょう。空港が世界中にある航空会社のシステムが、すべてのフライトの出発と到着時間をタイムゾーン情報なしで保存している状況を想像してみます。この場合、イギリスのロンドン（UTC）で 2021-04-01　00:00:00 に出発するフライトと、日本の東京（JST, UTC+9）で 2021-04-01　00:00:00 に出発するフライトが、実際には 9 時間の差があるにもかかわらず、同じ時間に出発すると誤解される可能性があります。これは、フライトのスケジューリングや乗り継ぎに大きな問題を引き起こすでしょう。

　一方、同じタイムゾーンでのみ扱われるデータの場合は、naive なデータ、つまりタイムゾーンが存在しないデータで十分な場合もあります。

　本レシピで紹介した日時データはすべて naive でした。データによっては aware な日時データを扱う場面も存在するため、その違いを理解しておきましょう。

Recipe 45 時間軸に沿って値をシフトし、過去値の列を作る

45.1 アイデア

　顧客の過去の利用金額データを使って、今月の利用金額を予測したい。そこで、前月の利用金額を特徴量に使った機械学習モデルを作成するために、顧客ごとの前月の利用金額を新たな列として作成したい。

● 使用するデータ

顧客の月別利用金額データ　ファイル名：transactions.csv

before

year_month	customer_id	amount
str	i64	i64
"2023-01"	1	960
"2023-01"	2	6331
"2023-01"	3	1284
"2023-01"	4	1075
"2023-01"	5	746
"2023-01"	6	2712
"2023-01"	7	1685
"2023-01"	8	4397
"2023-01"	9	4987
"2023-01"	10	5563
"2023-01"	11	3661
⋮	⋮	⋮
"2023-12"	9	2668
"2023-12"	10	5992

あるレコードに対する先月の利用金額は？

"2023-12"	11	3745
"2023-12"	12	1128
"2023-12"	13	5216
"2023-12"	14	3257
"2023-12"	15	2081
"2023-12"	16	2775
"2023-12"	17	763
"2023-12"	18	1391
"2023-12"	19	5785
"2023-12"	20	6490

after

year_month	customer_id	amount	previous_month_amount
str	i64	i64	i64
"2023-01"	1	960	null
"2023-02"	1	5490	960
"2023-03"	1	5326	5490
"2023-04"	1	5291	5326
"2023-05"	1	3872	5291
"2023-06"	1	3192	3872
"2023-07"	1	5834	3192
"2023-08"	1	6365	5834
"2023-09"	1	566	6365
"2023-10"	1	5434	566
"2023-11"	1	4526	5434
⋮	⋮	⋮	⋮
"2023-01"	20	954	null
"2023-02"	20	5955	954
"2023-03"	20	3574	5955
"2023-04"	20	5857	3574
"2023-05"	20	5349	5857
"2023-06"	20	5272	5349
"2023-07"	20	1807	5272
"2023-08"	20	2877	1807
"2023-09"	20	5891	2877
"2023-10"	20	1833	5891
"2023-11"	20	5635	1833
"2023-12"	20	6490	5635

1 さんは 5490 の買い物をした。
前月は 960 の買い物をしていた

時系列データを用いて機械学習モデルを学習・予測するとき、目的変数の過去の値が予測において重要な情報を持つことが多いです。これは多くの時系列データが自己相関や周期性[注1]を持つためです。そのため、目的変数の過去の値を特徴量（ラグ特徴量）として追加することはよく行われます。

今回は顧客ごとにラグ特徴量を作成し「その顧客の前月の利用金額」の列を新たに追加したいです。どのようにすればよいでしょうか。

45.2 Polars での実装例

```python
# customer_id, year_month でソート
df = df.sort("customer_id", "year_month")

# customer_id ごとに前月の amount をシフトして追加
df = df.with_columns(
    pl.col("amount").shift(1).over("customer_id")
    .alias("previous_month_amount")
)

df.sort("customer_id").head()
```

前月の利用金額列を作成するには、customer_id ごとに amount 列を時間軸に沿って 1 ステップ先にずらせばよいです。

1 行目は値がないので null になる

year_month	customer_id	amount
"2023-01"	1	960
"2023-02"	1	5490
"2023-03"	1	5326
"2023-04"	1	5291
"2023-05"	1	3872
"2023-06"	1	3192
⋮	⋮	⋮

previous_month_amount
null
960
5490
5326
5291
3872
⋮

amount を下方向にずらすことで、
先月の amount の値を表すレコードを追加

この操作により、ある月から見てひと月前の利用金額が、そのまま previous_month_amount 列に格納されることがわかります。時間軸に沿ったシフトをするためにはデータは日付の昇順でソートされている必要がある点に注意してください。

1 ステップ先にデータをずらす操作には Polars エクスプレッションの shift を使います。shift(1) のように引数にステップ数を渡します。また、データには複数の顧客が含まれるため、異なる顧客の値が混ざらないように over で顧客ごとに操作します。作成された列の各顧客の最初の行には、先月

注1　自己相関や周期性は（Recipe46）の column で詳しく説明します。

Recipe 45　時間軸に沿って値をシフトし、過去値の列を作る | 253

の値が存在しないため、null が入ります。

実装例では shift の引数に 1 を渡していますが、この値を 2 とすれば、下方向に 2 ステップずらせます。また、-1 や -2 のように負の値を渡すことで、上方向に 1 ステップおよび 2 ステップずらすこともできます。

特定のグループごとの処理には group_by もありますが、group_by では集計のキー（custmer_id）と集計列（previous_month_amount）のみを持ったデータフレームが作成されてしまいます。

```
# customer_id, year_month でソート
df = df.sort("customer_id", "year_month")

# group_by で customer_id ごとに前月の amount をシフトして追加
previous_month_df = df.group_by("customer_id").agg(
    pl.col("amount").shift(1).alias("previous_month_amount")
).explode("previous_month_amount")

previous_month_df.sort("customer_id").head()
```

▶ 出力イメージ

customer_id	previous_month_amount
i64	i64
1	null
1	960
1	5490
1	5326
1	5291

group_by を用いて集計したデータフレーム previous_month_df と集計前のデータフレーム df を結合することで over を用いた場合と同じ結果のデータフレームを作成できますが、over を用いたほうがシンプルに記述できるためおすすめです。

45.3　pandas での実装例

```
# customer_id, year_month でソート
df = df.sort_values(["customer_id", "year_month"])

# customer_id ごとに前月の amount をシフトして追加
df["previous_month_amount"] = df.groupby("customer_id")["amount"].shift(1)

df.head()
```

pandas でも Polars と同じように shift を用いて 1 ステップ先にデータをずらす操作ができます。df.groupby("customer_id") で顧客ごとの操作とし、操作対象列 "amount" に対して SeriesGroupBy オブジェクトの shift メソッドを使います。

pandas の shift メソッドでも何ステップずらすかの数を引数に渡します。2 や 3 を渡すことで下方向に 2 ステップや、3 ステップずらすことができ、負の値を渡すことで上方向にずらせます。

> **note データに抜けがある場合**
>
> 本レシピで利用したデータは各顧客が毎月必ず買い物をしており年月がすべて存在していました。一方で、一部の年月が抜けているデータを扱う場合は、データが抜けている次の行に意図しない値が入ることになるため注意が必要です。具体例としては下図のように 3 月のデータが抜けていると、4 月の前月を表すデータに 2 月の値が入ることになります。
>
>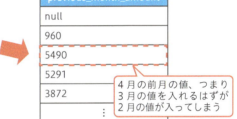
>
> データに抜けがある場合は、1 ステップずらす操作をする前に、抜けているデータ、今回は「year_month と customer_id の全組み合わせのうちないもの」を作成する必要があります。これは以下の手順で year_month customer_id の全パターンの組み合わせを持つデータフレームを作成し、抜けがあるデータフレームを左外部結合することで実現できます。
>
> 1. year_month 全パターンのユニークなデータフレームを作成する
> 2. customer_id 全パターンのユニークなデータフレームを作成する
> 3. 1. と 2. のデータフレームを交差結合（cross join）する
> 4. 3. で作成したデータフレームとデータに抜けがあるデータフレームを左外部結合（left join）する

▶ Polars での実装例

```python
from datetime import date

# 1. year_month 全パターンのユニークなデータフレームを作成する
year_month_unique_df = (
    pl.select(
        pl.date_range(
            start=date(2023, 1, 1),
            end=date(2023, 12, 31),
            interval="1mo"
        )
        .dt.strftime("%Y-%m")
        .alias("year_month")
    )
)

# 2. customer_id 全パターンのユニークなデータフレームを作成する
customer_id_unique_df = (
    df.select(pl.col("customer_id")).unique()
)

# 3. 1. と 2. のデータフレームを交差結合 (cross join) する
full_df = year_month_unique_df.join(customer_id_unique_df, how="cross")

# 4. 3. で作成したデータフレームとデータに抜けがあるデータフレームを
# 左外部結合 (left join) する
df = full_df.join(df, how="left", on=["year_month", "customer_id"])

df.sort(["year_month", "customer_id"])
```

▶ 出力イメージ

shape: (240, 3)

year_month	customer_id	amount
str	i64	i64
"2023-01"	1	null
"2023-01"	2	6331
"2023-01"	3	1284
"2023-01"	4	1075
"2023-01"	5	null
"2023-01"	6	null
"2023-01"	7	null
"2023-01"	8	4397
"2023-01"	9	4987
"2023-01"	10	5563
"2023-01"	11	null

"2023-01"	12	5947
⋮	⋮	⋮
"2023-12"	9	2668
"2023-12"	10	5992
"2023-12"	11	3745
"2023-12"	12	1128
"2023-12"	13	5216
"2023-12"	14	3257
"2023-12"	15	null
"2023-12"	16	2775
"2023-12"	17	null
"2023-12"	18	null
"2023-12"	19	5785
"2023-12"	20	null

　まず、year_month のユニークなデータフレームの作成には select 式と polars.date_range を使います。polars.date_range は指定した開始日から終了日までの日時データを等間隔で作成するエクスプレッションです。今回のデータは 2023 年 1 月から、2023 年 12 月までの 1 か月単位のデータですので、開始日に date(2023, 1, 1)、終了日に date(2023, 12, 31)、間隔に 1 か月を表す "1mo" を渡します。polars.date_range は日付型が返却されるため year_month のフォーマットである " 年 – 月 " とそろえるために指定のフォーマットの文字列に変換する .dt.strftime("%Y-%m") を使っています。

　次に、customer_id のユニークなデータフレームの作成には select 式と unique を使います。

　そして、year_month のユニークなデータフレームと customer_id のユニークなデータフレームの交差結合は、join メソッドの how 引数に "cross" を渡すことで行えます。交差結合を行うことで、year_month と customer_id の全パターンの組み合わせのデータフレームが作成されます。

　こうして作成されたデータフレーム full_df は抜けている year_month customer_id を含むすべての組み合わせのデータが存在するため、このデータフレームに対して、抜けがあるデータフレームを左外部結合することで、抜けていた行を埋められます。左外部結合を行うため、結合キーが存在しない行（抜けていた行）の amount の要素には null が入ります。

▶ pandas での実装例

```python
# 1. year_month 全パターンのユニークなデータフレームを作成する
year_month_unique_list = (
    pd.date_range(start=date(2023, 1, 1), end=date(2023, 12, 31), freq="M")
    .strftime("%Y-%m")
)
year_month_unique_df = pd.DataFrame(year_month_unique_list, columns=["year_month"])

# 2. customer_id 全パターンのユニークなデータフレームを作成する
customer_id_df = pd.DataFrame(df["customer_id"].unique(), columns=["customer_id"])

# 3. 1. と 2. のデータフレームを交差結合 (cross join) する
full_df = pd.merge(year_month_unique_df , customer_id_df , how="cross")

# 4. 3. で作成したデータフレームとデータに欠落があるデータフレームを
# 左外部結合 (left join) する
df = pd.merge(full_df, df, on=["year_month", "customer_id"], how="left")

df.sort_values(["year_month", "customer_id"])
```

pandas での `year_month` のユニークなデータフレームの作成は `pandas.date_range` を使います。Polars と同様に、開始日、終了日、間隔を指定することで、日時データを等間隔で作成できます。1 か月間隔を指定するには `freq` 引数に `"M"` を渡します。

`customer_id` のユニークなデータフレームの作成は、pandas でも `unique` を使い、交差結合は `merge` 関数の `how` に `"cross"` を渡すことで行えます。

また、データが存在する期間における抜けの補間方法として、pandas では `asfreq`、Polars では `resample` などがあります。今回は、`customer_id` によっては存在しない期間も補間可能な実装を紹介しました。

Recipe 46 行の差分を新規の列として追加する

 ## 46.1　アイデア

飛行機における日時と乗客数のデータを分析している。当日の乗客数を予測するためには、前日と前々日の同じ時間における乗客数がどれだけ変化したかが重要そうだ。そこで、前日と前々日の乗客数の差を新規の列として追加したい。

● 使用するデータ

飛行機における乗客数データ　ファイル名：passenger.csv

before

timestamp	passenger
str	i64
"2021-04-01 00:00:00"	394
"2021-04-01 03:00:00"	362
"2021-04-01 06:00:00"	401
"2021-04-01 09:00:00"	445
"2021-04-01 12:00:00"	357
"2021-04-01 15:00:00"	357
"2021-04-01 18:00:00"	448
"2021-04-01 21:00:00"	407
"2021-04-02 00:00:00"	322
"2021-04-02 03:00:00"	373
"2021-04-02 06:00:00"	323
"2021-04-02 09:00:00"	322
⋮	⋮

前々日、前日の同じ時間に集客数がどれくらい変化したか

after

timestamp	passenger	passenger_diff
str	i64	i64
"2021-04-01 00:00:00"	394	null
"2021-04-01 03:00:00"	362	null
"2021-04-01 06:00:00"	401	null
"2021-04-01 09:00:00"	445	null
"2021-04-01 12:00:00"	357	null
"2021-04-01 15:00:00"	357	null
"2021-04-01 18:00:00"	448	null
"2021-04-01 21:00:00"	407	null
"2021-04-02 00:00:00"	322	null
"2021-04-02 03:00:00"	373	null
"2021-04-02 06:00:00"	323	null
"2021-04-02 09:00:00"	322	null
"2021-04-02 12:00:00"	358	null
"2021-04-02 15:00:00"	250	null
"2021-04-02 18:00:00"	260	null
"2021-04-02 21:00:00"	318	null
"2021-04-03 00:00:00"	286	-72
"2021-04-03 03:00:00"	353	11
"2021-04-03 06:00:00"	292	-78
"2021-04-03 09:00:00"	267	-123
"2021-04-03 12:00:00"	411	1
"2021-04-03 15:00:00"	326	-107
"2021-04-03 18:00:00"	341	-188
"2021-04-03 21:00:00"	266	-89

前日－前々日

前日と前々日の同じ時間の集客数の差を追加

　時系列データの分析において、過去のデータを用いて未来のデータを推論することはよくあります。例えば本レシピのアイデアのように、飛行機の当日の乗客数が予測できれば、機内サービスのスタッフの数や食事の量を適切に調整でき、コスト削減につながるでしょう。また、別の例として、コンビニでの商品の需要予測ができれば、商品の過剰在庫や品切れを避けられます。

　そのとき、推論するデータが直近でどれだけ変化したかを特徴量として加えると、より正確な推論を行える可能性があります。本レシピでは、そのような変化の度合いを表す特徴量として、「前日と前々日の同じ時間における乗客数の差」を計算すればよいと考えました。

　このような特徴量を作成するにはどうすればよいでしょうか。

46.2 Polars での実装例

```
# 前日と前々日の同じ時間における乗客数の差を計算する
df = df.with_columns(
    pl.col("passenger").shift(8).diff(8).alias("passenger_diff")
)

df.head(24)
```

まず、Recipe 45 にも登場した shift エクスプレッションを用いて、引数に渡した行数だけ前（過去）にずらした列を作成します。shift の引数には 8 を渡しており、これは今回の時系列データが 3 時間区切りのデータであることから、8 行前、つまり 3 × 8 = 24 時間 = 1 日前のデータを持つ列を作成するためです。8 行前の値が存在しない行は null が入ることに注意しましょう。

diff は、自身と、引数で指定した行数分前のデータとの差分を計算します。理解のために、diff のみを使った場合を見てみましょう。

```
# 当日と前日の同じ時間における乗客数の差を計算する
df = df.with_columns(
    pl.col("passenger").diff(8).alias("passenger_diff")
)

df.head(16)
```

▶ 出力イメージ

timestamp	passenger	passenger_diff
str	i64	i64
"2021-04-01 00:00:00"	394	null
"2021-04-01 03:00:00"	362	null
"2021-04-01 06:00:00"	401	null
"2021-04-01 09:00:00"	445	null
"2021-04-01 12:00:00"	357	null
"2021-04-01 15:00:00"	357	null
"2021-04-01 18:00:00"	448	null
"2021-04-01 21:00:00"	407	null
"2021-04-02 00:00:00"	322	-72
"2021-04-02 03:00:00"	373	11
"2021-04-02 06:00:00"	323	-78
"2021-04-02 09:00:00"	322	-123
"2021-04-02 12:00:00"	358	1
"2021-04-02 15:00:00"	250	-107
"2021-04-02 18:00:00"	260	-188
"2021-04-02 21:00:00"	318	-89

Recipe 46 行の差分を新規の列として追加する | 261

"2021-04-02 00:00:00" の行の passenger_diff 列には、該当行の passenger 列の値から、8 行前、つまり "2021-04-01 00:00:00" の passenger 列の値を引いた値が入っています（322 − 394 = − 72）。shift と同様に、8 行前の値が存在しない行は null が入る点に注意しましょう。

shift と diff を組み合わせることで、shift で 1 日分ずらした列（前日の乗客数）に対し、さらに diff で 1 日分ずらした列（前々日の乗客数）との差を計算し、当初の目的であった前日と前々日の同じ時間における乗客数の差を計算しています。前々日のデータが存在しない場合は null が入ります。

今回は diff を用いましたが、shift でずらす行数を前日（8 行前）と前々日（16 行前）に設定し、その差を計算する方法でも実現可能です。

```python
# 前日と前々日の同じ時間における乗客数の差を計算する
df = df.with_columns(
    (
        pl.col("passenger").shift(8) - pl.col("passenger").shift(16)
    ).alias("passenger_previous_diff")
)

df.head(24)
```

46.3 pandas での実装例

```python
# 前日と前々日の同じ時間における乗客数の差を計算する
df["passenger_previous_diff"] = df["passenger"].shift(8).diff(8)

df.head(24)
```

pandas でも shift メソッドと diff メソッドを利用します。仕様については Polars とほぼ同様のため割愛します。

shift でずらす行数を前日と前々日に変更し、その差を計算する方法は pandas でも実現可能です。

```python
# 前日と前々日の同じ時間における乗客数の差を計算する
df["passenger_previous_diff"] = (
    df["passenger"].shift(8) - df["passenger"].shift(16)
)

df.head(24)
```

46.4 Tips

今回は、前日と前々日の同じ時間における乗客数の**差**を計算しましたが、**変化率**のほうが有効な場合もあります。乗客数の差の問題点と、変化率の有効な点について見ていきましょう。

まずは乗客数の差の問題点を説明します。例えば、前々日→前日の乗客数がそれぞれ、100 → 200

の場合（パターン1）と、10,000 → 10,100 の場合（パターン2）を考えてみます。この場合、

- パターン1

  前日の乗客数 − 前々日の乗客数　$= 200 − 100$
  $$= 100$$

- パターン2

  前日の乗客数 − 前々日の乗客数　$= 10,100 − 10,000$
  $$= 100$$

となり、結果はパターン1、パターン2のどちらも100になります。一方、前々日の乗客数に対する前日の乗客数の変化の度合いという意味では、パターン1の乗客数は大幅に増加しており、パターン2は元の値に対してあまり変化していません。乗客数の差はこの違いが反映できないという問題があります。

この問題は、差ではなく変化率を計算することで解決できます。今回の例の場合、変化率を「（前日の乗客数 − 前々日の乗客数）/ 前々日の乗客数」と定義し、差を乗客数で割ることで値を人数から割合に変換しています。変化率をパターン1, 2 それぞれについて計算すると、

- パターン1

  （前日の乗客数 − 前々日の乗客数）/ 前々日の乗客数　$= (200 − 100) / 100$
  $$= 1.0$$

- パターン2

  （前日の乗客数 − 前々日の乗客数）/ 前々日の乗客数　$= (10,100 − 10,000) / 10,000$
  $$= 0.01$$

となります。パターン1については1.0すなわち100%増を意味し、パターン2については0.01すなわち1%増を意味するため、変化の度合いを表現できています。

このように、変化率を計算することで特にデータの分散が大きく桁のスケールが途中で変化するようなデータに対しても、適切に変化の度合いを計算できます。一方で0を含むデータでは分母が0となってしまい変化率を計算できないため、差を用いるほうが適切な場合もあります。

では、変化率をPolarsとpandasで実装する方法を見ていきましょう。

▶ Polars

```
# 前日と前々日の同じ時間における乗客数の変化率を計算する
df = df.with_columns(
    (
        pl.col("passenger").shift(8).diff(8) / pl.col("passenger").shift(16)
    ).alias("passenger_diff_ratio")
)
```

Recipe 46　行の差分を新規の列として追加する｜**263**

```
df.head(24)
```

▶ pandas

```
# 前日と前々日の同じ時間における乗客数の変化率を計算する
df["passenger_diff_ratio"] = (
    df["passenger"].shift(8).diff(8) / df["passenger"].shift(16)
)

df.head(24)
```

▶ 出力イメージ（Polars）

timestamp	passenger	passenger_diff_ratio
str	i64	f64
"2021-04-01 00:00:00"	394	null
"2021-04-01 03:00:00"	362	null
"2021-04-01 06:00:00"	401	null
"2021-04-01 09:00:00"	445	null
"2021-04-01 12:00:00"	357	null
"2021-04-01 15:00:00"	357	null
"2021-04-01 18:00:00"	448	null
"2021-04-01 21:00:00"	407	null
"2021-04-02 00:00:00"	322	null
"2021-04-02 03:00:00"	373	null
"2021-04-02 06:00:00"	323	null
"2021-04-02 09:00:00"	322	null
"2021-04-02 12:00:00"	358	null
"2021-04-02 15:00:00"	250	null
"2021-04-02 18:00:00"	260	null
"2021-04-02 21:00:00"	318	null
"2021-04-03 00:00:00"	286	-0.182741
"2021-04-03 03:00:00"	353	0.030387
"2021-04-03 06:00:00"	292	-0.194514
"2021-04-03 09:00:00"	267	-0.276404
"2021-04-03 12:00:00"	411	0.002801
"2021-04-03 15:00:00"	326	-0.29972
"2021-04-03 18:00:00"	341	-0.419643
"2021-04-03 21:00:00"	266	-0.218673

　また、乗客数の変化は、前日や前々日ではなく、先週や1か月前と比較したほうがよさそう、と考えることもできます。これは、曜日によって乗客数が異なること、月初・月中・月末では乗客数が異

なりそうと予想できるためです。これらは時系列データの文脈において、**周期性**があると表現します。

時系列データの構造

時系列データは下記の要素に分解して説明できます。

- 自己相関
- 周期性
- トレンド
- 外部イベント
- ノイズ

すべての時系列データに、これらの要素すべてが必ず含まれているわけではありません。これらの構成要素を理解し、自身が扱っている時系列データがどのような特徴を持つのか考えることが重要となります。

自己相関

自己相関は、自分自身が過去のデータとどの程度相関を持つかを表します。例えば、気温について考えると、昨日の気温が高ければ今日の気温も高い可能性が高いです。これは正の自己相関を持つと考えられます。

周期性

データに周期的な要素が見られる場合、データが周期性を持つと考えます。例えば、気温は、去年の同じ月における気温データと相関を持つと考えられます。また、本レシピにおける飛行機の乗客数は、先週の同じ曜日、先月・去年の同じ日の乗客数と相関を持つと考えられます。年単位で周期性があるとき、**季節成分**もしくは**季節性**と表現します。

トレンド

時間の経過に伴うデータの上昇または下降の傾向です。例えば、地球温暖化の影響で、気温が上昇傾向にあることを、「正のトレンドがある」と考えることができます。

外部イベント

時系列データに影響を与える外部からの要因のことです。例えば、有名アーティストのライブが開催され、大量のファンが飛行機を利用し会場に向かう場合、特定の期間で乗客数が急激に増加します。

ノイズ

データにランダムな変動を加える要素です。未来を予測するための情報は含まれていない、純粋なノイズとなるデータを表します。正規分布に従うノイズが仮定されることが多いです。

定常過程

今回利用した diff メソッドは、時系列データを定常過程に近づけるために利用することもできます。この column では、定常過程について詳しく説明していきます。

定常過程とは、**データの平均・分散・自己相関が時点によらず一定であるデータのこと**を指します。定常過程には弱定常性と強定常性の 2 つがありますが、今回は弱定常性に限定して説明をします。

逆に、**データの平均・分散・自己相関が時点によって変化するデータのこと**を**非定常過程**といいます。例えば、増加傾向のトレンドを持つデータの場合、平均が時点によって増加していくため、非定常過程のデータであるといえます。

非定常過程のデータに対し、データの行同士の差分（1 階差分）や、それを n 回繰り返した n 階差分をとることで、トレンドなどの要素を除去でき、データを定常過程に近づけることができます。

データを定常過程にできると、下記のようなメリットを享受できます。

- 分析がしやすくなります。定常過程の定義にあるように「データの平均・分散・自己相関が時点によらず一定である」ことにより、それらの統計量を用いた分析が行いやすくなります。
- 定常過程を前提とした、**ARMA モデル**（AutoRegressive Moving Average model: **自己回帰移動平均モデル**）を適用できるようになります。ARMA モデルは、多様な時系列データに適用できる柔軟性や、Column「時系列データの構造」の冒頭で説明したような構成要素ごとに数式化することで高い解釈可能性を持つ、優秀なモデルです[注1]。

Polars の diff メソッドを用いて、行同士の差分を計算することによるデータの変化を実際に見てみましょう。まず、元のデータをグラフで表現します。matplotlib は可視化のためのライブラリです。

```
import matplotlib.pyplot as plt
import japanize_matplotlib

# timestamp を str 型から date 型に変換
df = df.with_columns(pl.col("timestamp").str.to_datetime("%Y-%m-%d %H:%M:%S"))
```

注1　差分をとったデータに対し ARMA モデルを推定したものを、**ARIMA モデル**（AutoRegressive Integrated Moving Average model: **自己回帰和分移動平均モデル**）と呼びます。

```python
# グラフの描画
plt.figure(figsize=(15, 6))
plt.plot(
    df.get_column("timestamp"), df.get_column("passenger")
)
plt.title(" 時間ごとの乗客数の推移 ")
plt.xlabel("timestamp")
plt.ylabel("passenger")
plt.grid(True)
plt.tight_layout()
plt.show()
```

▶ 出力イメージ

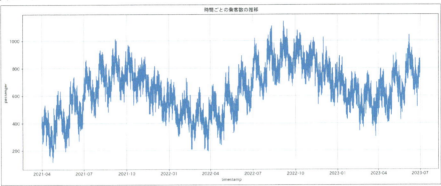

次に、差分をとったデータを可視化します。

```python
import matplotlib.pyplot as plt
import japanize_matplotlib

# timestamp を str 型から date 型に変換
df = df.with_columns(pl.col("timestamp").str.to_datetime("%Y-%m-%d %H:%M:%S"))

# 乗客数の行の差分を計算する
df = df.with_columns(pl.col("passenger").diff().alias("passenger_row_diff"))

# グラフの描画
plt.figure(figsize=(15, 6))
plt.plot(
    df.get_column("timestamp"), df.get_column("passenger_row_diff")
)
plt.title(" 時間ごとの乗客数の差分の推移 ")
plt.xlabel("timestamp")
plt.ylabel("passenger_row_diff")
plt.grid(True)
plt.tight_layout()
plt.show()
```

▶出力イメージ

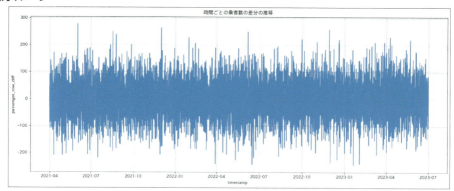

　1つ目のグラフを見てみると、データは明らかにトレンドを持っており、時点ごとの平均が一定ではなく変動しています。そのため、非定常過程であることがわかります。
　2つ目のグラフでは、どの時点においても平均が一定であるように見えます。よって、乗客数の行の差分をとることで、データが定常過程に近づいたということができます[注2]。

注2　元のデータが非定常過程であり、一度差分をとったデータが定常過程のとき、そのデータを**単位根過程**であるといいます。単位根過程かどうかを検定するための方法として、**ADF検定**や**KPSS検定**などが存在します。

Recipe 47 時間に基づいた集約を行い、新規列を作成する

 47.1　アイデア

乗客数のデータの推移について、大まかなトレンドを知るために、直前3点における移動平均を知りたい。

● 使用するデータ

飛行機における乗客数データ　ファイル名：passenger.csv

before

timestamp	passenger
datetime[μs]	i64
"2021-04-01 00:00:00"	394
"2021-04-01 03:00:00"	362
"2021-04-01 06:00:00"	401
"2021-04-01 09:00:00"	445
"2021-04-01 12:00:00"	357
"2021-04-01 15:00:00"	357
"2021-04-01 18:00:00"	448
"2021-04-01 21:00:00"	407
"2021-04-02 00:00:00"	322
"2021-04-02 03:00:00"	373
"2021-04-02 06:00:00"	323
"2021-04-02 09:00:00"	322
⋮	⋮

乗客数推移のトレンドを知りたい

after

移動平均でトレンドを把握！

timestamp	passenger	passenger_moving_average
datetime[μs]	i64	f64
2021-04-01 00:00:00	394	394.0
2021-04-01 03:00:00	362	378.0
2021-04-01 06:00:00	401	385.666667
2021-04-01 09:00:00	445	402.666667
2021-04-01 12:00:00	357	401.0
2021-04-01 15:00:00	357	386.333333
2021-04-01 18:00:00	448	387.333333
2021-04-01 21:00:00	407	404.0
2021-04-02 00:00:00	322	392.333333
2021-04-02 03:00:00	373	367.333333
2021-04-02 06:00:00	323	339.333333
2021-04-02 09:00:00	322	339.333333
⋮	⋮	⋮

　時系列データにおいて、移動平均はよく用いられる処理の1つです。移動平均とは、特定の区間における平均値を、区間をずらしながら計算したものです。

　移動平均はノイズを除去し、トレンド（増加傾向か、減少傾向か）を明確にするために利用されます。データがランダムな変動やノイズを持つ場合、移動平均を用いることで変動やノイズを減らし、トレンドがわかりやすいデータに変換できます。

　今回、乗客数について自身を含めた直前3点における移動平均を計算したいと考えています[注1]。例えば、[1, 2, 3, 4, 5] という配列に対する移動平均は、以下のように計算できます。ここで、1, 2番目の要素は直前3点の値が存在しないため、どのように扱うか考える必要があります。

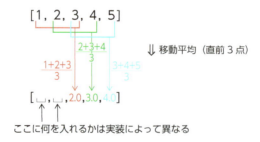

　また、今回のデータは、タイムスタンプが等間隔に設定されているため、その時点までの6時間（データ3つ分に相当）の区間で移動平均を計算することにします。そのような新規列を追加するにはどう

注1　一般的には、自身と前後の数点を含めた移動平均をとることが多いです。本レシピでは、この移動平均の結果を可視化するシステムを実際に運用することを想定し「未来の値との平均をとることができないため、過去の値のみを使用する」という方針にしました。

すればよいでしょうか。

47.2 Polars での実装例

```python
# rolling_mean_by のための前処理
# timestamp を str 型から Datetime 型に変換し、sort を行う
df = df.with_columns(
    pl.col("timestamp").str.to_datetime("%Y-%m-%d %H:%M:%S")
).sort("timestamp")

# 直前 3 点における移動平均を求める
df = (
    df
    .with_columns(
        pl.col("passenger")
        .rolling_mean_by(
            "timestamp",
            window_size="6h",
            closed="both"
        ).alias("passenger_moving_average")
    )
)

df.head()
```

前処理を行ったのち、rolling_mean_by エクスプレッションを用いて移動平均を計算しています。

まず、前処理として、to_datetime を用いて、timestamp 列を str 型から Datetime 型に変換しています。これは、rolling_mean_by を timestamp 列に沿って実施する上で、時間のデータ型として認識させる必要があるためです。また、rolling_mean_by は内部で自動的に指定した列での昇順ソートが行われますが、実装例では一般的な時系列データの前処理として、事前に timestamp 列での昇順ソートを行っています。

その後 rolling_mean_by で、引数 window_size には集約する区間の幅を指定し、closed には区間が閉区間か開区間かを指定します。"both" は、左端、右端ともに閉区間で指定する意味になります。このとき、区間はデフォルトで [該当行の時間 - window_size, 該当行の時間] となり、[] が閉区間を意味することから「この時点までの window_size 時間」を表します。

具体例で考えてみましょう。

timestamp
2021-04-01 00:00:00
2021-04-01 03:00:00
2021-04-01 06:00:00
2021-04-01 09:00:00
⋮

Recipe 47　時間に基づいた集約を行い、新規列を作成する　271

という timestamp 列に対して、window_size を "6h" に指定し、closed を "both" に指定したとすると、

行数	元の値	計算式	結果
1	"2021-04-01 00:00:00"	["2021-04-01 00:00:00" - "6h", "2021-04-01 00:00:00"]	["2021-03-31 18:00:00", "2021-04-01 00:00:00"]
2	"2021-04-01 03:00:00"	["2021-04-01 03:00:00" - "6h", "2021-04-01 03:00:00"]	["2021-03-31 21:00:00", "2021-04-01 03:00:00"]
3	"2021-04-01 06:00:00"	["2021-04-01 06:00:00" - "6h", "2021-04-01 06:00:00"]	["2021-04-01 00:00:00", "2021-04-01 06:00:00"]
4	"2021-04-01 09:00:00"	["2021-04-01 09:00:00" - "6h", "2021-04-01 09:00:00"]	["2021-04-01 03:00:00", "2021-04-01 09:00:00"]
5	⋮	⋮	⋮

となり、結果列に示される区間を集約することになります。今回のデータは 3 時間ごとにデータが存在するため、"6h" と指定することで、自身を含め、直前 3 点を集約できることになります。このようにタイムスタンプを Datetime 型に変換しておくことで、時間の計算を簡単に行えるため、積極的に活用しましょう。その他の時間指定方法は Tips で紹介します。

timestamp	passenger	passenger_moving_average	
datetime[μs]	i64	f64	
2021-04-01 00:00:00	394	394.0	← 394 / 1
2021-04-01 03:00:00	362	378.0	← (394+362) / 2
2021-04-01 06:00:00	401	385.666667	← (394+362+401) / 3
⋮	⋮	⋮	

また、結果の 1 行目、2 行目に着目すると、それぞれ「1 行目の値そのまま」「1 行目と 2 行目の平均」の値が入っていることがわかります。window_size に "6h" という値を指定した場合はこのように値が処理されます。

47.3 pandas での実装例

```python
# rolling メソッドのための前準備
# timestamp を str 型から datetime64[ns] 型に変換し、timestamp 列を index にする
df["timestamp"] = pd.to_datetime(df["timestamp"])
df = df.set_index("timestamp")

# 直前 3 点における移動平均を求める
df["passenger_moving_average"] = (
    df["passenger"]
    .rolling(window="6H", closed="both").mean()
)
```

```
)
df.head()
```

pandasのシリーズに対して、rollingメソッドを用いています。Polars同様、rollingの前準備として、timestamp列をstr型からdatetime64[ns]型に変換します。次に、set_indexを用いて、pandasデータフレームのインデックスとしてtimestamp列を設定しています。これは、pandasシリーズに対するrollingでの時間幅はデータフレームのインデックスを基準に決定するためです。

次に、rollingメソッドを用いています。引数windowには時間幅を "6H" と指定します。Polarsと違い、"6h" ではなく "6H" と大文字で書くことに注意してください。closed="both" はPolars同様、左端、右端ともに閉区間で指定する意味になります。最後にmeanメソッドを用いて、集約した区間の値の平均を計算します。

 ## 47.4　Tips

● 移動平均前後のグラフ

本レシピにおいて、移動平均をとる目的は、大まかなトレンドを知ることでした。移動平均前後の乗客数を可視化することで、どのように変換されたかを確認しましょう。

可視化のコードは下記です。今回は、移動平均の効果をわかりやすくするために、2週間（14日）という短い期間をグラフにします。3時間ごとのデータであることより、1日が8行となり、2週間は 8 × 14 ＝ 112行となります。

```
# グラフの描画
plt.figure(figsize=(15, 6))
plt.plot(
    df["timestamp"].slice(0, 112),
    df["passenger"].slice(0, 112),
    label="Passenger Count"
)
plt.plot(
    df["timestamp"].slice(0, 112),
    df["passenger_moving_average"].slice(0, 112),
    label="Passenger Count(Moving Average)"
)
plt.title("Passenger Count Over Time")
plt.xlabel("timestamp")
plt.xticks(rotation=90)
plt.ylabel("passenger")
plt.grid(True)
plt.legend()
plt.tight_layout()
plt.show()
```

▶ 出力イメージ

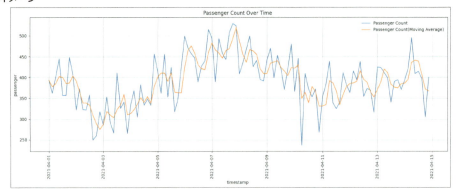

　青色の線が元のグラフであり、オレンジ色の線が移動平均を計算した後のグラフです。青色のグラフは日々の揺れが多いですが、移動平均をとったオレンジ色のグラフではノイズが減り、グラフのトレンドの傾向がよりわかりやすくなっていることがわかります。

Polars と pandas における時間表現の違い

　今回、Polars と pandas での時間幅の記載方法については、それぞれ "6h", "6H" と異なる記載方法でした。これらの記載方法についてまとめます。

時間表現 ＼ ライブラリ	Polars	pandas
ナノ秒	ns	N
マイクロ秒	us	U or us
ミリ秒	ms	L or ms
秒	s	S
分	m	T or min
時間	h	H

時間表現 ＼ ライブラリ	Polars	pandas
日	d	D
週	w	W
月	mo	M
四半期	q	Q
年	y	Y or A
営業日（月曜 - 金曜）	-	B

行に基づいて集約期間を決める

　レシピ内では、Polars, pandas ともに、**時間に基づいて集約期間を決める**方法を利用しました。しかし、今回のアイデアの直前 3 点における移動平均を計算する場合には、**行に基づいて集約期間を決める**方法でも実現できます。具体的には、自身を含め、3 行前までのデータを集約することになります。Polars では、`rolling_mean` を用い、引数 `window_size` に「何行前までのデータを集約するか」を整数で渡すことで実現できます。pandas でも同様に引数 `window` に指定します。どちらも文字列ではなく整数で渡す必要があることに注意してください。

- Polars

```
# 直前 3 点における移動平均を求める
df = (
    df
    .with_columns(
        pl.col("passenger")
        .rolling_mean(window_size=3)
        .alias("passenger_moving_average")
    )
)

df.head()
```

- pandas

```
# 直前 3 点における移動平均を求める
df["passenger_moving_average"] = (
    df["passenger"].rolling(window=3).mean()
)

df.head()
```

- 出力イメージ（Polars）

timestamp	passenger	passenger_moving_average
datetime[μs]	i64	f64
2021-04-01 00:00:00	394	null
2021-04-01 03:00:00	362	null
2021-04-01 06:00:00	401	385.666667
2021-04-01 09:00:00	445	402.666667
2021-04-01 12:00:00	357	401.0

　今回の結果では 1 行目、2 行目が null となっていますが、他の結果は "6h", "6H" で指定したものと同じです。

● 集約方法の使い分け

　今回のデータは、行ごとの時間の間隔が一定であったため、時間に基づいた集約期間の決め方・行に基づいた集約期間の決め方のどちらでもアイデアを実現できます。しかし、行ごとのデータの時間間隔がバラバラのデータを扱っているときに「自身のデータから、1 日以内のデータを集約する」といったような集約をしたい場合、時間に基づいた集約期間の決め方を利用する必要があります。データや実現したい処理に応じて、適切な方法を利用しましょう。

Recipe 47　時間に基づいた集約を行い、新規列を作成する | 275

Recipe 48 特定の期間ごとのデータの集計

 ## 48.1 アイデア

飛行機の乗客数データを分析していたところ、乗客数は1年を通して同程度ではなく、特定の周期で変動していることに気づいた。そこで、各月の合計乗客数や平均乗客数などの統計量を求めることで、月ごとの乗客数の傾向を明らかにしたい。

● 使用するデータ

飛行機における乗客数データ　ファイル名：`passenger.csv`

before

timestamp	passenger
str	i64
"2021-04-01 00:00:00"	394
"2021-04-01 03:00:00"	362
"2021-04-01 06:00:00"	401
"2021-04-01 09:00:00"	445
"2021-04-01 12:00:00"	357
"2021-04-01 15:00:00"	357
"2021-04-01 18:00:00"	448
"2021-04-01 21:00:00"	407
"2021-04-02 00:00:00"	322
"2021-04-02 03:00:00"	373
"2021-04-02 06:00:00"	323
"2021-04-02 09:00:00"	322
⋮	⋮

4月の1日あたりの平均乗客数は？
最大乗客数は？

276　特訓6日目　時系列データの処理

after

shape: (27, 5)				
timestamp	mean_passenger	std_passenger	min_passenger	max_passenger
datetime[μs]	f64	f64	i64	i64
2021-04-01 00:00:00	331.6875	88.421905	115	529
2021-05-01 00:00:00	414.375	89.926919	193	636
2021-06-01 00:00:00	527.975	92.795403	268	737
2021-07-01 00:00:00	644.012097	87.702316	440	859
2021-08-01 00:00:00	728.112903	94.786631	479	931
2021-09-01 00:00:00	766.925	91.012819	553	1012
2021-10-01 00:00:00	746.741935	90.029988	530	970
2021-11-01 00:00:00	683.920833	91.438836	453	884
2021-12-01 00:00:00	595.391129	89.937249	380	815
2022-01-01 00:00:00	504.165323	90.963538	303	718
2022-02-01 00:00:00	446.433036	96.038412	209	727
2022-03-01 00:00:00	431.782258	96.434414	196	662
⋮	⋮	⋮	⋮	⋮

※月ごとの乗客数の統計量を計算

時系列データを集計する方法は Recipe 47 で rolling を紹介しました。rolling は各行を基準として一定期間の集計を行うものでしたが、今回は月ごとに集計を行いたいです。

時系列データを生データのまま分析することで、短期間の中での特徴などは分析できますが、長期間での特徴を把握するのには向いていません。各月の集計値を比較することで、乗客数が多い月だったのかや、乗客数のばらつきが多い月だったのかなどの、月ごとの特徴が把握しやすくなります。

それでは、月ごとの乗客数の統計量を求めるにはどうすればよいでしょうか。

 ## 48.2 Polars での実装例

```python
# timestamp を str 型から Datetime 型に変換し、sort を行う
df = df.with_columns(
    pl.col("timestamp").str.to_datetime("%Y-%m-%d %H:%M:%S")
).sort("timestamp")

# 月ごとの乗客数の統計量を求める
passenger_stats_df = (
    df
    .group_by_dynamic(
        index_column="timestamp",
        every="1mo",
        period="1mo",
    ).agg(
        pl.col("passenger").mean().alias("mean_passenger"),
        pl.col("passenger").std().alias("std_passenger"),
```

```
        pl.col("passenger").min().alias("min_passenger"),
        pl.col("passenger").max().alias("max_passenger")
    )
)

passenger_stats_df.head()
```

まず、Recipe 47 と同様に前処理として Datetime 型への変換とタイムスタンプ昇順でのソートを行っています。

月ごとの集計には group_by_dynamic を用います。group_by_dynamic は集計の日時 index_column、集計間隔 every、集計期間 period を引数で指定することで、指定した期間ごとの集計を行えます。今回は集計日時には "timestamp" を指定します。この指定により timestamp 列に格納されている日付に基づいて集計期間のグループが作成されます。集計間隔の every には 1 か月を表す "1mo"、集計期間の period にも "1mo" を渡しています。これは、1 か月おきに 1 か月間の集計、つまり毎月の集計の指定になります。引数の値を変えて every="2mo", period="1mo" とすると 2 か月おきに 1 か月間の集計、every="1mo", period="2mo" とすると、1 か月おきに 2 か月間の集計となります。図示すると以下のようになります。

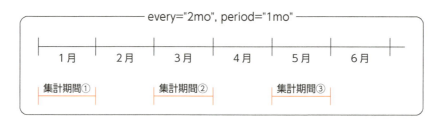

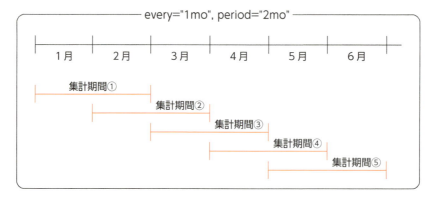

group_by_dynamic でグループ化する単位を指定した後は agg 式を使ってグループごとに集計したいエクスプレッションを渡します。今回の実装例では平均、標準偏差、最小値、最大値を求めるエクスプレッションを渡しています。

48.3 pandas での実装例

```python
# timestamp を str 型から datetime64[ns] 型に変換し、timestamp 列を index にする
df["timestamp"] = pd.to_datetime(df["timestamp"])
df = df.set_index("timestamp")

# 月ごとの乗客数の統計量を求める
passenger_stats_df = df.resample("1M").agg(
    {
        "passenger": ["mean", "std", "min", "max"]
    }
)

passenger_stats_df.head()
```

pandas で月単位の集計をするには resample メソッドを使います。resample はインデックスに基づいて集計を行うため、前処理として set_index メソッドで datetime[ns] 型に変換した timestamp 列をインデックスに設定します。

resample の引数には集計する期間を渡します。今回は1か月ごとに集計したいので1か月を表す "1M" を渡しています。集計の処理は resample に続けて agg メソッドを使い、集計したい処理を渡します。

Polars の group_by_dynamic では集計後の timestamp 列は各月の1日になっていましたが、resample では各月の最終日になるという違いがありますので注意してください。

▶ 出力イメージ

	passenger			
	mean	std	min	max
timestamp				
2021-04-30	331.687500	88.421905	115	529
2021-05-31	414.375000	89.926919	193	636
2021-06-30	527.975000	92.795403	268	737
2021-07-31	644.012097	87.702316	440	859
2021-08-31	728.112903	94.786631	479	931

48.4 Tips

● pandas で集計間隔を変える

今回の pandas の実装例で紹介した resample には Polars の group_by_dynamic の period や every に該当する引数がなく、集計期間、集計間隔を個別に設定することができません。ここでは、pandas

で集計期間、集計間隔が異なる場合の実装例を紹介します。

まずは 2 か月おきに 1 か月間の集計をする実装例です。Polars の group_by_dynamic では every="2mo", period="1mo" に該当する処理です。

```python
# timestamp を str 型から datetime64[ns] 型に変換し、timestamp 列を index にする
df["timestamp"] = pd.to_datetime(df["timestamp"])
df = df.set_index("timestamp")

# 月ごとの乗客数の統計量を求める
passenger_stats_df = df.resample("1M").agg({
    "passenger": ["mean", "std", "min", "max"]
})

# 2 か月おきにデータを抽出
passenger_stats_df  = passenger_stats_df[::2]

passenger_stats_df.head()
```

2 か月おきに 1 か月間の集計はまず、本編で紹介したのと同じように毎月の乗客数を集計します。そして、集計結果である passenger_stats_df に対して [::2] とスライス操作することで、2 行おきにデータを抽出できますので、2 か月おき 1 か月ごとの集計データが作成できます。

[::2] はスライス操作といい、リスト、文字列、タプルなどの一部分を抽出するための記法です。[開始位置 : 終了位置 : 取得間隔] のように、1 つ目の ":" の前には抽出の開始位置、1 つ目と 2 つ目の ":" の間には抽出の終了位置、2 つ目の ":" の後ろには要素をスキップする間隔を表します。

```python
# 最初の要素から 2 つおきに最後までデータを抽出
slice_list = [0, 1, 2, 3, 4, 5, 6, 7, 8, 9]
print(slice_list[::2]) # [0, 2, 4, 6, 8]

# 2 つ目の要素から 3 つおきに最後までデータを取得
slice_list = [0, 1, 2, 3, 4, 5, 6, 7, 8, 9]
print(slice_list[1::3]) # [1, 4, 7]

# 3 つ目の要素から 2 つおきに 8 つ目の要素 (7) までデータを取得
my_list = [0, 1, 2, 3, 4, 5, 6, 7, 8, 9]
print(slice_list[2:8:2]) # [2, 4, 6]
```

次に、1 か月おきに 2 か月間の集計をする実装例を紹介します。Polars の group_by_dynamic では every="1mo", period="2mo" に該当する処理です。

```python
# 年月を表す列を作成
df["timestamp"] = pd.to_datetime(df["timestamp"])
df["year_month"] = df["timestamp"].dt.strftime("%Y-%m")

two_month_stats = []
for year_month, current_month_df in df.groupby("year_month"):

    # 前月のデータを取得
```

```python
    prev_month = pd.to_datetime(year_month) - pd.DateOffset(months=1)
    prev_month_df = df[df["year_month"] == prev_month]

    # 当月と前月のデータを結合
    two_month_df = pd.concat([current_month_df, prev_month_df])

    # 当月と前月を結合したデータに対して統計量を計算
    stats = two_month_df["passenger"].agg(["mean", "std", "min", "max"])
    stats.name = year_month

    two_month_stats.append(stats)

# 集計結果をデータフレームに変換
passenger_stats_df  = pd.DataFrame(two_month_stats)

passenger_stats_df.head()
```

1か月おきに2か月間の集計はやや複雑です。処理の概要としては、当月と前月のデータを抽出し、この2つのデータを結合したものから統計量を求めています。

処理を順番に見ていきます。最初に年月を表す列 year_month を作成します。これは当月のデータと前月のデータを抽出するのに必要になります。次に year_month ごとに処理を行うために、groupby と for 文を使い year_month ごとにデータを処理していきます。for の中では前月のデータ prev_month_df を取得し、当月 current_month_df のデータと結合することで、結合したデータ two_month_df に対して統計量を求めています。これにより2か月分の統計量を求められます。この統計量を求めたデータをリスト two_month_stats に格納し最後に DataFrame に変換することで、1か月おきに2か月の集計を行った結果を作成できました。

遅延評価の基礎 (Python編)

ここからは Polars で提供されている遅延評価機能 **lazy API** の機能について詳しく説明していきます。

処理速度が速くメモリ効率もよいことが特長として挙げられる Polars ですが、lazy API はその特長を支える重要な機能といえます。とはいえ、導入する方法はとても簡単で、身構える必要はありません。

このレシピではまず「遅延評価」を理解するために、基本の概念や、Python で提供される遅延評価機能について説明します。Polars での実装は次レシピ以降で取り扱います。

 ## 49.1　遅延評価

そもそも**遅延評価**とは一体どのような概念でしょうか。普段からメインで Python を書いている読者にとってはあまり馴染みのない言葉かもしれません。遅延評価を一言で説明すると、

　　　　　式の評価を「必要になるまで」行わない、サボる仕組み

といえます。例えば以下のような操作を考えます。

操作 1. 無限に長い配列 [0, 1, 2, 3, 4, ...] を定義する
操作 2. その配列の先頭から 5 つを出力する

この操作を Python で表現すると

```
INF = 10 ** 100 # とても大きな定数
list_inf = [i for i in range(INF)] # 操作1: 長さ INF のリストを定義
print(list_inf[: 5]) # 操作2: 先頭から 5 つを出力
```

のように記述できますが、これをそのまま実行すると操作 1 の「長さ INF のリストを定義」する行で処理が止まってしまいます。これは Python（や多くのプログラミング言語）の基本的な操作は「正格評価」であり、1 行ずつ逐次的に実行されるためです。

一方で遅延評価では「必要になって初めて式を評価する」ため、今回の操作においては 操作 2 で先頭の 5 つの要素のみが必要とわかった上で 操作 1 の配列を作るため、処理がすぐに終わります。

[0, 1, 2, 3, 4, …]
正格評価は、いわれたとおりに配列を作ろうとする

[0, 1, 2, 3, 4, 5, 6, 7, …]
遅延評価は、必要な分だけしか配列を作らない　→　処理がすぐに終わる

正格評価や遅延評価といった規則群を**評価戦略**といいます[注1]。Polars の機能としては

- 正格評価：eager API
- 遅延評価：lazy API

として提供されており、本書のここまでの実装例は、一部の参考実装を除いてすべて正格評価：eager API で記述されています。基本的に `df = pl.read_csv("path/to/csv")` のように読み込まれた `polars.DataFrame` オブジェクトは正格評価機能を提供します。

49.2　Python における遅延評価

あまり馴染みはない言葉かもという紹介をしましたが、実は Python にも遅延評価機能は備わっています。代表的なものは以下の 2 つです。

- **ジェネレータ**
- **短絡評価** (short-circuit evaluation)

● ジェネレータ

ジェネレータオブジェクトは、Python における特別な種類のイテレータ（一連の要素を次々に取り出す処理を提供するオブジェクト）であり、遅延評価を行えます。具体的には、一度にすべてのデータを生成してメモリに格納するのではなく「必要なときに必要な分だけ」値を 1 つずつ生成します。これは大規模なデータを扱うときや、無限に続くデータシーケンスを生成するときなどに有用です。

例えば、0 から始まる連続する整数を生成する場合を考えてみましょう。通常のリストを使用して

注1　評価戦略の話は非常に奥が深く、特に遅延評価は関数型プログラミング言語と密接な関係があります。興味がある方はぜひ調べてみましょう。
　　　参考：なぜ関数プログラミングは重要か：https://www.sampou.org/haskell/article/whyfp.html

これを行うと、すべての数値を一度にメモリに格納する必要があります。しかし、ジェネレータを使用すると、これらの数値を逐次的に生成し「必要になった分だけ」メモリに格納します。

　ジェネレータオブジェクトを作るには、一般的な def を用いた関数定義を行うときに yield というキーワードを使用します。yield で値を返すと、関数は一時停止し、値を呼び出し元に渡した後、同じ場所から処理が再開されます。この処理は、値がもういらなくなるまで、または値がつきるまで繰り返されます。

ジェネレータのシンプルな例

```python
# ジェネレータのシンプルな実装例
INF = 10 ** 100 # とても大きな定数

# 0 から n_max までの連続整数を生成する関数
def count_up_to(n_max):
    count = 0
    while count <= n_max:
        yield count  # ここで値を返し、次にこの関数が呼ばれたときにはここから再開される
        count += 1  # 次の値へとカウントアップ

# ジェネレータオブジェクトの作成
counter = count_up_to(INF) # 0 から 10^100 までの連続整数を生成するジェネレータ

# ジェネレータから値を取得
for num in counter:
    if num >= 5: # このままだと 10^100 回処理が回ってしまうので break
        break

    print(num)  # 0 から 4 までの値が 1 つずつ出力される
```

　関数定義内で return ではなく yield キーワードを用いて値を返すように記述することで、ジェネレータを実装できます。実装例では counter = count_up_to(INF) と呼び出すことでジェネレータオブジェクトを生成しています。for ループを使用してこのジェネレータをイテレートすると、n_max に達するまでの数値が 1 つずつ生成されます。

　n_max に INF: 10 ** 100 のような巨大な値を渡していますが、ジェネレータは必要な分しか値を生成しないため、ジェネレータオブジェクトの生成自体は一瞬で終わりますし、プログラム全体も 0 〜 4 の値を出力してすぐに終了します。

range オブジェクト

　Python の for 文などで非常によく登場する range オブジェクトにも遅延評価機能が備わっています。range オブジェクトの基本機能はジェネレータと似ていますが、厳密には異なります。これらの違いについては note に記載します。

　range オブジェクトについて、以下のような実装を考えてみましょう。

```python
INF = 10 ** 100 # とても大きな定数

# ① range オブジェクトを用いた for 文
for i in range(INF):
    if i >= 5: # このままだと 10^100 回処理が回ってしまうので break
        break

    print(i) # 0 から 4 までの値が 1 つずつ出力される

# ② list オブジェクトを用いた for 文
for i in list(range(INF)): # 10^100 要素のリストをここで生成しようとし、エラーになる
    if i >= 5:
        break

    print(i)
```

n を ループ回数とする `for i in range(n):` のような for 文は非常によく登場しますが、この range(n) と list(range(n)) の区別はしっかりできているでしょうか。

①のような例を試してみると実感できますが、①のコードは INF: `10 ** 100` を感じさせることなく一瞬で終了します。これは range オブジェクトが遅延評価機能を提供しており「必要なときに必要な分だけ」値を取り出しているからです。

一方②の例では list 関数によって巨大なリストオブジェクトが生成されてしまうため、処理が止まってしまいます。n が小さい値の場合、両者を区別せずとも問題なく動作しますが、今回の実装例のように大きな数を扱うケースでは、両者の違いを認識しておかないと思わぬところでメモリや実行時間を食う危険があるため、十分注意しましょう。

● 短絡評価（short-circuit evaluation）

ジェネレータ以外で、Python で提供される遅延評価機能の 1 つに短絡評価があります。以下の実装例で説明します。ここで list1, idx は別途定義され、idx が list1 のインデックス範囲外もとりうるとします。

```python
# list1 の idx 番目の要素が 5 より大きいかを検証　③シンプルな実装
if 0 <= idx < len(list1): # インデックス範囲を指定
    if list1[idx] > 5:
        print(f"The {idx}th value is greater than 5, {list1[idx]=}")

# list1 の idx 番目の要素が 5 より大きいかを検証　④短絡評価を活用した実装
if 0 <= idx < len(list1) and list1[idx] > 5: # これでよい
    print(f"The {idx}th value is greater than 5, {list1[idx]=}")
```

この実装で行いたいことは「list1 の idx 番目の要素が 5 より大きいか」の検証です。ここで、list1[idx] のようにリストの要素を直接参照するときにはプログラムの安全上、インデックスの範囲

Recipe 49　遅延評価の基礎（Python 編）　| 285

である 0 <= idx < len(list1) の条件を記述することが望ましいです[注2]。そのため、シンプルに実装すると③のような記述になります。

短絡評価は Python の and や or といった論理演算子に実装されている「片方を評価し、もう片方の評価が必要なければ評価しない」機能です。例えば if（条件 1）and（条件 2）: のような if のケースでは「条件 1 が False ならば if 文全体が False であることが確定」するため、条件 2 は評価されません。

同様に if（条件 1）or（条件 2）: のようなケースでは「条件 1 が True ならば if 文全体が True であることが確定」するため、条件 2 は評価されません。

この機能を活用することで、実装例の if 0 <= idx < len(list1) and list1[idx] > 5: では、「list1[idx] が IndexError になる idx が与えられても左辺が False となり右辺が評価されない」ため、「list[idx] が実行されず、プログラムが止まらない（IndexError にならない）」ようにうまく処理されます。

また、短絡評価は論理演算子 and, or の機能であり、ビット演算子 &, | ではサポートされていないため注意が必要です。

> **note** range オブジェクトとジェネレータの違い
>
> range オブジェクトは遅延評価を提供するイテレータという点でジェネレータのようですが、厳密にはジェネレータではありません。例えば今回紹介した count_up_to ジェネレータは少し変更すればほとんど range と同じ使い方ができます。

注2　厳密には Python では負のインデックスで要素アクセスができるので IndexError の条件はもう少し緩くなります。しかし、負のインデックスを想定するケースは多くはないでしょうから、一般的なインデックス範囲を指定するほうがより安全といえます。

```python
# range のようなジェネレータ
def my_range(n):
    num = 0
    while num < n:
        yield num
        num += 1

for i in my_range(10):  # 巨大な n を渡して break しても OK
    print(i)
```

ここで以下のようなコードを実行すると、range オブジェクトとジェネレータの違いを感じられます。

```python
range1 = range(10)
range2 = my_range(10)

# 同じ結果が出力される
for i in range1:
    print(i)
for i in range2:
    print(i)

# もう一度評価すると range2 からは何も出力されない
for i in range1:
    print(i)
for i in range2:
    print(i)
```

Python のジェネレータは基本的に、一度イテレートして値を取り出すと元のオブジェクトからその値はなくなってしまうため、複数の for 文で同じジェネレータを使うことはできません。一方 range は何度でもイテレートできます。ジェネレータを複数回イテレートしてしまい、バグを生むケースもよくあるので注意しましょう。

Polars の遅延評価機能 lazy API

50.1 lazy API とは

本レシピでは Polars の遅延評価機能 **lazy API** の機能について説明します。Python のジェネレータでは

- 巨大なイテレータを作成し、先頭の数要素を取得する

という操作を正格評価（eager API）よりも速く実行できましたが、Polars の lazy API でも同じようなことができます。つまり、巨大な CSV（などのデータソース）に対して

- データフレームとして読み込み、先頭の数行を取得する

のような処理を正格評価よりも速く行えます。

遅延評価を用いた CSV ファイル読み込みイメージ

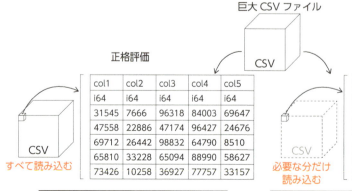

データの読み込みだけでなく、eager API で行えるさまざまな処理に対して lazy API の機能を使用でき、パフォーマンスの向上が期待できます。

50.2　lazy API の使い方

lazy API の使い方のフローは大枠で以下のようになります。

1. LazyFrame の宣言
   → 遅延評価機能を提供する LazyFrame オブジェクトの宣言
2. LazyFrame の操作
   → 行いたい処理の記述
3. データの具体化
   → 値の表示など、データの操作結果を取得

● LazyFrame の宣言

これまでのレシピのように read_csv などで読み込んだ Polars のデータフレーム df に対し df.lazy() のように lazy メソッドを適用するだけで、DataFrame オブジェクトを遅延評価機能を提供する LazyFrame オブジェクトに変換できます。

```
# データフレームとして読み込み（eager API）
df = pl.read_csv("./numeric_data.csv")

# レイジーフレーム（lazy API）に変換
lf = df.lazy()
```

Polars の scan_csv 関数を使うことで最初から LazyFrame オブジェクトとしてデータを読み込むこともできます。

```
# レイジーフレームとして読み込み（lazy API）
lf = pl.scan_csv("./numeric_data.csv")
```

この時点でデータの中身は読み込まれていない点に注意してください。この時点でレイジーフレーム lf には「"../input/data.csv" のデータを読み込む」という操作がクエリとして蓄積されているイメージです[注1]。

● LazyFrame の操作

LazyFrame は DataFrame と**基本的に同様に**操作できます。例えば以下の実装例ではファイルの読

注1　厳密には、クエリ最適化に必要なスキーマ情報（列名やデータ型の情報）を推論するためにいくつかの行（デフォルトで 100 行）を読み込んでいます。

み込み方が read_csv と scan_csv で異なる点、変数名が異なる点を除けばすべて同じコードですが、
エラーなく実行できます。

```python
# DataFrame (eager API) に対する操作
df = pl.read_csv("./numeric_data.csv")

df_agg = (
    df
    .with_columns((pl.col("col1") * 2).alias("double_col1"))
    .with_columns((pl.col("col2") + 5).alias("plus5_col2"))
    .filter(pl.col("double_col1") > 10000)
    .group_by(["plus5_col2"])
    .agg(pl.col("col3").sum().alias("sum_col3"))
    .filter(pl.col("sum_col3") > 500000)
    .select(["plus5_col2", "sum_col3"])
    .head(100)
)

# LazyFrame (lazy API) に対する操作 (DataFrame に行った操作と同じ)
lf = pl.scan_csv("./numeric_data.csv")

lf_agg = (
    lf
    .with_columns((pl.col("col1") * 2).alias("double_col1"))
    .with_columns((pl.col("col2") + 5).alias("plus5_col2"))
    .filter(pl.col("double_col1") > 10000)
    .group_by(["plus5_col2"])
    .agg(pl.col("col3").sum().alias("sum_col3"))
    .filter(pl.col("sum_col3") > 500000)
    .select(["plus5_col2", "sum_col3"])
    .head(100)
)
```

LazyFrame オブジェクトは一部 pandas-like な書き方をサポートしていないことが多いです。例え
ば df["col"] のような pandas でよく用いられる列抽出は、Polars データフレームに対しても行えます
が、レイジーフレームに対して行うとエラーになります。

```python
# pandas-like な列抽出
lf = df.lazy()

df_age = df["age"] # 実行できる
lf_age = lf["age"] # エラーになる

---------------------------------------------------------------------------
TypeError                                 Traceback (most recent call last)
<ipython-input-6-bfbd504b88fc> in <cell line: 5>()
      3
      4 df_age = df["age"] # 実行できる
----> 5 lf_age = lf["age"] # エラーになる

~ 中略 ~
```

290 | 特訓 7 日目　遅延評価

```
TypeError: 'LazyFrame' object is not subscriptable (aside from slicing). Use
'select()' or 'filter()' instead.
```

また pivot メソッドも使えません（代替手段は Recipe 43 で紹介しています）。

LazyFrame に行った一連の操作（エクスプレッション）はクエリとしてその LazyFrame に蓄積されていきます。詳しくは次のレシピ（Recipe 51）で説明します。

● データの具体化

Polars レイジーフレームの collect メソッドを用いることで式（蓄積されたクエリ）が評価され、データが具体化されます。

```python
# データの具体化
lf = pl.scan_csv("./numeric_data.csv")

lf_agg = (
    lf
    ~ 中略 ~
    .head(100)
)

lf_agg.collect() # この行で初めてデータが具体化される
```

▶ 出力イメージ

shape: (100, 2)	
plus5_col2	sum_col3
i64	i64
80514	5116439
7091	5374608
33415	3741855
45837	3952994
322	4319786
27818	4859971
50984	4440660
50234	5270643
30360	4554975
64661	4860531
32307	5637952
39015	5427811
⋮	⋮

collect を使うことでようやく処理結果が見られるので、EDA など中身を頻繁に確認したい場面に

は不向きかもしれません。とはいえ、lazy API を活用したパイプラインの構築時など、頻繁にデバッグを行いたい場面があります。そのようなケースでは適切にサンプリングされた DataFrame を活用し、まずは eager API でパイプラインを作るのがおすすめです[注2]。

このように Polars の遅延評価機能 lazy API は、一部 DataFrame オブジェクトと使い方が異なる点を除けば、

最初に .lazy() して 最後に .collect() する

だけで簡単に実装でき、遅延評価の恩恵を受けられます。

また、LazyFrame でエラーが起きない記述は並列化の恩恵を受けやすい書き方だと考えられます[注3]。そのため、普段から LazyFrame を使う癖をつけておくことで、より Polars らしく高パフォーマンスな実装が身につくことを期待できます。

注2　Polars version0.20 までは部分的な具体化を行う fetch メソッドが提供されていましたが、引数で指定する値が出力行数ではなく読み込み時の行数であり、処理によっては指定した行数と異なる行数が出力されるケースもあるため、version1.0 で廃止となりました。_fetch とすることで version1.0 でも使用可能です。
注3　Polars 公式ドキュメントで非推奨となっている DataFrame への操作は、LazyFrame に使えないケースが多いです。

Recipe 51 クエリ最適化と Streaming API

本レシピでは Polars lazy API の機能を強力に支える**クエリ最適化**と、メモリや処理速度などのパフォーマンスを大きく向上させる機能である **Streaming API** について紹介します。

 ## 51.1 クエリ最適化

`Recipe 50` で紹介したように、レイジーフレームに対して行った一連の操作は LazyFrame オブジェクトにクエリとして蓄積されていきます。これら一連のクエリは、`collect` が呼ばれるまで評価されないため「実行の順番を変更」や「必要最小限のメモリで実行されるように型を強制」など、クエリの最適化の対象になります。

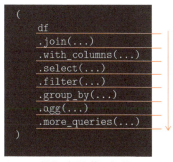

クエリ最適化イメージ

正格評価 / 遅延評価

すべての操作が逐次的に処理され、処理結果が次の処理に渡される / 一連の操作をまとめておき、実行順や型などを最適化する

● クエリプランの表示

蓄積された操作がどのように最適化されるかを可視化してみましょう。
`collect` せず LazyFrame オブジェクトを直接表示することで、蓄積されたクエリプランのグラフ

を見られます（Graphviz がインストールされている必要があります）。クエリプランは「どのような処理を」「どの順番で実行するか」を表現し、計算グラフの形で作成されます。

```python
# 蓄積されたクエリを表示する
lf = pl.scan_csv("./numeric_data.csv")

lf_agg = (
    lf
    .with_columns((pl.col("col1") * 2).alias("double_col1"))
    .with_columns((pl.col("col2") + 5).alias("plus5_col2"))
    .filter(pl.col("col1") > 10000)
    .filter(pl.col("double_col1") > 10000)
    .group_by(["plus5_col2"])
    .agg(pl.col("col3").sum().alias("sum_col3"))
    .filter(pl.col("sum_col3") > 500000)
    .select(["plus5_col2", "sum_col3"])
    .head(100)
)

lf_agg  # collect せずに LazyFrame オブジェクトを表示
```

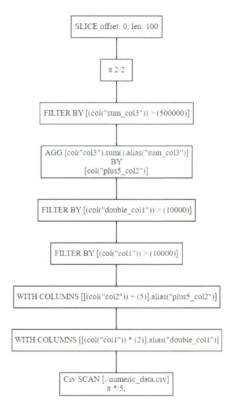

　この図は最適化される前の「そのままの」クエリプランです。lf.show_graph(optimized=False) としても同じグラフが得られます。基本的な見方は以下のとおりです。

- 下から上に見る
- 各ブロックはそれぞれのクエリに対応している
- π は select 式に対応し、列の射影（PROJECTION）[1] を表す
- σ は filter 式に対応し、フィルタ条件（SELECTION）を表す（最適化後のクエリプランに登場）

例えば、一番下のブロックを見てみると、Csv SCAN というクエリで π */5; は「5 つの列をすべて読み込む」ことを示します。

最適化後のクエリプラン

これら一連のクエリは Polars の最適化戦略に基づいて最適化されます。最適化の戦略は「filter や select は最初に行うことで後段の処理が軽くなる」のようなシンプルなものから最適な型への変換、結合順序の推定までさまざまです。詳しくは Polars User guide[2] を参照してください。

最適化された後のクエリプランは lf.show_graph(optimized=True) もしくは単に lf.show_graph() とすることで得られます。

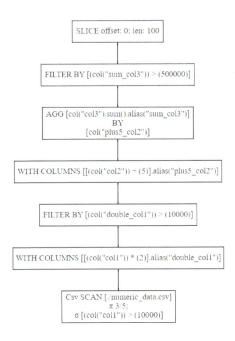

Csv SCAN クエリで π が 3/5 となっており、必要な列を 3 列だけ読み込むよう最適化されているこ

注1 射影 PROJECTION と選択 SELECTION は、関係代数で基本的に用いられる演算子です。関係代数とは、リレーショナルデータベースのデータモデルにおいて、データを扱う演算の体系です。
注2 Optimizations：https://pola-rs.github.io/polars/user-guide/lazy/optimizations/

とがわかります。実装を見ると確かに col1, col2, col3 のみが操作に関連しており、残りの 2 列は読み込む必要がないことがわかります。このような最適化を一般に Projection Pushdown（射影のプッシュダウン）と呼びます。

次に、*Csv SCAN* クエリで σ が σ [(col("col1")) > (10000)] となっており、読み込み時にフィルタリングを行っていることがわかります。また、クエリの順番に着目すると

Csv SCAN → WITH COLUMNS → WITH COLUMNS → FIILTER BY① → FILTER BY②

から

Csv SCAN[FIILTER BY①] → WITH COLUMNS → FILTER BY② → WITH COLUMNS

のように、*FILTER BY②* のクエリが 2 つの *WITH COLUMNS* の間に移動しています。*FILTER BY* を行うと基本的にデータ数は減少するため、等価な処理であるならば、なるべく早く実行することでパフォーマンスの向上が見込めます。このような最適化を一般に Predicate Pushdown（述語のプッシュダウン）と呼びます。

クエリプランの文字列を表示

最適化前後のクエリプランは Polars レイジーフレームの explain メソッドを使うことによっても取得できます。返却される値のフォーマットが改行文字 "\n" などを含んでいるため print 関数で表示します。

```
# クエリプランを文字列で表示（最適化前）
print(lf_agg.explain(optimized=False))

SLICE[offset: 0, len: 100]
   SELECT [col("plus5_col2"), col("sum_col3")] FROM
     FILTER [(col("sum_col3")) > (500000)] FROM
       AGGREGATE
           [col("col3").sum().alias("sum_col3")] BY [col("plus5_col2")] FROM
         FILTER [(col("double_col1")) > (10000)] FROM
           FILTER [(col("col1")) > (10000)] FROM
             WITH_COLUMNS:
             [[(col("col2")) + (5)].alias("plus5_col2")]
               WITH_COLUMNS:
               [[(col("col1")) * (2)].alias("double_col1")]
                Csv SCAN [./numeric_data.csv]
                PROJECT */5 COLUMNS

# クエリプランを文字列で表示（最適化後）
print(lf_agg.explain(optimized=True)) # True がデフォルトなので単に .explain() でもよい

SLICE[offset: 0, len: 100]
  FILTER [(col("sum_col3")) > (500000)] FROM
    AGGREGATE
        [col("col3").sum().alias("sum_col3")] BY [col("plus5_col2")] FROM
```

```
       WITH_COLUMNS:
       [[(col("col2")) + (5)].alias("plus5_col2")]
        FILTER [(col("double_col1")) > (10000)] FROM
           WITH_COLUMNS:
           [[(col("col1")) * (2)].alias("double_col1")]
            Csv SCAN [./numeric_data.csv]
            PROJECT 3/5 COLUMNS
            SELECTION: [(col("col1")) > (10000)]
```

得られる情報は show_graph のものと同じですが、コマンドライン上へクエリプランの出力や、実行環境に Graphviz がインストールされていない場合のクエリプランの確認など、さまざまな場面で活用できます。シーンによって使い分けましょう。

51.2 Streaming API

lazy API の 1 つの機能として提供される **Streaming API** では、データを一度に処理するのではなくバッチに分けて実行することで**限られたメモリ内でのデータ操作**を行えます。この機能によってシステムのメモリに乗り切らないような巨大なデータに対してもデータ操作を行える可能性があります[注3]。また、使用メモリを抑えるだけでなく、多くのケースで処理速度の向上が期待できます。

Streaming API は本書執筆時のバージョンにおいて「開発中 (in development)」というステータスですが[注4]、以下の機能にはすでに対応済みであり、基本的なユースケースにおいては問題なく利用できます。

- filter, slice, head, tail
- with_columns, select
- group_by
- join
- unique
- sort
- explode, unpivot
- scan_csv, scan_parquet, scan_ipc

● Streaming API の使い方

利用方法は簡単でレイジーフレームを具体化するとき、collect メソッドの引数 streaming に True を渡すだけです。

注3 具体化された最終結果や中間生成物がシステムのメモリ容量を超える場合はできません。
注4 https://docs.pola.rs/user-guide/concepts/streaming/

```
# Streaming API を使用する
lf_agg = (
    lf # レイジーフレームのオブジェクト
    .select(...) # クエリ
    .filter(...)
    .group_by(..).agg(...)
)
df_agg = lf_agg.collect(streaming=True) # Streaming API を使用して具体化
```

次にクエリプランを見てみましょう。レイジーフレームの show_graph や explain の引数 streaming に True を渡すことで可視化できます。

```
lf_agg.show_graph(streaming=True)
```

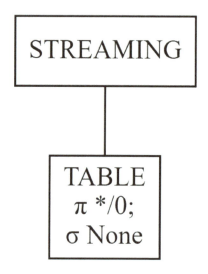

Recipe 52 EDA

ここからいよいよ**実践パイプライン編**に入っていきます！ 実践パイプライン編では、これまでに紹介した機能や手法を活用して、実務や Kaggle において、Polars を用いたパイプラインを作るためのコードやテクニックを紹介していきます。タイタニック号のデータの生存者を予測するタスクについて、EDA → 前処理・特徴量エンジニアリング → モデリング → 評価の順で紹介をします。

今回は EDA について紹介します。**EDA**（Explanatory Data Analysis）は、探索的データ分析という意味であり、与えられたデータを観察し、何かしらの気づきを得ることを目的とします。一番初めは「これが知りたい！」という目的を持って行うものではなく、簡単にデータを観察し、データの理解を深めることを目的に行います[1]。一方、ある程度データの理解が進んだときには、目的を持ってデータを観察します。

本レシピを通して、Polars と可視化用のライブラリ seaborn はインポート済みであることを前提とします。

```
import polars as pl
import seaborn as sns
```

Polars での実装例

では、Polars を用いて EDA を行っていきます。これまでのレシピでわかっていることでも、改めて紹介する形で記載していきます。

● データの読み込み

まず、データの読み込みを行いましょう。

```
# input ディレクトリの titanic.csv を読み込む
df = pl.read_csv("../input/titanic.csv")
```

注1 　今回は Python を利用した EDA を行いますが、データをスプレッドシートなどで開き、データを目視で確認することは非常に重要です。Python 上では出力が省略されてしまう部分でも、スプレッドシート上では確認しやすく、Python を利用した場合とは異なる観点に気づけることがあります。

● データの概要を確認

先頭 5 件のデータを確認

次に、データの先頭を眺めてみましょう。

```
# データの先頭を出力
df.head()
```

▶ 出力イメージ

shape: (5, 14)

pclass	survived	name	sex	age	sibsp	parch	ticket	...	home.dest
i64	i64	str	str	f64	i64	i64	str	...	str
1	1	"Allen, Miss. E…"	"female"	29.0	0	0	"24160"	...	"St Louis, MO"
1	1	"Allison, Maste…"	"male"	0.92	1	2	"113781"	...	"Montreal, PQ /…"
1	0	"Allison, Miss.…"	"female"	2.0	1	2	"113781"	...	"Montreal, PQ /…"
1	0	"Allison, Mr. H…"	"male"	30.0	1	2	"113781"	...	"Montreal, PQ /…"
1	0	"Allison, Mrs. …"	"female"	25.0	1	2	"113781"	...	"Montreal, PQ /…"

これだけでもさまざまなことがわかります。例えば、生存したかどうかを表す survived 列は [1, 0] の要素が少なくとも入っていること。性別を表す sex 列には ["female", "male"] の要素が少なくとも入っていること。age 列には、一般的な年齢のほか、0.92 という小数点を含むデータも存在することなど、です。

データの形状を確認

次に、データの形状を把握します。

```
# データの形状を把握
df.shape
```

▶ 出力イメージ

```
(1309, 14)
```

出力より、1309 行、14 列のデータであることがわかりました。

データ全体の統計量の確認

次に、データ全体の統計量を確認するために、describe メソッドを利用します。

```
# データの統計量を把握
df.describe()
```

▶ 出力イメージ

describe	pclass	survived	name	sex	age	...	home.dest
str	f64	f64	str	str	f64	...	str
"count"	1309.0	1309.0	"1309"	"1309"	1309.0	...	"1309"
"null_count"	0.0	0.0	"0"	"0"	263.0	...	"564"
"mean"	2.294882	0.381971	null	null	29.881138	...	null
"std"	0.837836	0.486055	null	null	14.413493	...	null
"min"	1.0	0.0	"Abbing, Mr. An…"	"female"	0.17	...	"?Havana, Cuba"
"max"	3.0	1.0	"van Melkebeke,…"	"male"	80.0	...	"Zurich, Switze…"
"median"	3.0	0.0	null	null	28.0	...	null
"25%"	2.0	0.0	null	null	21.0	...	null
"75%"	3.0	1.0	null	null	39.0	...	null

　出力より、survived 列については最小値が 0.0 で最大値が 1.0 であることや、age 列については平均が約 29.9 歳であり欠損値が 263 個あることなどがわかります。

目的変数のユニークな要素を確認

　タイタニックの生存者予測を行う場合、目的変数は survived 列となります。ここからは、survived 列について詳しく見ていきましょう。まずは、survived 列がどのような要素を持つかを調べます。

```
# survived 列のユニークな要素を確認
df.select(pl.col("survived")).unique()
```

▶ 出力イメージ

survived
i64
0
1

目的変数の各要素数割合を確認

　出力より、先ほどまでは「0, 1 の要素を少なくとも持ちそう」と考えていた survived 列が 0, 1 の要素のみを持つことがわかりました。次に、これらの要素がどの程度の数や割合で含まれているのかを調べます。

```
# survived 列の要素数、割合を確認
(
    df
    .select(
        pl.col("survived")
```

Recipe 52　EDA | 301

```
    )
    .to_series()
    .value_counts(sort=True)
    .with_columns(
        (pl.col("count") / df.height).alias("ratio")
    )
)
```

▶ 出力イメージ

survived	count	ratio
i64	u32	f64
0	809	0.618029
1	500	0.381971

　survived 列が 1 のデータのほうが少なく、0 と 1 の割合は約 6：4 であることがわかりました。も
し 1 の割合が極端に少ない場合、そのデータは不均衡データ、つまり分類において特定のクラスが極
端に少ないデータであると考えられ、不均衡データ用の手法が有効になる可能性があります。分類問
題の場合、クラスの割合は早い段階で確認しておきましょう。

● 目的変数と各列の関係の確認

　ここまでで目的変数である survived 列単体の理解は深まったかと思います。ここからは、
survived 列と別の列の関係について見ていきましょう。

相関係数の確認

　まず、数値型のデータについての相関係数を確認します。相関係数とは、2 つの変数間の関係の強
さを表す指標です。例えば、身長が高ければ体重が増える場合、身長と体重の間には**正の相関がある**
と考えられます。一方、気温が低いと積雪量が多い場合、気温と積雪量には**負の相関がある**と考えら
れます。相関係数を確認することで、全体の特徴量の中で重要なデータのあたりをつけられます。
　以下の実装で相関係数を確認できます [注2]。

```
# 数値型のデータについての相関係数を確認する
use_col = ["survived", "age", "fare", "pclass", "sibsp", "parch"]

numeric_corr = df.select(use_col).drop_nulls().corr()

ax = sns.heatmap(
    numeric_corr,
    annot=True,
    cmap="RdYlGn",
    xticklabels=use_col,
```

注 2　タイタニックデータの数値型の列のうち、body 列は除いています。これは、body 列の値が存在する行は、常に survived が 0 であり、
　　　survived との相関係数を計算できないためです。

```
    yticklabels=use_col,
)

ax.xaxis.tick_top()
```

▶ 出力イメージ

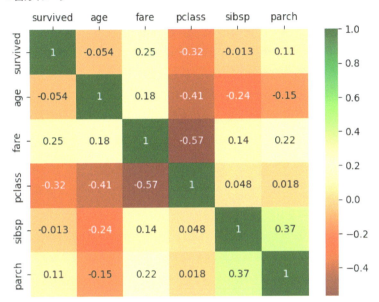

　Polars データフレームの corr メソッドを用いて相関係数を計算しています。相関係数を計算する方法にはいくつか種類がありますが、ここでは Pearson の積率相関係数（デフォルト）を求めており、これは－1から1の間の値をとります。また、corr メソッドは欠損値が存在すると計算できないため、drop_nulls メソッドを用いて欠損値を除外しています。

　可視化のためのライブラリ seaborn の heatmap 関数を利用して、計算した相関係数を図のようなヒートマップにしています。図を見やすくするために、いくつかの設定を行っています。設定については公式ドキュメント[注3]を参照してください。

　出力イメージの見方を説明します。x 軸と y 軸に列名が表示されています。例えば、x 軸が survived で y 軸が age の箇所を確認すると、値が－0.054 であることがわかります。これは、survived と age の相関係数が－0.054 であることを意味します。

　今回は survived 列に対する相関係数のみに興味があるため、1行目（行のインデックスが survived の行）に着目します。すると、相関係数の絶対値が高い列には pclass(-0.32), fare(0.25) があり、これらの列が重要そうであることがわかりました。ただし、この相関係数は数値型データに限定して確認していることに注意してください。

注3　https://seaborn.pydata.org/generated/seaborn.heatmap.html

survived と sex の関係の確認

次に、survived 列とそれぞれの列の関係を個別に確認していきましょう。まずは、survived 列と sex 列の関係を可視化します。性別ごとに、生存した人数・生存していない人数を数えます。seaborn はバージョン 0.13.0 において一部 Polars に対応していない関数が存在するため、to_pandas メソッドを利用し、polars.DataFrame を pandas.DataFrame に変換しています[注4]。引数 x には、x 軸に表示したい列名を指定します。今回は "sex" を指定します。引数 hue には、要素で区切りたい列名を指定します（凡例に表示させたい列、と考えると理解がしやすいです）。今回は "survived" を指定します。

セミコロン ";" は Jupyter Notebook において、関数の戻り値（今回はオブジェクト）の表示を抑制するために追加しています。余計なテキスト情報が表示されるのを防ぎ、視覚的なノイズを減らすことが目的です。

```
# 性別ごとに、生存した人数・生存していない人数を数える
sns.countplot(
    data=df.to_pandas(),
    x="sex",
    hue="survived"
);
```

▶ 出力イメージ

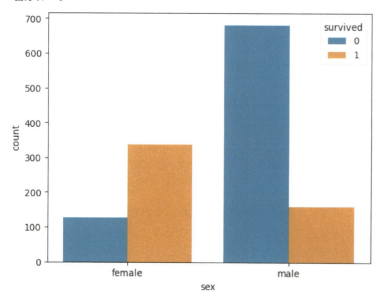

出力イメージより、女性は生存する人数が多く、男性は生存しない人数が多いことがわかります。

[注4] 外部ライブラリの中には、pandas はサポートしているが、Polars での入力はサポートしていないものが存在するため注意が必要です。その場合は to_pandas メソッドを用いて意図どおりの処理を行うことも、Polars をうまく活用する方法の 1 つです。

survived と pclass の関係の確認

同様に pclass 列も確認します。

```
# pclass ごとに、生存した人数・生存していない人数を数える
sns.countplot(data=df.to_pandas(), x="pclass", hue="survived");
```

▶ 出力イメージ

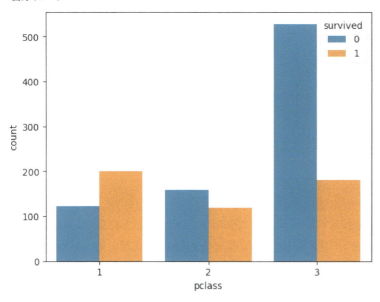

pclass が小さいと、生存する人数の割合が大きいことがわかります。

survived と age の関係の確認

次に、survived 列と age 列の関係を可視化します。今回は、survived ごとに、age のヒストグラムを確認してみましょう。seaborn の histplot 関数を利用します。

```
# survived ごとに、age のヒストグラムを確認する
sns.histplot(
    data=df.to_pandas(),
    x="age",
    hue="survived",
    stat="probability",
    common_norm=False
);
```

▶ 出力イメージ

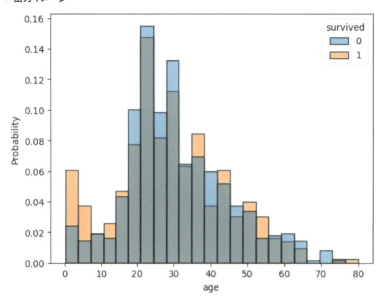

　引数 stat に "probability" を指定すると、ヒストグラムのバーの合計が 1 になるように正規化します。引数 common_norm は True（デフォルト）だと、データ全体に対し正規化し、False だと各ヒストグラムを個別に正規化します。今回は、ヒストグラムごとに正規化したいため、False を指定します。

　出力イメージより、age が 0 ～ 10 などの小さい値だと、生存している割合が大きいことがわかります。

survived と fare の関係の確認

　同様に、survived 列と fare 列の関係を可視化します。

```
# survived ごとに、fare のヒストグラムを確認する
sns.histplot(
    data=df.to_pandas(),
    x="fare",
    hue="survived",
    stat="probability",
    common_norm=False
);
```

▪ 出力イメージ

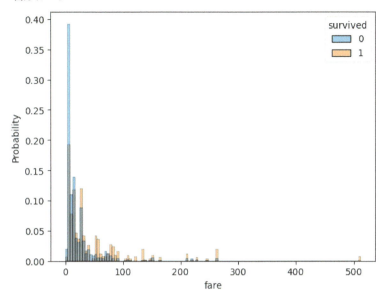

　fareの値が小さい箇所にデータが多く存在し、fareが250や500付近などの大きい箇所にもデータが多少存在するヒストグラムができることがわかります。このようにグラフに偏りがある場合、x軸をログスケールで表示することで見やすくなる場合があります。実際に試してみましょう。

```python
# survivedごとに、fareのヒストグラムを、x軸をログスケールにして確認する
sns.histplot(
    data=df.to_pandas(),
    x="fare",
    hue="survived",
    stat="probability",
    common_norm=False,
    log_scale=True,  # 追加
);
```

▶ 出力イメージ

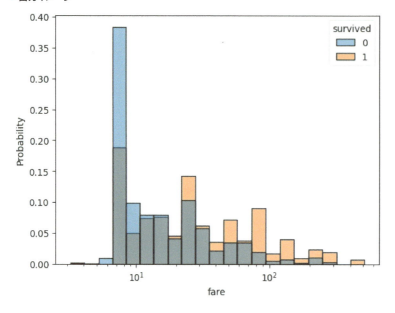

引数 log_scale に True を設定しました。以前よりもグラフの中心にデータが集まり、見やすくなったかと思います。それぞれのバーにおける fare の具体的な値を考えるときには、x 軸が対数軸であることに注意しましょう。

出力イメージより、fare が大きい場合には、生存している割合が大きいことがわかります。

EDA としてできることはまだまだ大量にありますが、本レシピはここで終了とします。もしほかに気になる変数があったらぜひ追加で分析してみましょう。また、pandas の実装についても割愛させていただきます。ぜひ自身で試してみてください。

52.2 　Tips

● 目的を持った EDA

最も初期段階の、データに対する理解が浅い段階での EDA では、仮説や目的なしでのデータ観察を行うだけで問題ありません。しかし、ある程度データの理解が深まったら、何を目的として EDA を行うか明確にしてから観察を行うようにしましょう。よく陥りがちな罠には、「EDA をする」といってなんとなくデータを見るものの、何もわからず時間だけが経過してしまう状況です。これを防ぐために、EDA を行うときに Jupyter Notebook の最初のセルに「本 Notebook の目的」を書くことをおすすめします。例えば、「タイタニックのデータについて、性別ごとの生存率を確認する」などです。Notebook 内では、目的を実現するためのコードのみを書き、余計な分析は行いません。もし、分析をする中で「この確認も必要だ」と新たな観点に気づいた場合には、ToDo リストなどにメモを残し、

別の Notebook にて確認を行いましょう。必要な分析を最短時間で終えるための工夫の1つです。

column 変数の種類と尺度

データがどのような変数なのかを考えることは、データの理解を深めるために重要です。今回は、どのような変数なのかを考えるときの1つの考え方として、変数の尺度について説明します。

以下に変数の種類と尺度についてまとめます。

変数の種類	尺度の種類	意味	titanic での例
質的変数	名義尺度	分類や区分を表す変数	survived, sex, name, ticket, embarked, boat, body, home.dist
	順序尺度	順序関係には意味があるが、間隔には意味がない変数	pclass
量的変数	間隔尺度	間隔に意味がある変数	(なし)
	比例尺度	0 が原点であり、間隔だけでなく、比率にも意味がある変数	age, fare, parch, sibsp

質的変数は、種類を区別するための変数です。カテゴリ変数とも呼ばれます。質的変数の中には、名義尺度と順序尺度が含まれています。

量的変数は、量を表す変数です。量的変数の中には、間隔尺度と比例尺度が含まれています。

名義尺度は、他のデータと区別をするためのみに用いられます。例えば、survived 列は生存したかどうかを1と0で表し、区別するための列であり名義尺度と考えられます。

順序尺度は、順序関係には意味があるが、間隔には意味がないものです。例えば、pclass 列は 1 → 2 → 3 の順に乗客のクラスが高いことを意味します。しかし、3 から 1 を引いた 2 という値に何か意味があるわけではありません。よって順序尺度と考えられます。

間隔尺度は、目盛が等間隔になっており、間隔に意味がある変数です。例えば、一般的なデータとして気温などが該当します。気温は 19℃、20℃ などのように目盛が等間隔であり、さらに、21℃ から 19℃ を引いた 2℃ に意味があるように、間隔に意味があります。

比例尺度は、間隔だけではなく、比率にも意味がある変数です。例えば、age 列の値が 30 と 15 だった場合、30 は 15 の 2 倍ということができます。

間隔尺度と比例尺度は見分けるのがかなり難しく、上記表の「titanic での例」列についても、参考程度に考えてください。

Recipe 52 EDA | 309

相関係数の種類

相関係数には、種類がいくつかあります。どのようなデータの組み合わせに対して相関係数を計算するかで、どの相関係数を使うべきかが決まります。以下に表でまとめます。

	量的変数	質的変数
量的変数	ピアソンの積率相関係数	相関比
質的変数	相関比	クラメールの連関係数

この表から、量的変数と量的変数の相関変数は**ピアソンの積率相関係数**を見るべきことなどがわかります[注5]。本レシピで利用したピアソンの積率相関係数について、具体的な計算方法を確認していきましょう。

ピアソンの積率相関係数

2変数間の直線的関係の強さを表す統計量であり、-1から1までの値をとります。2つの変数間の単純な比例関係を数値化したものであり、もし変数間に曲線的またはより複雑な関係がある場合、その性質は反映できないため注意が必要です。

定義を見てみましょう。n 組のデータ、$(x_1, y_1), (x_2, y_2), (x_3, y_3), \cdots, (x_n, y_n)$ があり、これらの平均を $\bar{x}, \bar{y}$ とすると、相関係数 r_{xy} は下式で表されます。

$$r_{xy} = \frac{\sum_{i=1}^{n} (x_i - \bar{x})(y_i - \bar{y})}{\sqrt{\sum_{i=1}^{n} (x_i - \bar{x})^2} \sqrt{\sum_{i=1}^{n} (y_i - \bar{y})^2}}$$

分母は与えられたデータに対し、分子を-1から1に調整するための役割を担っています。
分子の各要素に注目すると、下記のような関係性があることがわかります。

1. $x_i > \bar{x}$ かつ $y_i > \bar{y}$ のとき、$(x_i - \bar{x})(y_i - \bar{y})$ は正
2. $x_i < \bar{x}$ かつ $y_i < \bar{y}$ のとき、$(x_i - \bar{x})(y_i - \bar{y})$ は正
3. $x_i > \bar{x}$ かつ $y_i < \bar{y}$ のとき、$(x_i - \bar{x})(y_i - \bar{y})$ は負
4. $x_i < \bar{x}$ かつ $y_i > \bar{y}$ のとき、$(x_i - \bar{x})(y_i - \bar{y})$ は負

よって、分子において上記の計算を $i = 1$ から n までに行い、和をとった結果で、相関係数

注5 表からは、質的変数と量的変数を確認するときには、相関比を使うことがわかります。一方、レシピ内では、質的変数（名義尺度）である survived と、量的変数（比例尺度）である age などの相関を確認するのにピアソンの積率相関係数を用いました。これは、survived を 0 と 1 という 2 値を要素に持つ数値、つまり量的変数と解釈し、相関係数を計算していることになります。このアプローチはよく見られるため今回紹介しましたが、質的変数が 2 値である場合に限られ、3 値以上の場合には適用できないことに注意しましょう。

の正負・大小が決まります。直感的にも 1. ($x_i > \overline{x}$ かつ $y_i > \overline{y}$) のデータや、2. ($x_i < \overline{x}$ かつ $y_i < \overline{y}$) のデータが多ければ、正の相関をとりそうだ、ということがわかるのではないでしょうか。

次は簡単な例で実際に計算してみます。$(x, y) = (2, 4), (1, 2), (3, 3)$ のようなデータがあるとします。データ数は 3 のため、$n = 3$ です。また、$\overline{x} = (2 + 1 + 3) / 3 = 2$, $\overline{y} = (4 + 2 + 3) / 3 = 3$ となります。

すると、相関係数の分子は

$$
\begin{aligned}
&\sum_{i=1}^{n} (x_i - \overline{x})(y_i - \overline{y}) \\
&= \sum_{i=1}^{3} (x_i - 2)(y_i - 3) \\
&= (2 - 2)(4 - 3) + (1 - 2)(2 - 3) + (3 - 2)(3 - 3) \\
&= 1
\end{aligned}
$$

次に、相関係数の分母について計算すると

$$
\begin{aligned}
&\sqrt{\sum_{i=1}^{n} (x_i - \overline{x})^2} \sqrt{\sum_{i=1}^{n} (y_i - \overline{y})^2} \\
&= \sqrt{\sum_{i=1}^{3} (x_i - 2)^2} \sqrt{\sum_{i=1}^{3} (y_i - 3)^2} \\
&= \sqrt{(2 - 2)^2 + (1 - 2)^2 + (3 - 2)^2} \sqrt{(4 - 3)^2 + (2 - 3)^2 + (3 - 3)^2} \\
&= 2
\end{aligned}
$$

ゆえに、

$$
r_{xy} = \frac{\sum_{i=1}^{n} (x_i - \overline{x})(y_i - \overline{y})}{\sqrt{\sum_{i=1}^{n} (x_i - x)^2} \sqrt{\sum_{i=1}^{n} (y_i - y)^2}} = \frac{1}{2} = 0.5
$$

となります。

ここで紹介したような統計に関する詳細は、各種書籍や統計 WEB[注6] の記事を参考にするのがおすすめです。

注6　https://bellcurve.jp/statistics/

Recipe 53 前処理と特徴量エンジニアリング

本レシピではデータの**前処理**と**特徴量エンジニアリング**について取り扱います。両者は機械学習モデルの作成に向けてデータを準備するという点で似ていますが、その目的が少し異なっています。

53.1 前処理と特徴量エンジニアリング

● 前処理

前処理の目的は、データを「清潔」にし、分析や学習に適した形式に変換することであり、以下のような処理が代表的です。

- データ型の変換：整数型→浮動小数点数型、文字列型→日付型など、適切なデータ型への変換を行う。
- データのエンコーディング：カテゴリデータなどを数値データやフラグデータのような機械学習モデルに入力できる形に変換する。
- 欠損値・外れ値の処理：欠損値・外れ値を含むデータの取り扱い方を決定し、適切に処理する。
- データの正規化・標準化：数値データのスケールを統一する。

● 特徴量エンジニアリング

一方、特徴量エンジニアリングは、学習に用いる新しい特徴量（列）を追加するプロセスです。データのパターンを捉える特徴量を適切に作成することで、機械学習モデルがそのデータを解釈しやすくなり、性能向上が見込めます。特徴量エンジニアリングの例として以下のような処理が挙げられます。

- 既存列から新規特徴量の作成：日付から曜日を抽出したり、人口と面積から人口密度を算出したりするなど、既存列を活用して新たな特徴量の列を作成する。
- 集計特徴量の作成：「都市ごとの平均住宅価格」のようにある列をキーとした演算結果を新たな

特徴量とする。

- 時系列特徴量の作成：ラグ特徴量や、累積和・累積カウントなどの累積特徴量、移動平均・指数移動平均などのローリング特徴量などに代表される時系列特徴量を作成する。

ここでは両者を比較して紹介しましたが、前処理の項目で紹介した処理は見方を変えると特徴量エンジニアリングとして捉えることもでき、明確な区別はそもそもできない場合もあります。そのため、このレシピで紹介する実装例でも両者を同時に行っています。

前処理と特徴量エンジニアリング

適切な特徴量エンジニアリングには、EDA で得られた情報だけでなく、分析対象データのドメイン知識や、機械学習アルゴリズムへの深い理解がしばしば必要になります。ドメイン知識の獲得には個別の分野ごとに文献や事例などを調べ、学習を行う必要がありますが、一般的な特徴量エンジニアリングのスキルは『機械学習のための特徴量エンジニアリング』（Alice Zheng, Amanda Casari, オライリー・ジャパン , 2019）などの書籍で体系的に学べます。

53.2　Polars での実装例

前処理・特徴量エンジニアリングの実装は、基本的にここまでのレシピをマスターしていれば問題なく実現できるはずです。そのため本レシピでは、具体的にタイタニック号の乗客データに特徴量エンジニアリングを行う実装を通して、

- 特徴量エンジニアリングの考え方（どこに着目するか、どのような効果を期待できるか）
- どのように実装すると特徴量管理が行いやすいか

について主に解説していきます。

本レシピで取り扱う前処理・特徴量エンジニアリングの実装は以下です。

```python
# データの読み込み
lf = pl.scan_csv("titanic.csv")
```

```python
def binning(column: pl.Expr, bins: int) -> pl.Expr:
    """column 列を各ビンがおよそ等量になるようにビニングする
    Args:
        column (pl.Expr): 処理対象の列エクスプレッション、数値型であること
        bins (int): ビン数
    Returns:
        pl.Expr: qcut 処理を行うエクスプレッション
    """
    expr = (
        column
        .qcut(
            # 分位数の指定  e.g. bins が 5 のとき  [0.2, 0.4, 0.6, 0.8]
            quantiles=[q / bins for q in range(1, bins)],
            # 各ビンにつけるラベル e.g. bins が 5 のとき  ["0", "1", "2", "3", "4"]
            labels=[str(i) for i in range(bins)],
        )
    )
    return expr

# 特徴量エンジニアリング
lf = (
    lf
    .with_columns(
        # 行ごとに欠損値をいくつ持つかをカウント
        pl.sum_horizontal(
            pl.all()
            .exclude(["boat", "body", "survived"]) # リークになるので学習に使わない列は除外
            .is_null()
        ).alias("null_count"),

        # age 列を 6 つのビンがそれぞれ同じくらいの要素数になるようにビニングし、
        # 0~5 のラベルをアサイン
        binning(pl.col("age"), 6)
        .alias("age_bin"),

        # name 列から正規表現を用いて敬称を抽出
        pl.col("name")
        .str.extract("Mr\.|Mrs\.|Ms\.|Master\.|Miss\.|Dr\.", 0)
        .alias("honorifics"),

        # cabin 列から正規表現を用いて 1 文字目のアルファベットを抽出
        pl.col("cabin")
        .str.extract("[A-Za-z]", 0)
        .alias("cabin_alphabet"),

        # cabin に含まれる数字の平均値を計算
        pl.col("cabin")
        .str.extract_all("\d+")
        .cast(pl.List(pl.Int32))
        .list.mean()
        .alias("cabin_number_mean")
    )
```

```
      # ここまでで作成した列を後段で使うのでいったん with_columns を区切る
      # (この時点で新たな列が追加されたレイジーフレームが返っている)

    .with_columns( # 新しい特徴量が追加されたレイジーフレームに対し、さらに with_columns を使う
        # sibsp 列と parch 列を加算し、家族の人数とする
        (pl.col("sibsp") + pl.col("parch"))
        .alias("family_size"),

        # len_chars を使って name 列の文字数をカウント
        pl.col("name")
        .str.len_chars()
        .alias("name_len"),

        # cabin 列にスペース区切りでいくつ値があるかをカウント
        pl.col("cabin").fill_null("")
        .str.split(by=" ")
        .list.len()
        .alias("cabin_count"),

        # sex 列と age_bin 列をアンダースコアで結合 (e.g. male_0, female_4, ...)
        pl.concat_str([pl.col("sex"), pl.col("age_bin")], separator="_")
        .alias("sex_age"),

        # pclass 列と age_bin 列をアンダースコアで結合 (e.g. 1_0, 2_4, ...)
        pl.concat_str([pl.col("pclass"), pl.col("age_bin")], separator="_")
        .alias("pclass_age"),

        # honorifics 列と age_bin 列をアンダースコアで結合 (e.g. Mr._0, Mrs._4, ...)
        pl.concat_str([pl.col("honorifics"), pl.col("age_bin")], separator="_")
        .alias("honorifics_age"),

        # honorifics ごとに age が若い順に採番
        pl.col("age")
        .rank()
        .over("honorifics")
        .alias("age_rank_over_honorifics"),

        # cabin_alphabet ごとに cabin_number_mean が若い順に採番
        pl.col("cabin_number_mean")
        .rank()
        .over("cabin_alphabet")
        .alias("cabin_number_mean_rank_over_cabin_alphabet")
    )
)

# レイジーフレームの具体化
lf.collect(streaming=True)
```

Recipe 53 前処理と特徴量エンジニアリング | 315

53.3 実装例の詳細解説

● データの読み込み

```
# データの読み込み
lf = pl.scan_csv("titanic.csv")
```

scan_csv でレイジーフレームとして CSV ファイルを読み込みます。今回の実装例では最後の collect まですべて lazy API で処理を行っておりますが、途中で eager API 限定の処理が必要な場合は途中で collect を行いましょう。lazy API の復習は Recipe 50 を参照してください。

● 特徴量エンジニアリング

この行から特徴量エンジニアリングの実装が始まります。個々の処理に着目する前に処理全体を俯瞰してみましょう。かなり長いコードですがエクスプレッションを無視すると以下のようなとてもシンプルなコードになります。

```
# 特徴量エンジニアリング
lf = (
    lf
    .with_columns(
        ... 最初にすべき処理 + 次の with_columns 内で使う列を作成
    )
    .with_columns(
        ... メインの処理
    )
)
```

with_columns 式は、受けとったエクスプレッションを並列に実行するため、同じ式内で作成した列を使うことができません。そのため実装例では 2 つの with_columns を使っています。また、この実装例は改行を除去することにより、**処理すべてが 1 行で構成**されることに注目してください。
また、

```
lf = lf.with_columns(処理①)
lf = lf.with_columns(処理②)
⋮
```

のように処理ごとに代入を繰り返す方法でも同じ結果が得られますが、メソッドチェーンを活用した記述方法は Kaggle や Polars の Discord コミュニティなど多くの場面で採用されており、この機に触れておきましょう。
また、実験が行いやすいという特長もあります。例えば定義した UDF binning の引数を 5 から 6 に変更して精度が改善するかどうかを検証したいときは、以下のように 1 行をコメントアウトするこ

とで簡単に実験できます。より厳密に実験管理を行うためには変更内容と結果をひもづける必要がありますが、簡単な試行錯誤であれば以下のような方法が小回りが利きやすく、おすすめです。

```
# 特徴量エンジニアリング
lf = (
    lf
    .with_columns(
        # 行ごとに欠損値をいくつ持つかをカウント
        pl.sum_horizontal(
            ...
        )

        # age 列を 6 つのビンがそれぞれ同じくらいの要素数になるようにビニングし、
        # 0~5 のラベルをアサイン
        # binning(pl.col("age"), 5)
        binning(pl.col("age"), 6)

        ...
```

それでは、ここからは個別の処理内容について解説していきます。

欠損値のカウント

```
        # 行ごとに欠損値をいくつ持つかをカウント
    pl.sum_horizontal(
        pl.all()
        .exclude(["boat", "body", "survived"]) # リークになるので学習に使わない列は除外
        .is_null()
    ).alias("null_count"),
```

　各行に欠損値がいくつあるかをカウントした特徴量を作成しています。データが欠損しているということには意味を持つことがあります。例えば欠損データが少ない乗客はデータが慎重に扱われていた可能性があり、救助時にも特別な対応がされていた可能性などが考えられるため、生存を予測するための情報になる可能性があります。

　欠損値のカウントには sum_horizontal エクスプレッションを使っており、これは引数に渡したデータを行方向に足し合わせた結果を返すものです。カウントは exclude で "boat", "body", "survived" 列を除外したデータを渡していますが、これは予測対象である生存 "survived" や生存に直接影響する情報 "boat", "body" を集計に含めてしまうと、リークになるためです。

　欠損値のカウントはいくつか特徴量を作成した後に行うと、列の数が増えてしまうため最初に行う必要があります。

ビニング

```
def binning(column: pl.Expr, bins: int) -> pl.Expr:
```

Recipe 53　前処理と特徴量エンジニアリング　317

```
"""column 列を各ビンがおよそ等量になるようにビニングする
Args:
    column (pl.Expr): 処理対象の列エクスプレッション、数値型であること
    bins (int): ビン数
Returns:
    pl.Expr: qcut 処理を行うエクスプレッション
"""
expr = (
    column
    .qcut(
        # 分位数の指定  e.g. bins が 5 のとき [0.2, 0.4, 0.6, 0.8]
        quantiles=[q / bins for q in range(1, bins)],
        # 各ビンにつけるラベル e.g. bins が 5 のとき ["0", "1", "2", "3", "4"]
        labels=[str(i) for i in range(bins)],
    )
)
return expr
```

```
# age 列を 6 つのビンがそれぞれ同じくらいの要素数になるようにビニングし、
# 0~5 のラベルをアサイン
binning(pl.col("age"), 6)
.alias("age_bin"),
```

age 列をビニングしています。今回はビニング結果を直接特徴量としては使わず、後続処理で他の
列と組み合わせた特徴量の作成に使います。

ビニングを行う関数 binning を作成しており、これはビンの数を渡すことで分位数を渡さずに
qcut を行う関数です。分位数はリストの内包表記で作成し [q / bins for q in range(1, bins)] で
1 から ビンの数 − 1 までを ビンの数で割ることで等間隔の分位数を作成しています。内包表記内の
処理を展開すると、ビンの数 5 の場合は [1/5, 2/5, 3/5, 4/5] となり [0.2, 0.4, 0.6, 0.8] のリストが作成さ
れます。戻り値はビニングした結果ではなくエクスプレッションを返しています。

関数には docstring を書いています。docstring は関数の使用方法や引数・戻り値の説明を記述する
ための文字列です。関数定義の直後に """ で囲って記述します。docstring を書くことのメリットは、
コードを読む人が関数の仕様を理解しやすくなることのほかに、定められたフォーマットで書くこと
で、ドキュメント生成ライブラリ Sphinx を用いて自動でドキュメントの作成ができることなどです。
docstring のフォーマットはがいくつかありますが、今回は Google Style を採用しています。

Google Style の docstring の仕様は 1 行目に関数の説明を書き、Args: と書いた次の行から、引数の
説明を 1 つずつ書きます。引数の説明は、column (pl.Expr): 処理対象の〜 のように引数名、データ型、
説明の順に書きます。戻り値は Returns: と書いた次の行から、pl.Expr: qcut 処理を〜 のように戻
り値のデータ型、説明の順で書きます。

以上が Google Style の基本的な書き方ですが、所属する組織やプロジェクトによってルールが異な
ることがあるため、それぞれの規約に対応しましょう。

正規表現を活用した特徴量エンジニアリング

▶ 文字列の抽出

```
# name 列から正規表現を用いて敬称を抽出
pl.col("name")
.str.extract("Mr\.|Mrs\.|Ms\.|Master\.|Miss\.|Dr\.", 0)
.alias("honorifics"),

# cabin 列から正規表現を用いて 1 文字目のアルファベットを抽出
pl.col("cabin")
.str.extract("[A-Za-z]", 0)
.alias("cabin_alphabet"),
```

　正規表現を用いて、name から敬称の抽出、cabin から 1 文字目のアルファベットの抽出をした特徴量を作成しています。cabin のアルファベットは客室の位置を表しているようで、脱出口に近い客室の乗客ほど生存率が高いなど、生存の予測に役立つ可能性があります。

　正規表現を用いた文字列の抽出は Recipe ③ で紹介しています。正規表現では () で正規表現の一部を括ることでグループを定義でき、str.extract の第 2 引数で何番目のグループを抽出するかを指定できます。第 2 引数が 0 の場合は、正規表現全体に一致した文字列を抽出し、第 2 引数に 1 以上の値を指定すると、指定した位置のグループに一致した文字列を抽出します。グループを作成していない場合に 0 以外を指定すると null が返ります。

　以下に "([a-z]+)-([0-9]+)" という正規表現を使ったケースで、第 2 引数に指定する値の違いによる抽出結果の例を示します。

```
df = pl.DataFrame(
    {
        "col": ["abc-123", "cde-456", "efg-789"],
    }
)
df = df.with_columns(
    # 正規表現に一致した文字列全体を抽出
    pl.col("col")
    .str.extract("([a-z]+)-([0-9]+)", 0)
    .alias("col_extract_group0"),

    # 1 つ目のグループ "[a-z]+" に一致した箇所を抽出
    pl.col("col")
    .str.extract("([a-z]+)-([0-9]+)", 1)
    .alias("col_extract_group1"),

    # 2 つ目のグループ "[0-9]+" に一致した箇所を抽出
    pl.col("col")
    .str.extract("([a-z]+)-([0-9]+)", 2)
    .alias("col_extract_group2")
)

df
```

Recipe 53　前処理と特徴量エンジニアリング 319

▶ 出力イメージ

shape: (3, 4)

col	col_extract_group0	col_extract_group1	col_extract_group2
str	str	str	str
"abc-123"	"abc-123"	"abc"	"123"
"cde-456"	"cde-456"	"cde"	"456"
"efg-789"	"efg-789"	"efg"	"789"

　この正規表現は "(第 1 グループ)-(第 2 グループ)" のように構成され、第 1 グループにはアルファベットを表す [a-z]+ を、第 2 グループには数字を表す [0-9]+ を、それぞれをグループとして定義しています。結果から、引数が 0 の場合には文字列全体、1 の場合にはアルファベット部分、2 の場合には数字部分が抽出できていることがわかります。

▶ 文字列の抽出→数値として処理

```
# cabin に含まれる数字の平均値を計算
pl.col("cabin")
.str.extract_all("\d+")
.cast(pl.List(pl.Int32))
.list.mean()
.alias("cabin_number_mean")
```

　cabin に含まれる数字の平均値を計算した特徴量 cabin_number_mean を作成しています。cabin の数値は cabin のアルファベットと同様に、客室の位置と関係している可能性があり、脱出口に近いほど生存率が高いことなどが考えられます。

　cabin に含まれる数字の平均値の計算は、最初に、cabin に含まれるすべての数字を抽出しています。抽出には str.extract_all を使っており、これは正規表現にマッチした文字列すべてを抽出するものです。引数には "\d+" を指定しており、\d は半角数字を意味します。抽出結果は文字列型のリストで返ってくるので、平均値を算出するには数値型のリストに変換する必要があり、cast の引数に pl.List(pl.Int32) を渡すことで pl.Int32 型のリストに変換しています。最後に list アクセサの mean を使うことで、リスト内の数値の平均値を計算しています。

後続処理のためいったん with_columns を閉じる

　ここまでで作成した列と、他の列を組み合わせた新たな特徴量を作成するためにいったん with_columns を閉じます。

列同士の値の加算

```
# sibsp 列と parch 列を加算し、家族の人数とする
(pl.col("sibsp") + pl.col("parch"))
```

```
        .alias("family_size"),
```

sibsp と parch を加算し、家族の人数を表す特徴量 family_size を作成しています。これは
Recipe 29 でも紹介しているように、乗船している家族が多いと救助の助け合いができ、生存率
に影響がある可能性が考えられます。

文字数のカウント

```
# len_chars を使って name 列の文字数をカウント
pl.col("name")
.str.len_chars()
.alias("name_len"),
```

name の文字数をカウントした特徴量 name_len を作成しています。名前にはいろいろな情報が含
まれている可能性があります。例えば、地域によって名前のつけ方には特徴があったり、苗字は家系
を表したりします。名前が持つ情報を予測に役立てたいですが、名前はカーディナリティが高く、ほ
とんどがデータ中に 1 件しか存在しないものです。1 件しかないデータは学習しても推論時に同じ
データが登場する可能性は極めて低く、特徴量としてそのまま使うには適していません。そこで、名
前の文字数という情報に置き換えることで名前が持つ特徴を捉えたいという狙いがあります。

文字数のカウントは str.len_chars を使っており、これは Recipe 25 で紹介しています。

スペース区切りの要素数のカウント

```
# cabin 列にスペース区切りでいくつ値があるかをカウント
pl.col("cabin").fill_null("")
.str.split(by=" ")
.list.len()
.alias("cabin_count"),
```

cabin には "C22 C26" のように複数の客室番号が含まれているものがあるので、客室番号がいくつ
含まれるかをカウントした特徴量 cabin_count を作成しています。なぜ 1 人の乗客に複数の客室番
号が書かれているかは定かではありませんが、大人数で乗船しているために複数の客室を予約してい
る可能性や、複数の部屋を予約するほど富豪であった可能性が考えられます。もし富豪なのであれば
救助時に特別扱いされ生存率に影響を与えているかもしれません。

客室番号のカウントには str.split を使用しており、これはキーワード引数 by に渡した区切り文
字で分割した文字列のリストを返すエクスプレッションです。客室番号は半角スペース区切りで入っ
ているので、半角スペース " " を指定します。str.split は分割した文字列のリストが返ってくるの
で list アクセサの len を使うことでリストの要素数をカウントした値、つまり客室番号の数を求め
ています。

Recipe 53 前処理と特徴量エンジニアリング 321

文字列の結合

```
# sex 列と age_bin 列をアンダースコアで結合 (e.g. male_0, female_4, ...)
pl.concat_str([pl.col("sex"), pl.col("age_bin")], separator="_")
.alias("sex_age"),

# pclass 列と age_bin 列をアンダースコアで結合 (e.g. 1_0, 2_4, ...)
pl.concat_str([pl.col("pclass"), pl.col("age_bin")], separator="_")
.alias("pclass_age"),

# honorifics 列と age_bin 列をアンダースコアで結合 (e.g. Mr._0, Mrs._4, ...)
pl.concat_str([pl.col("honorifics"), pl.col("age_bin")], separator="_")
.alias("honorifics_age"),
```

ここでは、複数の文字列型の列を組み合わせた特徴量 sex_age, pclass_age, honorifics_age を作成しています。今回は LightGBM という決定木ベースの機械学習アルゴリズムを使うことを想定しています。決定木は特徴量を 1 つずつ評価しながら分岐を作成するアルゴリズムであり、複数の特徴量を組み合わせることで現れる特徴を捉えるのは苦手な傾向があります。例えば、「年齢」や「性別」それぞれ単体の特徴量では生存率との相関は見られないが、「若い女性」には生存率が高い傾向が見られる、といったケースです。そのため複数の特徴量を組み合わせることで、複数の情報を一度に評価できるようになり精度が向上することがあります。LightGBM については Recipe 54 で詳しく紹介します。

今回は、生存率を予測する上で重要と考えられる特徴量同士を組み合わせています。これは、特徴量単体でも生存率と大きな関係があるということは、それらを組み合わせた特徴にも重要な情報が隠れている可能性があると考えられるためです。

文字列型の列の結合には concat_str を使っています。concat_str は複数の列内の文字列を結合するエクスプレッションで、第 1 引数に結合する列のエクスプレッションのリストを渡します。また、キーワード引数 separator を使って、結合される文字列の間に挿入する区切り文字を指定します。今回は separator="_" と指定しているため、結合される文字列の間に "_" が挿入されます。例えば、"male" と "1" という文字列を結合する場合、"male_1" のようになります。

順序特徴量の作成

```
# honorifics ごとに age が若い順に採番
pl.col("age")
.rank()
.over("honorifics")
.alias("age_rank_over_honorifics"),

# cabin_alphabet ごとに cabin_number_mean が若い順に採番
pl.col("cabin_number_mean")
.rank()
.over("cabin_alphabet")
```

```
    .alias("cabin_number_mean_rank_over_cabin_alphabet")
```

ここでは、honorifics の値ごとに age の若い順に採番する特徴量 age_rank_over_honorifics と、cabin_alphabet の値ごとに cabin_number_mean の小さい順に採番する特徴量 cabin_number_mean_rank_over_cabin_alphabet を作成しています。

これは、文字列の結合同様に複数の特徴量を組み合わせることで特徴量が持っている情報をLightGBM が学習しやすいようにする狙いがあります。特定のグループ内で番号を振りなおすことで、本来 2 つの特徴量を見ないとわからなかった情報を 1 つの特徴量から捉えられるようになることを期待しています。

採番に使っている rank は値の小さいものから順位を振るエクスプレッションです。今回は over を使っているので、over で指定した列の値ごとに採番が行われます。実装例で説明します。

```
pl.DataFrame(
    {
        "col1": [3, 2, 5, 2, 1, 4],
        "col2": ["A", "A", "A", "B", "B", "B"]
    }
).with_columns(
    # col2 ごとに col1 の小さい順に採番する
    pl.col("col1").rank().over("col2").alias("rank"),
)
```

● 出力イメージ

shape: (6, 3)

col1	col2	rank
i64	str	f64
3	"A"	2.0
2	"A"	1.0
5	"A"	3.0
2	"B"	2.0
1	"B"	1.0
4	"B"	3.0

実装例では over で col2 を指定し rank で col1 を指定しています。そのため、col2 の値 A, B それぞれで小さい順に採番がされています。

● レイジーフレームの具体化

```
# レイジーフレームの具体化
lf.collect(streaming=True)
```

collect でレイジーフレームを具体化しています。ここでは内容を確認するために collect を呼び

出していますが、データを使う場面までレイジーフレームのままにしておいてもよいです。引数には streaming=True を指定し Streaming API を使用しています。

 ## 53.4 まとめ

　今回は行いませんでしたが、特徴量エンジニアリングでは特徴量同士の比率を求めることもよくあります。LightGBM は列同士の比率を扱えないため、比率を特徴量として加えることで精度が改善することがあります。また、name からは文字数をカウントした特徴量しか作成しませんでしたが、上述のとおり name にはほかにも情報が隠れている可能性があります。これらを引き出すために name に含まれているアルファベットをカウントしたり、同じ苗字を抽出したりしてもよいかもしれません。

　今回は、cabin_alphabet などの文字列型で表されるカテゴリ値を数値型に変換しませんでしたが、これは LightGBM がカテゴリ値をカテゴリ値のまま扱えるためです。機械学習アルゴリズムによっては数値に変更しないと扱えないものも多くありますので、カテゴリ値を 0 と 1 で表現する One-Hot Encoding や、カテゴリ値の出現頻度を集計する Count Encoding などを行う必要がある場合もあります。

　ほかにも、思いついた特徴量を追加したり、既存の実装を修正したりしながら、自分だけの特徴量エンジニアリングパイプラインを完成させましょう。

機械学習モデルの学習

次に、機械学習モデルの学習・推論を行っていきます。今回は **LightGBM** という機械学習モデルを利用します。LightGBM は**勾配ブースティング**と呼ばれる手法の一種です。勾配ブースティングは**決定木**というモデルを複数作り推論する手法です。

54.1　LightGBM

LightGBM はテーブルデータ分析の初手としてよく利用されます。その理由は以下のようなものがあります[注1]。

1. 欠損値をそのまま扱える
2. 特徴量のスケーリングが不要である
3. 特徴量重要度（feature importance）が確認できる
4. 高い精度が期待できる
5. 計算が高速である

1. について、例えば線形モデルやニューラルネットワークのモデルでは欠損を補完する必要があります。一方、LightGBM は欠損値を「その値は欠損である」というデータとしてそのまま学習でき、欠損の処理を行う必要がありません。

2. について、ロジスティック回帰などの線形モデルは、例えば特徴量の値を 0 〜 1 にそろえる、正規化と呼ばれる前処理を必要とする場合があります。一方、LightGBM では大小関係のみを考慮し、特徴量の値の絶対値は考慮しないため、スケーリングが必要ありません。

3. について、LightGBM は学習したモデルが、どの特徴量を重視したかをスコア化できます。特徴量重要度を用いることで、どの特徴量が推論時に重要なのかを解釈し、改善のためのヒントを得たり、リークしている特徴量の存在に気づいたりすることができます。特徴量重要度の詳細については Recipe 55 で説明します。

[注1] 参考：初手 LightGBM をする 7 つの理由：https://upura.hatenablog.com/entry/2019/10/29/184617

4. について、特にテーブルデータに対する推論の場合、LightGBM は現在（2024 年 8 月）でも Kaggle での上位ソリューションに利用されるモデルであり、高い精度が期待できます。

5. について、LightGBM は他の勾配ブースティングと比べて、高速に動作するための工夫がなされています。例えば、最適な分割を探すときにデータを一定の bin に区切り、その bin に対して分割する仕組みを採用しています（histogram-based algorithms）。従来はデータ数に比例した回数分割を行う必要がありましたが、LightGBM では分割の回数を bin の数に比例した回数まで減らし、高速化につなげています[注2]。

ここからは、Polars にて LightGBM の学習を行うコードを見ていきましょう。

54.2 Polars での実装例

特徴量エンジニアリング済みのデータが df というオブジェクト名ですでに読み込まれている環境を想定します。また、交差検証法（3 分割）を利用します。

● 変数と定数の宣言

まず利用する変数と定数を宣言します[注3]。定数は「処理を通して変更されない、コンフィグのような値」であり、変数とは区別することが望ましいです。学習に使用する use_col は、特徴量エンジニアリングを終えたこの段階では定数であることも多いですが、今回はこの後に Target Encoding による特徴量の追加を行うため、変数として宣言しています。

CATEGORICAL_FEATURE を定数として区別するためにタプルを用いてもよいですが、それ以外の数値や文字列などを定数として宣言し変更できないようにする実装は、やや一般的でないため、ここでは変数名で表現しています。

```
use_col = [
    "pclass",
    "age",
    "sibsp",
    "parch",
    "ticket",
    "fare",
    "embarked",
    "home.dest",
    "null_count",
    "age_bin",
    "honorifics",
    "cabin_alphabet",
    "cabin_number_mean",
    "family_size",
    "name_len",
```

注 2 ほかにもさまざまな高速化が行われています。気になる方は公式 Document の以下のページを読んでみてください。
https://lightgbm.readthedocs.io/en/stable/Features.html

注 3 定数名をすべて大文字で書き、単語をアンダースコアで区切る書き方は、PEP8（Python コードのコーディング規約を記載したドキュメント）にて推奨されています。https://pep8-ja.readthedocs.io/ja/latest/#section-33

```
    "cabin_count",
    "sex_age",
    "pclass_age",
    "honorifics_age",
    "age_rank_over_honorifics",
    "cabin_number_mean_rank_over_cabin_alphabet",
]

CATEGORICAL_FEATURE = [
    "ticket",
    "embarked",
    "home.dest",
    "honorifics",
    "cabin_alphabet",
    "honorifics_age",
    "sex_age",
    "pclass_age",
]

TARGET_COL = "survived"
N_FOLD = 3
SEED = 42
```

● データの分割

次に、df を学習データとテストデータに分割します。

```
# 学習データとテストデータに分割する
train, test = train_test_split(
    df,
    test_size=0.2,
    random_state=SEED,
    shuffle=True,
    stratify=df.get_column(TARGET_COL)
)
```

　分割には、scikit-learn ライブラリの train_test_split メソッドを利用します。第 1 引数には、分割を行うデータフレームを指定します。引数 test_size は、分割後の test オブジェクトのサイズを決めます。float の値が与えられた場合、データセットのうち何割を test オブジェクトに持たせるかを指定できます。int で指定すると、指定した絶対数を test に持たせることができます。引数 random_state は分割に使用する乱数を指定します。指定しないと、分割の結果が毎回変わり、再現性が担保されないので注意しましょう。引数 stratify は、指定した要素を、train と test に同じ割合で持たせるように分割します。ここでは、"survived" 列を指定しているため、"survived" の 0 と 1 の割合が train と test でほぼ一致する分割になっています。

● fold 列の作成

次に fold 列を作成します。この fold 列は、のちに LightGBM のモデルを交差検証法を用いて学習・評価するために利用されます。

```python
# foldの作成
fold_arr = np.zeros(train.height)
fold = StratifiedKFold(n_splits=N_FOLD, shuffle=True, random_state=SEED)

for idx, (_, val_idx) in enumerate(fold.split(train, train.get_column(TARGET_COL))):
    fold_arr[val_idx] = idx

train = train.with_columns(
    pl.Series(fold_arr).cast(pl.Int64).alias("fold")
)
```

まず、fold_arr というオブジェクト名で、すべての要素が 0 であり、train と同じ行数を持った NumPy 配列を作成しています。

次に、交差検証法に従ってデータを分割するための fold 列を追加しています。まずは、交差検証法に従い、かつ目的変数を同じ割合で持ったインデックスを返すオブジェクトを StratifiedKFold クラスを利用して生成し、変数 fold に代入します。引数 n_splits には分割する数を指定します。引数 shuffle は、データをシャッフルするかどうかを決めます。次に、fold の split メソッドを用いて、検証データに該当するデータのインデックスを取得しています。そのとき、split メソッドの第 2 引数 y に目的変数のシリーズを渡すことで、目的変数を同じ割合で持ったインデックスを生成できます。

● Target Encoding

次に、**Target Encoding** を行います。Target Encoding とは、カテゴリ変数ごとに目的変数の平均値を特徴量として追加する手法です。Kaggle のような分析コンペティションでは、多くの場面で精度向上が期待できるためよく使われます。

Target Encoding がなぜ有効かというと、カテゴリ変数を目的変数の大小に変換できることが大きな要因です。この特徴量を使って分岐を作ることで、目的変数が小さいグループと大きいグループに分けることができるようになり、LightGBM が目的変数と特徴量の関係を解釈しやすくなります。

「目的変数を特徴量エンジニアリングに用いるとリークになるのでは？」と考える方もいるかもしれませんが、Target Encoding では、各 fold ごとの検証データの目的変数のみを用いるため問題ありません。仮に、データ全体の平均値を用いてしまうと、学習データの目的変数の値も含めた平均値を求めることになり、リークとなってしまいます。また、テストデータへの推論時には、学習データ全体の目的変数の平均値を用います。

では、実装を見てみましょう。

```python
TARGET_ENCODING_COL = [
    "honorifics",
    "cabin_alphabet",
```

```python
        "sex_age",
        "home.dest",
        "honorifics_age",
        "pclass_age",
]

# ① Target Encoding 対象列ごとに処理する
for col in TARGET_ENCODING_COL:
    target_encoding_col_name = f"target_encoding_{col}"

    train = train.with_columns(pl.lit(0).alias(target_encoding_col_name)) (
    use_col.append(target_encoding_col_name)

    # ② Target Encoding 対象列ごとに処理する
    for fold in range(N_FOLD):

        # ③ Target Encoding の値計算
        valid_fold = train.filter(pl.col("fold") == fold)

        target_encoding_dict = (
            valid_fold.select(
                pl.col(col),
                pl.col(TARGET_COL).mean().over(col).alias(f"{TARGET_COL}_average"),
            )
            .unique()
            .to_dicts()
        )

        target_encoding_dict = {
            item[col]: item[f"{TARGET_COL}_average"] for item in target_encoding_dict
        }

        # ④ Target Encoding の値格納
        train = train.with_columns(
            pl.when(pl.col("fold") != fold)
            .then(pl.col(col).replace_strict(target_encoding_dict, default=-1))
            .otherwise(pl.col(target_encoding_col_name))
            .alias(target_encoding_col_name)
        )

    # ⑤ テストデータの Target Encoding
    test_target_encoding_dict = (
        train.select(
            pl.col(col),
            pl.col(TARGET_COL).mean().over(col).alias(f"{TARGET_COL}_average"),
        )
        .unique()
        .to_dicts()
    )

    test_target_encoding_dict = {
        item[col]: item[f"{TARGET_COL}_average"] for item in test_target_encoding_dict
    }
```

Recipe 54　機械学習モデルの学習 | 329

```
test = test.with_columns(
    pl.col(col).replace_strict(test_target_encoding_dict, default=-1.0)
    .alias(target_encoding_col_name)
)
```

　最初にリスト `TARGET_ENCODING_COL` で Target Encoding を行う列名の一覧を定義しています。`TARGET_ENCODING_COL` に格納されている列名を①の for 文で1つずつ取り出しながら Target Encoding していきます。for 文の最初には Target Encoding 特徴量となる `target_encoding_{col}` 列を作成しています。実際に計算した値は後で格納するためここではすべての値を 0 にしています。

　②の for 文内では fold ごとに Target Encoding の値を計算しています。

　まず、Target Encoding 対象列の値ごとの `survived` の平均値を計算していきます。平均値を計算するために、`train.filter(pl.col("fold") == fold)` で Target Encoding の値計算に使う検証データ部分を抽出しています。このデータをもとに select 式に `pl.col(TARGET_COL).mean().over(col)` を渡し、col つまり Target Encoding 対象列の値ごとに、目的変数である `survived` の値の平均値を求めています。作成されたデータフレームに対して `unique().to_dict()` を呼び出していますが、これによって作成されるオブジェクトは、

```
[{'honorifics': 'Miss.', 'survived_average': 0.6933333333333334},
 {'honorifics': 'Master.', 'survived_average': 0.5555555555555556},
 {'honorifics': None, 'survived_average': 0.42857142857142855},
 ・・・
```

のように、Key が列名、Value が値の dict オブジェクトのリストです。このままでは、この後行う Target Encoding の値をマッピングする処理が行えないために、リストの内包表記を使い以下のような Key が各値、Value が各値の `survived` の平均値 となる dict オブジェクトを作成しています。

```
{'Miss.': 0.6933333333333334,
 'Mr.': 0.16326530612244897,
 'Master.': 0.5555555555555556,
 ・・・
```

　この dict オブジェクトを④で `target_encoding_col_name` 列に格納していくのですが、格納するのは当該 fold の学習データ部分ですので、`pl.when(pl.col("fold") != fold)` と条件を指定しています。また、`replace_strict`[注4] に③で作成した `target_encoding_dict` を渡すことで、対象列の値を Target Encoding の値に置換しています。

　最後に⑤でテストデータで使う Target Encoding の値を計算しています。テストデータは train 全体のデータに対して `survived` の平均を求めています。

注4　replace_strict は replace と比べて型の指定をより厳しく指定できる置換操作のエクスプレッションです。Recipe25 で紹介した str.replace とは異なり置換後のデータ型が混在するケースに対応するために Polars version1.0.0 で追加されました。

Categorical Feature

次に、データの中のカテゴリ変数に該当する列を、Polars の Categorical 型に変換します。カテゴリ型に変換すると、LightGBM の Categorical Feature として設定され、より最適な分割が見つかる可能性があります。詳細は Column で説明します。

```
# Categorical 型への変換
train = train.with_columns(pl.col(CATEGORICAL_FEATURE).cast(pl.Categorical))
test = test.with_columns(pl.col(CATEGORICAL_FEATURE).cast(pl.Categorical))
```

ハイパーパラメータの指定

次に、LightGBM で用いるパラメータを dict 型で指定します。"objective" は、どのような推論をするかを文字列で指定します。今回は 2 値分類を行うため、"binary" を入れます。また、"max_depth" は作成する木の最大の深さを決めます。-1 を指定した場合には、木の深さに上限は設けず学習を行います。他のパラメータについては、コメントを参照してください。より詳細を知りたい方は、公式 Document を参照にしてください [5]。

```
# LightGBM で用いるパラメータを指定
params = {
    "objective": "binary",
    "max_depth": -1,
    "min_data_in_leaf": 10,  # 1 つの葉に入る最小のデータ数
    "num_leaves": 24,  # 2**max_depth より少し小さめにすると過学習を防げる
    "learning_rate": 0.01,  # 1 回の iteration で学習を進める割合
    "bagging_freq": 5,  # 指定した回数ごとに bagging を行う
    "feature_fraction": 0.7,  # 1 回の iteration で利用する特徴量 ( 列方向 ) の割合
    "bagging_fraction": 0.6,  # 1 回の iteration で利用するデータ ( 行方向 ) の割合
    "verbose": -1,  # 出力するログレベルの変更、-1 は Fatal なログのみを出力
    "seed": SEED,  # ランダムシードの固定
    "lambda_l1": 0.4,  # 正則化のためのパラメータ
    "lambda_l2": 0.4,  # 正則化のためのパラメータ
}
```

学習

いよいよ、交差検証法（3 分割）を用いたモデルを学習します。ちょっと長いため、①〜⑥ に区切って説明をします。

注 5 　https://lightgbm.readthedocs.io/en/stable/Parameters.html

```python
# テストデータに対する推論、特徴量重要度（後述）を計算するために、モデルを保存するリストを作成
models = []

# ① 交差検証法（3分割）による学習の実施
for fold in range(N_FOLD):
    print(f"Start fold {fold}")

    # ② fold ごとに train と valid に分ける
    train_fold = train.filter(pl.col("fold") != fold)
    valid_fold = train.filter(pl.col("fold") == fold)

    # ③ X（説明変数）と y（目的変数）に分ける
    X_train = train_fold.select(use_col)
    X_valid = valid_fold.select(use_col)
    y_train = train_fold.select(TARGET_COL)
    y_valid = valid_fold.select(TARGET_COL)

    # ④ LightGBM が認識可能な形にデータセットを変換
    # polars.DataFrame から pandas.DataFrame への変更を行っている
    lgb_train = lgb.Dataset(X_train.to_pandas(), y_train.to_pandas())
    lgb_eval = lgb.Dataset(
        X_valid.to_pandas(), y_valid.to_pandas(), reference=lgb_train
    )

    # ⑤ モデルの学習
    model = lgb.train(
        params,
        lgb_train,
        num_boost_round=10000,  # 学習の iteration 回数
        valid_sets=[lgb_train, lgb_eval],
        callbacks=[
            lgb.early_stopping(
                stopping_rounds=100
            ),  # Early stoping の回数、100回 loss が改善しなかったら学習を止める
            lgb.log_evaluation(100),  # 指定した iteration 回数ごとに log を出力する
        ],
    )

    # ⑥ モデルを保存
    models.append([fold, model])
```

①では、Python の range 関数を用いて、各 fold ごとに学習を行います。ここでは、FOLD_NUM は 3 に設定してあるため、fold には、0, 1, 2 がループごとに入ります。

②では、filter メソッドを用いて、"fold" 列の要素が fold (0, 1, 2) に該当しないデータを train_fold に、fold に該当するデータを valid_fold に格納しています。"fold" 列には、0, 1, 2 の要素が均等に入っているため、train_fold と valid_fold のデータ数の関係は 2 : 1 になります。

③では、select 式を用いて、X（説明変数）と y（目的変数）に分けています。X は use_col で設定した列を持つようにし、y は TARGET_COL で設定した列を持つようにします。

また、③において学習用のデータ（X_train, y_train）と、評価用のデータ（X_valid, y_valid）

に分けています。これは、LightGBM の **Early Stopping** の機能を利用するためです。Early Stopping とは、LightGBM の学習が進むたびに評価用のデータにて loss を計算し、評価用のデータの loss が下がらなくなった最適なタイミングで学習を止める機能です。学習データへの過学習を防ぎ、機械学習モデルの汎化性能向上が期待できます。

④では、今回使用する LightGBM の API ではデータが lightgbm.Dataset である必要があるため、ここで作成しています。lgb.Dataset は pandas データフレームなどのデータセットを受けとり、LightGBM の学習用のデータを生成します。lgb.Dataset は version 4.1.0 の一部の機能において、Polars データフレームに対応していないため、to_pandas メソッドを用いて pandas データフレームへの変換を行います。

また、④において評価用のデータセット lgb_eval オブジェクトを生成するときには、引数 reference に学習用データセット lgb_train を渡します。これは、学習用データセットと評価用データセットで同じ前処理を適用するために指定が必要です[注6]。

⑤で、モデルの学習を行います。num_boost_round には、学習を行う iteration の回数を指定します。10000 を指定していますが、上述の Early Stopping により、10000 回の iteration に到達する前に学習が終了することもあります。

また、⑤において引数 callbacks に、lgb.early_stopping(stopping_rounds=100)、lgb.log_evaluation(100) を渡しています。lgb.early_stopping(stopping_rounds=100) では「評価データの loss が何回連続で改善しなければ学習を Early Stopping で止めるか」の回数を指定しています。lgb.log_evaluation(100) では、iteration 何回ごとに log を出力するかを指定します。

最後に、⑥でリストオブジェクトである models に、fold と model を追加します。これは、のちにテストデータに対する推論と、特徴量重要度（ Recipe 55 にて紹介します）を算出するために行っています。

● 出力例

上記のコードを実行すると、以下のようなログが出力されます。fold は 0 ～ 3 の合計 3 つ存在すること、学習の loss（training's binary_logloss）、評価の loss（valid_1's binary_logloss）が学習が進むごとに改善されていることがわかります。

```
Start fold 0
Training until validation scores don't improve for 100 rounds
[100]    training's binary_logloss: 0.439135 valid_1's binary_logloss: 0.493092
[200]    training's binary_logloss: 0.354226 valid_1's binary_logloss: 0.454236
[300]    training's binary_logloss: 0.301367 valid_1's binary_logloss: 0.450615
Early stopping, best iteration is:
[270]    training's binary_logloss: 0.315847 valid_1's binary_logloss: 0.447744
Start fold 1
Training until validation scores don't improve for 100 rounds
```

注6 　ここでの前処理とは、LightGBM 内にて、連続値を離散値に変換し bin を作成するときに、lgb_train と lgb_eval で同じ bin にマッピングする処理を指します。

```
[100]    training's binary_logloss: 0.443591  valid_1's binary_logloss: 0.488876
[200]    training's binary_logloss: 0.36164   valid_1's binary_logloss: 0.451686
[300]    training's binary_logloss: 0.310582  valid_1's binary_logloss: 0.44377
[400]    training's binary_logloss: 0.274753  valid_1's binary_logloss: 0.443343
Early stopping, best iteration is:
[321]    training's binary_logloss: 0.302434  valid_1's binary_logloss: 0.440638
Start fold 2
Training until validation scores don't improve for 100 rounds
[100]    training's binary_logloss: 0.446946  valid_1's binary_logloss: 0.500634
[200]    training's binary_logloss: 0.363297  valid_1's binary_logloss: 0.469021
[300]    training's binary_logloss: 0.311552  valid_1's binary_logloss: 0.465842
Early stopping, best iteration is:
[259]    training's binary_logloss: 0.330616  valid_1's binary_logloss: 0.464105
```

本レシピでは、学習部分までを紹介しました。学習したモデルを用いた評価・推論については、Recipe 55 にて説明します。

以降の Column では、レシピでは触れなかったアルゴリズムを説明します。

決定木

今回利用したアルゴリズムの LightGBM は、決定木というアルゴリズムをより発展させたものです。そのため、まずは決定木について説明します。

決定木は、単純な分類方法を組み合わせて、1 つのモデルを作る方法です。例えば「age が 60 よりも上か」などといったシンプルな分類を重ねていきます。以下の図で説明します。

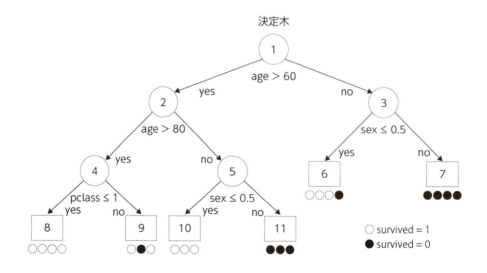

木を構成している要素は**ノード**と呼ばれ、末端の四角で表現されているノードは**葉ノード**と呼ば

れます。各ノードの下には、分類の条件が書いてあります。例えば、ノード 1 には age > 60 と書いてあります。これは、データが age > 60 であれば、yes のノード（この場合はノード 2）に分割され、no であれば、no のノード（この場合はノード 3）に分割されることを意味します。葉ノードでの分類結果が、推論結果として利用されます。

では、決定木はどのようにして分割する特徴量やその値を決めているのでしょうか。決定木では、それぞれの特徴量のすべての分割点を試し、最も目的変数をきれいに分割できる箇所で分割しています。きれいに分割できるかどうかは、評価指標を定め、それが改善するかで判断します。その評価指標には**ジニ係数**が使われることが多いです。

2 値分類における、ジニ係数の定義を以下に示します。

$$I_G(S) := 1 - p_S^2 - (1 - p_S)^2$$

このとき、S は分割されたデータのセグメントを表し、p_s はセグメント S の片方のクラスの所属確率を表します。

以下の式が最大となる説明変数としきい値が、分割点として採用されます。

$$I_G(S_0) - p_L I_G(S_L) - p_R I_G(S_R)$$

このとき、分割前のデータのセグメントを S_0、分割後のデータを S_L, S_R とします。さらに詳細は『はじめてのパターン認識』（平井有三 著、森北出版、2012）などの書籍を参照してください。

勾配ブースティング決定木

勾配ブースティング決定木は、決定木を直列につなげ、1 つ前の学習結果を利用しながら 1 つずつ決定木を学習するアルゴリズムです。勾配ブースティングを利用したアルゴリズムには、今回利用した LightGBM のほかに XGBoost や CatBoost などが存在します。

勾配ブースティングで行っていることは至ってシンプルで、決定木による推論結果を 1 つずつ加算していくだけです。すべての木を最適化することは難しい問題です。これを、1 つの木の結果を固定として考え加算していく方法にすることで、解きやすい問題へと変換しています。

XGBoost のドキュメントに記載されている数式を用いて説明します[注7]。ここで、t はステップ、f_i は決定木モデル、$\hat{y}_i^{(t)}$ は t ステップ目の勾配ブースティングによる推論結果を表します。$t=0$ のときは、何も学習がされていないため、推論結果は 0 となります。$t=1$ のときは、$f_1(x_i)$ として、1 つの決定木を学習します。$t=2$ のときは、$f_1(x_i)$ と $f_2(x_i)$ の 2 つの決定木を足し合わせます。最終的な推論結果 $\hat{y}_i^{(t)}$ は、それぞれの決定木の総和を意味する $\sum_{k=1}^{t} f_k(x_i)$ として表現されます。

注 7　https://xgboost.readthedocs.io/en/stable/tutorials/model.html

$$\hat{y}_i^{(0)} = 0$$
$$\hat{y}_i^{(1)} = f_1(x_i) = \hat{y}_i^{(0)} + f_1(x_i)$$
$$\hat{y}_i^{(2)} = f_1(x_i) + f_2(x_i) = \hat{y}_i^{(1)} + f_2(x_i)$$
$$\vdots$$
$$\hat{y}_i^{(t)} = \sum_{k=1}^{t} f_k(x_i) = \hat{y}_i^{(t-1)} + f_t(x_i)$$

各ステップでは、別途設定する損失関数を最適化する木を追加していきます。詳細は割愛します。

column: Categorical Feature

Categorical Feature とは

LightGBM は、カテゴリ変数に対する独自の処理を持っています。具体的には、カテゴリ変数の要素ごとに予測値を計算しエンコードを行い、その予測値の順番に特徴量をソートし、分割点を探索します。このエンコードは葉ノードごとに行われます。この処理を本書では、**Categorical Feature** と呼びます[注8]。

Categorical Feature はなぜ有効か

Categorical Feature がなぜ有効かについて理解をするため、Categorical Feature を用いてエンコードした場合を、具体例を用いて説明します。

乗客の生存率を予測するタスクにおいて、乗客の社会的地位を表す列（レベル列と呼びます）があり、このレベル列が「高、低、中」という順番で要素を持っているとします。

Categorical Feature による
エンコード前

	id	level	survived
	A	高	1
	B	高	1
(1)	C	高	1
	D	低	0
	E	低	0
	F	低	0
(2)	G	中	1
	H	中	1
	I	中	0

注8 「LightGBM を少し改造してみた ~ カテゴリ変数の動的エンコード ~」という資料が非常にわかりやすく説明してくれています。
https://www.slideshare.net/RyuichiKanoh/lightgbm-124545133

このデータの level 列について、分割を 1 つ入れるとしましょう[注9]。分割点の候補は、図の（1）か（2）になります。分割よりも上のデータは survived を 1、下のデータは survived が 0 と推論するとします。このとき、（1）に分割を入れると、上のデータの survived が 1 の所属確率は 3 / 3 = 1.00 となり下のデータの survived が 0 の所属確率は 4 / 6 = 0.66 となります。（1）で分割した場合について、下記に図を示します。

（1）で分割した場合

id	level	survived	推論
A	高	1	1
B	高	1	1
C	高	1	1

1 の所属確率
= 3/3
= 1.00

id	level	survived	推論
D	低	0	0
E	低	0	0
F	低	0	0
G	中	1	0
H	中	1	0
I	中	0	0

0 の所属確率
= 4/6
= 0.66

　同様に、（2）に分割を入れると、分割後の上のデータの survived が 1 の所属確率は 3/6 = 0.50、下のデータの survived が 0 の所属確率は 1 / 3 = 0.33 となります。

　次に、Categorical Feature を適用した場合を考えます。Categorical Feature はカテゴリ変数の要素ごとに予測値を計算しエンコードを行います。仮に、「高、中、低」という要素に対する生存率がそれぞれ「1.0、0.7、0.0」だったとします。この数値を用いて、レベル列をエンコードし、レベル列でソートします。

エンコード前

id	level	survived
A	高	1
B	高	1
C	高	1
D	低	0
E	低	0
F	低	0
G	中	1
H	中	1
I	中	0

変換表

level	survive_rate
高	1.0
中	0.7
低	0.0

エンコード後に level でソート前

id	level	survived
A	1.0	1
B	1.0	1
C	1.0	1
D	0.0	0
E	0.0	0
F	0.0	0
G	0.7	1
H	0.7	1
I	0.7	0

注9　決定木は実際には文字列のまま処理はできず、int などに置き換える必要があります。今回は説明しやすくするため、文字列のまま紹介しています。

ここに決定木の分割を 1 つ入れることを考えましょう。次の図のような分割候補を考えることができます。

エンコード後に
level でソート済み

	id	level	survived
	A	1.0	1
	B	1.0	1
	C	1.0	1
(1)	G	0.7	1
	H	0.7	1
	I	0.7	0
(2)	D	0.0	0
	E	0.0	0
	F	0.0	0

（1）で分割した場合の所属確率は、survived が 1 と 0 の所属確率は（1.00, 0.66）、（2）で分割した場合の、survived が 1 と 0 の所属確率は（0.83, 1.00）となります。

以上の結果を表にまとめます。

Categorical Feature	分割点	survived が 1 の所属確率	survived が 0 の所属確率	所属確率の平均
なし	(1)	1.00	0.66	0.83
なし	(2)	0.50	0.33	0.42
あり	(1)	1.00	0.66	0.83
あり	(2)	0.83	1.00	**0.92**

すると、Categorical Feature がありのときに、（2）で分割する場合が、所属確率の平均が最も高くなり、最もきれいに分割できていることがわかります[注10]。

このように、Categorical Feature を用いてカテゴリ変数を予測値でエンコードすると、元の状態よりも予測値と関連した順序に並べ替えることができ、より最適な分割を行える可能性があります。

Categorical Feature の設定方法

LightGBM に対して、コード上で Categorical Feature を設定するためには、以下の 2 つの方法がよく使われます。

注10　今回は説明のために所属確率の平均を計算しています。実際にジニ係数を計算するときには、所属確率の平均は計算しません。

- `lightgbm.Dataset` もしくは、`lightgbm.train` の変数 `categorical_feature` に、カテゴリ変数列名のリストを渡す
- `pandas.DataFrame` を利用する場合は、カテゴリ変数の列を `category` 型に変換する

　レシピ内では、Polars データフレームの列を `Categorical` 型に変換し、それを pandas データフレームに変換することで、`pandas.DataFrame` の `category` 型として LightGBM にデータを渡し、Categorical Feature を設定しました。

Recipe 55 機械学習モデルの評価・推論

本レシピでは、前回のレシピにて学習させたモデルの評価と、テストデータに対する推論を行っていきます。コードも前回のレシピからの続きとなります。

55.1 OOF の作成

以下のコードにて各 fold ごとの推論と、評価に用いる **OOF** (Out Of Fold) を作成します。OOF について説明するために Recipe 18 にて紹介した交差検証法の図を再掲します。

ある fold で学習に使われなかったデータ（検証データ）、またはそれぞれの fold において学習したモデルで検証データに対して推論した結果を OOF といいます。上図にて説明すると、fold ごとに赤色の学習データで学習したモデルを用いて、黄色の検証データを推論した結果をつなぎ合わせたものを表します。

それでは、各 fold ごとに推論し、OOF を作成していきましょう。

```
# 学習データ全体に対する推論結果を保存する object を作成
oof = np.zeros((len(train)))

# fold の値と学習済みモデルを利用し、モデルの評価を行う
for fold, model in models:
```

```python
# valid データの作成
valid_fold = train.filter(pl.col("fold") == fold)

X_valid = valid_fold.select(use_col)
y_valid = valid_fold.select(TARGET_COL)

# ① valid データに対する推論
y_valid_pred = model.predict(
    X_valid.to_pandas()
)

# ② 確率が 0.5 より上の場合は生存 (1)、そうではない場合は生存していない (0) と推論する
y_valid_pred_binary = (y_valid_pred > 0.5).astype(int)

# ③ valid データに対する推論の性能を計算
auc_score = roc_auc_score(y_valid, y_valid_pred)
acc_score = accuracy_score(y_valid, y_valid_pred_binary)
print(f"fold {fold} ROC AUC Score: {auc_score}")
print(f"fold {fold} Accuracy Score: {acc_score}")

# ④ OOF に推論結果を保存
is_valid = train.get_column("fold") == fold
oof[is_valid] = y_valid_pred
```

▶出力イメージ

```
fold 0 ROC AUC Score: 0.8758937868795558
fold 0 Accuracy Score: 0.8080229226361032
fold 1 ROC AUC Score: 0.8850250626566416
fold 1 Accuracy Score: 0.8481375358166189
fold 2 ROC AUC Score: 0.844141604010025
fold 2 Accuracy Score: 0.8137535816618912
```

①では lightgbm.basic.Booster オブジェクトの predict メソッドを利用し、valid データに対する推論をしています。

②では 0 ～ 1 の確率で出力される推論結果を、0 or 1 に変換しています。今回は naive に 0.5 より上かどうかで判断していますが、より賢い方法でしきい値を決める方法もあるでしょう。

③では推論の性能を計算しています。今回は AUC という分類性能を評価するための指標を用います。計算には、sklearn.metrics ライブラリの roc_auc_score 関数を利用しています。

④では OOF に推論結果を保存しています。is_valid というオブジェクトには、今回の fold の検証データに該当するかどうかの bool 値が入っています。

55.2　OOF に対する評価

次に、以下のコードで OOF に対する AUC と Accuracy のスコアを計算します。

```
# OOF のスコアを計算する
```

```python
oof_binary = (oof > 0.5).astype(int)

oof_auc_score = roc_auc_score(train.get_column(TARGET_COL), oof)
oof_acc_score = accuracy_score(train.get_column(TARGET_COL), oof_binary)

print(f"OOF ROC AUC Score: {oof_auc_score}")
print(f"OOF Accuracy Score: {oof_acc_score}")
```

▶ 出力イメージ

```
OOF ROC AUC Score: 0.8466499227202473
OOF Accuracy Score: 0.8137535816618912
```

AUC とは、**ROC 曲線**（Receiver Operating Characteristic curve）の下側の面積（Area Under the Curve）を表します。ROC 曲線は、分類モデルの性能を可視化する曲線で、縦軸が真陽性率（正しくポジティブと予測した割合）、横軸が偽陽性率（誤ってポジティブと予測した割合）を表します。分類モデルが出力する各データのポジティブクラスに属する確率に対して、しきい値を変化させながらこの曲線を描画します。優れたモデルほど面積が大きくなり理論上の最大値である 1.0 に近づきます。また、この値の計算には予測値の 2 値化は必要ないため、しきい値の良し悪しに依存せずにモデルの性能を評価できます。実装例でも予測結果を 2 値化せず連続値のまま計算を行っている点に注目してください。

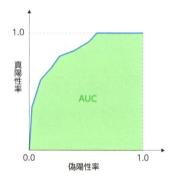

一方で Accuracy スコアは単純な「正解率」を表しており、しきい値を適用し 0 or 1 に 2 値化された「最終予測結果」の正解率を表しています。Accuracy は以下の式で計算されます。

$$\text{Accuracy} = \frac{\text{正しく分類されたデータ数}}{\text{全データ数}}$$

今回のケースでは、OOF の予測確率が 0.5 より大きい場合を 1（生存）、0.5 以下の場合を 0（死亡）とするしきい値を設定し、実際の生存・死亡の結果と比較することで Accuracy を算出しています。

ただし、Accuracy には注意点があります。データが不均衡な場合、つまり一方のクラスのデータ

数が他方に比べて極端に少ない場合、Accuracy は適切な評価指標とはいえません。例えば、死亡者が全体の 1% しかないデータセットにおいて、モデルが全員を生存と予測した場合、Accuracy は 99% と非常に高い値になります。しかし、このモデルは死亡者を 1 人も正しく予測できていないため、実際にはよいモデルとはいえません。

このような不均衡データに対しては、Precision（適合率）、Recall（再現率）、F1 スコアなどの評価指標を用いるほうが適切です。これらの指標は、各クラスの予測性能を個別に評価するため、不均衡データにおけるモデルの性能をより正確に把握できます。

 ## 55.3 特徴量重要度の計算

次に、LightGBM の特徴量重要度を計算します。特徴量重要度は、学習時に、どの特徴量がどの程度学習に寄与したかを表すものです。seaborn の `boxplot` メソッドは、本書執筆時のバージョンで Polars に対応していないため、pandas を用いて計算します。

```
import pandas as pd
# 特徴量重要度を列に持つ DataFrame を作成
feature_importances = [
    model.feature_importance(importance_type="gain") for _, model in models
]
feature_importances_df = pd.DataFrame(feature_importances, columns=use_col)

# 表示する順番を指定、特徴量重要度の平均が大きい順に並ぶよう計算
order = feature_importances_df.mean().sort_values(ascending=False).index.tolist()

# 表示
# fold ごとの特徴量重要度のばらつきを見るために、箱ひげ図を利用
sns.boxplot(data=feature_importances_df, orient="h", order=order)
```

▶ 出力イメージ

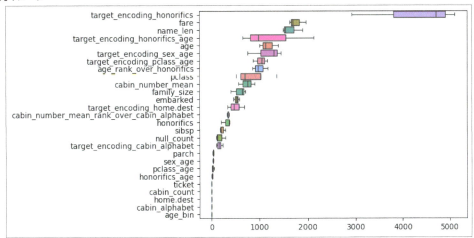

最後に、テストデータに対して推論します。

```
# 3 個のモデルの予測を作成する
pred = np.array([model.predict(test[use_col].to_pandas()) for _, model in models])

# 3 個のモデルの予測値の平均を計算する
pred = np.mean(pred, axis=0)  # axis=0 なので shape の行方向が潰れる

# 推論結果を確率から、0 or 1 に変更する
pred = (pred > 0.5).astype(int)
```

こちらの pred に推論結果である 0 or 1 が格納されています。実際に先頭 10 件を確認してみます。

```
pred[:10]
```

▶ 出力イメージ

```
array([0, 1, 0, 0, 0, 0, 0, 1, 1, 0])
```

以上で、実践パイプライン編を終了とします。このベースラインをもとに、Polars を用いて別のデータやモデルに対するベースラインをぜひ作ってみてください。

55.4 Tips

● 特徴量重要度 とは

特徴量重要度は、特徴量ごとに、学習にて分割に寄与した度合いを数値化したものです。「分割に寄与した」を数値化する方法として、本レシピでは lightgbm.basic.Booster の feature_importance メソッドの引数 importance_type を "gain" に指定しました。

importance_type には、ほかにも "split" が存在します。以下にその意味を表でまとめます。

importance_type	意味
"gain"	精度がどの程度向上したか、を重要度として扱う
"split" (デフォルト)	特徴量が何度分割に利用されたか、を重要度として扱う

"split" は分割数のみを気にするため、特徴量重要度を性能改善の文脈で計算するときには、"gain" を利用することが多いです。lightgbm.basic.Booster の feature_importance メソッドのデフォルトは "split" のため、"gain" に変更するのを忘れないようにしましょう。

索引

英字

Accuracy スコア	342
ADF 検定	268
ARMA モデル	266
AUC	342
Categorical Feature	331, 336
CSV	60
eager API	238, 283
Early Stopping	333
EDA	109, 299
KPSS 検定	268
lazy API	238, 240, 282, 288
LightGBM	325, 331
location based（配置ベース）	103
NaN での補完	186
NumPy 配列	85, 189
OOF	340
pandas	2
pandas-like な記法	52
Polars	iii, 9
Polars エクスプレッション	10
RDB	213
ROC 曲線	342
Streaming API	293, 297
Target Encoding	328
UDF	57, 163, 165

あ行

値の代入	160
イテレータ	286
移動平均	270
イミュータブル	80
インデクサ	92
インデックス	29
インデックス配列	107
エクスプレッション	9
オブジェクト	80

か行

外部イベント	265
角カッコ参照	92
可視化	7
型ヒント	170
カーディナリティ	44
カテゴリ変数	50
カレントワーキングディレクトリ	63
間隔尺度	309
関数オブジェクト	57
完全外部結合	214
キー	214
疑似乱数生成器	145
季節性	265
季節成分	265
行の削除	129
行の抽出	108, 114, 118, 124, 133, 136
切り上げ	150
切り下げ	150
切り捨て	150
偶数への丸め	151
クエリ最適化	240, 293
クエリプラン	293
区切り文字	68
結合（join）	214
欠損値	41, 122, 124, 129, 182, 187, 317
欠損値補完	6
決定木	325, 334
交差結合	255
交差検証法	105, 107, 113
勾配ブースティング	325
勾配ブースティング決定木	130, 335

さ行

ジェネレータ	283, 284
式（Context）	10, 11
時系列データ	242, 265

345

時系列データの処理	241
自己回帰移動平均モデル	266
自己相関	265
四捨五入	150
実践パイプライン	299
質的変数	309
自動で parse	247
尺度	309
周期性	265
集計間隔を変える	279
重複行の削除	200
順序尺度	309
シリーズ型の変換	191
シリーズの作成	86
セイウチ演算子	171
正格評価	283
正規表現	100, 137, 139, 319
静的型チェッカー	171
正の相関	302
絶対パス	63
0-indexed	103
ゼロ方向への丸め	150
線形探索	176
相関係数	302, 310
相対パス	63
代入演算子	77
代入式	171

● た行

多次元配列オブジェクト	190
単位根過程	268
探索的データ分析	109, 299
短絡評価	285
遅延評価	282
チャンク	210
中央値	186
定常過程	266
データ型	34
データ型を変更	149
データの確認	22
データの加工	146
データの集計	5, 218
データの操作	60
データの抽出	25, 89

データの表示	22
データフレーム	2, 10
データフレームからの列の抽出	89, 94
データフレーム全体のシャッフル	144
データフレームの書き出し	67
データフレームの行の抽出	102
データフレームの結合	212
データフレームの作成	83
データフレームのソート	71
データフレームの複製	77
データフレームの列の除外	97
データフレームの連結	206
データリーケージ	100
データをサンプリング	141
統計量	4, 39, 53
特徴量エンジニアリング	312
特徴量重要度	343, 344
特徴量の作成	322
トレンド	265

● な行

内部結合	214
抜けがあるデータフレーム	255
ノイズ	266

● は行

バイアス	187
ハイパーパラメータ	331
バグ	171, 209
バグによるデータ重複	201
バグの温床	29, 37, 105
バグの原因	87, 152, 164
バグの特定	145
バグの発生源	176
ハッシュ関数	177
ハッシュ値	176
ハッシュテーブル	176
ピアソンの積率相関係数	310
比較演算子	111
左外部結合	214, 255
ビット演算子	116
ビット反転演算子	120
非定常過程	266
ヒートマップ	303

ビニング .... 194，317	無名関数 163
評価戦略 283	名義尺度 309
比例尺度 309	メソッドチェーン 18
ビン 194	文字エンコード 62
ビン幅 197	
ファイルの読み込み 60	**● や行**
フィルタリング .... 15，111	ユーザー定義関数 .... 57，163，165
フォーマット文字列 246	
浮動小数点数 150	**● ら行**
負の相関 302	ラグ特徴量 253
ブールインデックス 110	ランダムシード 145
ブールインデックス参照 110	ランダムなサンプリング 142
ブールシリーズ 15	リーク 101
ブロードキャスト 12	リスト内包表記 240
プロパティ 27	リチャンク 210
分位数ベース 194	リテラル 157
平均 221	量的変数 309
閉区間 121	リレーショナルデータベース 213
並列処理 19	累積カウント 232
変化率 262	累積和 229
ホールド・アウト法 105	ルートディレクトリ 63
	レイジーフレーム 323
● ま行	列エクスプレッション 12
前処理 .... 6，312	列名の命名ルール 87
右外部結合 214	列名を一括変更 173
ミュータブル 80	列名を変更 178
無限ループ 347	列を作成 154

プログラミング関連用語索引

Python

記号
:= 171

D
datetime 249
Decimal 153
dict 176

F
feature_importance 344

G
getattr 58

I
id 80

K
KFold 107

L
lambda 163
lgb.Dataset 333
lgb.early_stopping 333
lgb.log_evaluation 333
lgb.train 332

M
mypy 171

N
numpy.ndarray 190
numpy.random.rand 159

O
Optional 171

P
predict 341

R
range 284
re.search 167
roc_auc_score 341
round 151

S
seaborn 299
set 176
sns.boxplot 343
sns.countplot 304
sns.heatmap 302
sns.histplot 305
StratifiedKFold 328

T
this 69
time 249
timedelta 249
train_test_split 106, 327

Y
yield 284

和字
ジェネレータ 283
リスト内包表記 240

Polars

A

agg	219
alias	14
all	44, 98
all_horizontal	132

C

cast	151
Categorical	331
clone	79
col	12
collect	291
columns	27
concat	208
concat_str	322
Config.set_tbl_rows	24
corr	303
cum_count	232
cum_sum	231
cut	198

D

DataFrame	84
Date	245
date_range	257
Datetime	243
describe	39
diff	261
drop_nulls	131
dt アクセサ	243
dt.date	244
dt.day	244
dt.epoch	245
dt.hour	244
dt.minute	244
dt.month	243, 244
dt.ordinal_day	245
dt.quarter	245
dt.second	244
dt.strftime	257
dt.time	244
dt.week	245
dt.weekday	244

E

dt.year	243, 244
eq	112
exclude	98
explain	296

F

fill_null	184
filter	15, 110

G

ge	112
get_chunks	211
get_column	50
glimpse	25
group_by	219
group_by_dynamic	278
gt	112

H

head	23
height	33

I

Int64	151
is_between	120
is_in	135
is_nan	126
is_not_null	128
is_null	126
join	216
lazy	289

L

LazyFrame	289
le	112
list アクセサ	320
list.len	321
lit	157
lt	112

M

map_elements	167
mapping_strategy	226

MapWithoutReturnDtypeWarning.................... 167
max... 54
mean.. 55，320
median... 55，184
min 55

● N
n_unique.. 44
NaN 122
null 122
null_count 42

● O
over 224

● P
pivot 235
Polars .... iii，9
polars.Expr 9

● Q
qcut... 195
quantile.. 55

● R
rank 323
read_csv 60
read_excel 62
read_json 62
read_parquet... 62
rename.. 179
rolling_mean-by...................................... 271
round 151

● S
sample 143
scan_csv 289
schema 35
select 12
shape 32
shift 253
show_graph... 294
shuffle 145
slice 103
sort 73

std... 55
str アクセサ 137
str.contains 137
str.ends_with 138
str.extract 167
str.extract_all 320
str.len_bytes 139
str.len_chars .... 139，321
str.replace 138
str.slice 139
str.split 321
str.starts_with 138
str.to_datetime.. 243
str.to_lowercase....................................... 138
str.to_uppercase 139
sum_horizontal.. 317

● T
tail 25
Time 245
to_date 245
to_dict 330
to_numpy 190
to_pandas 304
to_series 50
to_time 245

● U
unique.. 47

● V
value_counts 50
var 55

● W
when(条件).then("col1").otherwise("col2") .. 161
width 33
with_columns............................. 14，148，155
write_csv 67
write_excel 69
write_json... 69
write_parquet 69

● 和字
アクセサ 137

pandas

A

agg 56, 57, 58, 220
apply 163, 168
astype 151

C

Chained Indexing 164
columns 28
concat 209
copy 79
crosstab 237
cumcount 233
cumsum 231
cut 199

D

DataFrame 84
DataFrameGroupBy 220
date_range 258
describe 40
diff 262
drop 98
drop_duplicates 202
dropna 131
dt アクセサ 244
dt.date 244
dt.day 244
dt.dayofyear 245
dt.hour 244
dt.isocalendar().week 245
dt.minute 244
dt.month 244
dt.quarter 245
dt.second 244
dt.time 244
dt.weekday 244
dt.year 244
dtypes 36

F

fillna 185

G

groupby 220

H

head 23

I

iloc 91, 104
Index 28
index 29
info 41
Int64 151
isin 135
isna 42
isnull 42, 127
loc 91, 104

M

map 168
max 56
mean 56
median 56, 185
min 56

N

NaN 122
notnull 128
nunique 45

P

pandas 2
pivot_table 237

Q

qcut 197
quantile 56
query 112, 121

R

RangeIndex 28, 105
read_csv 61
read_excel 62
read_json 62
read_parquet 62

351

read_pickle 62
rename 180
resample 279
reset_index 30, 105
rolling 273
round 151

● S

sample 143
select_dtypes 96
SeriesGroupBy 220
set_index 273
set_option 25
SettingWithCopyWarning 164
shape 32
shift 255
size 33
sort_values 73
std 56
str 138
str.contains 138, 139
str.endswith 139
str.len 139
str.lower 139
str.replace 139
str.slice 139
str.startswith 139
str.upper 139
sum 42

● T

tail 25
to_csv 68
to_datetime 244
to_excel 69
to_json 69
to_numpy 191
to_parquet 69
transform 225

● U

unique 48

● V

value_counts 51
values 192
var 56

著者紹介

冨山吉孝

2015 年に大阪大学工学部電子情報工学科を卒業後，大手通信会社にてインフラエンジニアに従事する．その傍ら機械学習技術やシステム開発に興味を持ち，社内起業プロジェクトにて AI レコーディングアプリの開発・リリースをリード．Kaggle では 2022 年に Kaggle Competitions Master の称号を獲得した．

イベントやコミュニティの企画や運営にも積極的に携わり，2023 年日本大学文理学部北原研究室との共催で自動作曲コンテストの「AI ミュージックバトル！『弁財天』」を開催したほか，Polars の日本語コミュニティ "Polars-ja" の立ち上げに関わる．

早川裕樹

IT エンジニアとしてキャリアをスタートし，Kaggle との出会いをきっかけにデータ分析の世界に浸る．電車の中やキャンプ場など，場所を問わず Kaggle をするほどのめり込み，2022 年には Kaggle Competitions Master の称号を獲得した．データ分析コンペを愛するあまり，個人でもデータ分析コンペ「yukiCup」を開催．

現在は，IT コンサルティング企業にて，データ利活用案件を主に担当し顧客が抱える課題解決に向けて日々奮闘中．

齋藤慎一朗

2015 年に東北大学大学院工学研究科を修了．大手日系 SIer でシステムエンジニアとして数年の経験を積んだ後，データサイエンティストとしてのキャリアをスタート．機械学習技術の面白さに目覚める．電力，保険，航空など多岐にわたる業界の企業に対するデータ分析業務に従事．その後，特定のプロダクトに情熱を注ぎたいと考え，SaaS 企業の研究開発職に就く．

現在は，自然言語処理技術の研究開発およびプロダクトへの適用に従事．Kaggle Competitions Expert.

NDC007　　　　366p　　　　24cm

Polars と pandas で学ぶ　データ処理アイデアレシピ 55

2024 年 10 月 9 日　第 1 刷発行

著　者	冨山吉孝・早川裕樹・齋藤慎一朗
発行者	篠木和久
発行所	株式会社　講談社

〒112-8001　東京都文京区音羽 2-12-21
　　　販　売　(03) 5395-4415
　　　業　務　(03) 5395-3615

編　集	株式会社　講談社サイエンティフィク
	代表　堀越俊一

〒162-0825　東京都新宿区神楽坂 2-14　ノービィビル
　　　編　集　(03) 3235-3701

本文データ制作	株式会社トップスタジオ
印刷・製本	株式会社ＫＰＳプロダクツ

落丁本・乱丁本は，購入書店名を明記のうえ，講談社業務宛にお送り下さい．送料小社負担にてお取替えします．

なお，この本の内容についてのお問い合わせは講談社サイエンティフィク宛にお願いいたします．定価はカバーに表示してあります．

© Y. Tomiyama, Y. Hayakawa, S. Saito, 2024

本書のコピー，スキャン，デジタル化等の無断複製は著作権法上での例外を除き禁じられています．本書を代行業者等の第三者に依頼してスキャンやデジタル化することはたとえ個人や家庭内の利用でも著作権法違反です．

JCOPY　〈（社）出版者著作権管理機構　委託出版物〉

複写される場合は，その都度事前に（社）出版者著作権管理機構（電話 03-5244-5088，FAX 03-5244-5089，e-mail : info@jcopy.or.jp）の許諾を得て下さい．

Printed in Japan

ISBN 978-4-06-536980-7

講談社の自然科学書

データサイエンス入門シリーズ

教養としてのデータサイエンス	北川源四郎・竹村彰通／編	定価1,980円
応用基礎としてのデータサイエンス	北川源四郎・竹村彰通／編	定価2,860円
データサイエンスのための数学	椎名洋・姫野哲人・保科架風／著	定価3,080円
データサイエンスの基礎	濱田悦生／著	定価2,420円
統計モデルと推測	松井秀俊・小泉和之／著	定価2,640円
Pythonで学ぶアルゴリズムとデータ構造	辻真吾／著	定価2,640円
データサイエンスのためのデータベース	吉岡真治・村井哲也／著	定価2,640円
Rで学ぶ統計的データ解析	林賢一／著	定価3,300円
最適化手法入門	寒野善博／著	定価2,860円
スパース回帰分析とパターン認識	梅津佑太・西井龍映・上田勇祐／著	定価2,860円
モンテカルロ統計計算	鎌谷研吾／著	定価2,860円
テキスト・画像・音声データ分析	西川仁・佐藤智和・市川治／著	定価3,080円

実践Data Scienceシリーズ

RとStanではじめる ベイズ統計モデリングによるデータ分析入門	馬場真哉／著	定価3,300円
PythonではじめるKaggleスタートブック	石原祥太郎・村田秀樹／著	定価2,200円
データ分析のためのデータ可視化入門	キーラン・ヒーリー／著　瓜生真也ほか／訳	定価3,520円
ゼロからはじめるデータサイエンス入門	辻真吾・矢吹太朗／著	定価3,520円
Pythonではじめるテキストアナリティクス入門	榊剛史／編著	定価2,860円
Rではじめる地理空間データの統計解析入門	村上大輔／著	定価3,080円
Pythonではじめる時系列分析入門	馬場真哉／著	定価4,180円
Kaggleに挑む深層学習プログラミングの極意	小嵜耕平・秋葉拓哉・林孝紀・石原祥太郎／著	定価2,860円
Pythonでスラスラわかる　ベイズ推論「超」入門	赤石雅典／著	定価3,080円
Pythonではじめるベイズ機械学習入門	森賀新・木田悠歩・須山敦志／著	定価3,080円
Python数値計算プログラミング	幸谷智紀／著	定価2,640円
面倒なことはChatGPTにやらせよう	カレーちゃん・からあげ／著	定価2,750円
ゼロから学ぶGit/GitHub	渡辺宙志／著	定価2,640円
データサイエンスはじめの一歩	佐久間淳・國廣昇／編著	定価2,200円
プログラミング〈新〉作法	荒木雅弘／著	定価2,860円

※表示価格には消費税（10%）が加算されています。　　　　　　「2024年10月現在」

講談社サイエンティフィク https://www.kspub.co.jp/